从零开始学创业大全集

阳飞扬　编著

中国华侨出版社
北京

图书在版编目（CIP）数据

从零开始学创业大全集／阳飞扬编著. —北京：中国华侨出版社，2011.9
（2021.6重印）
ISBN 978-7-5113-1669-1

Ⅰ.①从… Ⅱ.①阳… Ⅲ.①企业管理 Ⅳ.①F270

中国版本图书馆CIP数据核字（2011）第166895号

从零开始学创业大全集

编　　著：	阳飞扬
责任编辑：	姜　婷
封面设计：	阳春白雪
文字编辑：	胡宝林
美术编辑：	宇　枫
经　　销：	新华书店
开　　本：	720mm×1020mm　　1/16　　印张：16　　字数：280千字
印　　刷：	北京德富泰印务有限公司
版　　次：	2011年10月第1版　2021年6月第5次印刷
书　　号：	ISBN 978-7-5113-1669-1
定　　价：	68.00元

中国华侨出版社　北京市朝阳区西坝河东里77号楼底商5号　　邮编：100028
法律顾问：陈鹰律师事务所
发 行 部：（010）88866079　　　　　传　　真：（010）88877396
网　　址：www.oveaschin.com　　　　E-mail：oveaschin@sina.com

如发现印装质量问题，影响阅读，请与印刷厂联系调换。

前 言

这是一个崇拜企业家的时代,老一代曹德旺、张瑞敏、任正非;中年一代马云、董明珠、俞敏洪、刘强东;年轻一代黄峥、汪滔、杨惠妍。老中青三代的创业故事风靡中国,他们的成功故事给无数创业者以遐想与激励。

更为难得的是,我们处在一个创业者的美好时代。在全球经济危机的大背景下,无论是政府、银行还是媒体,在鼓励支持创业上达成了出奇的一致,全民创业的时代已悄然而至。

从市场层面来看,互联网缩小了人与人之间的距离,地球村的市场到来、创业的机遇云集;从政策层面来看,各级政府提出了全民创业的口号。为了营造创业环境,一些地方政府甚至提出了具体的意见和措施,为创业者提供最优的服务,给予创业者最大的支持,给创业搭建最佳的平台。

国内创业环境的日趋完善,创业文化日渐风靡,使得越来越多有思想、有创意、有能力的人走上创业之路,靠自己的能力闯出一番事业的人也越来越多。这是一个必然!物竞天择,适者生存,只有把握住社会发展的大趋势并适应这种趋势才能成就自己的事业!人生难得几回搏,此时不搏何时搏?与其羡慕别人翱翔的雄姿,不如造就自己坚实的双翼;与其羡慕别人拥有自己的事业,享受自己的生活,不如自己付出努力做一番事业。从天时、地利、人和三个角度来看,此时开始创业不失为一个好的选择。

创业是指某个人发现某种信息、资源、机会或掌握某种技术,利用或借用相应的平台或载体,将其发现的信息、资源、机会或掌握的技术,以一定的方式,转化、创造成更多的财富、价值,并实现某种追求或目标的过程。创业必须要贡献出时间、付出努力,承担相应的财务的、精神的和社会的风险,并获得金钱的回报、个人的满足和独立自主。对于一个真正的创业者,创业过程不但充满了激情、艰辛、挫折、忧虑、痛苦和徘徊,而且还需要付出坚持不懈的努力,当然,渐进的成功也将带来无穷的欢乐与分享不尽的幸福。当创业遇上现实,任何激情都应该回归理性,创业者除了要有坚忍不拔的精神和意志外,更应该掌握创业的知识,借鉴成功者的经验,这样才可以科学创业、高效创业。创业的过程是循序渐进的,从盲目、冲动的想法到完善商业策划书,再到找投资人,钱拿到以后你会更深层次去考虑市场……在创业的漫漫征途中,上述这些过程会被我们每一位现代创业者逐一地感知、体悟到。在这些过程中,他们最希望的是有人能伸手拉他们一把,他们渴望获得明确的指点和帮助。

为了让每一个梦想走上创业之路的有志者,能在最短的时间内叩开创业的大门,了解创业的流程和方法,从而找到适合自己的创业之路,我们精心编写了这本《从零开始学创业大全集》。本书从创业准备、创业团队的组建、创业项目和商机的选择、创业资金的筹集、企业的经营策略几个方面,全面系统地阐述了创业的基本理论与实践,探讨和总结了创业活动的一般规律和关键问题,是一本优秀的创业指导书。与市场上同类创业类图书最大的不同是,本书对创业者所要遇到的各方面问题都做了细致的阐释,不是机械教条式的说教,而是用一些国内外优秀创业者的故事和经历,来启发读者的创业智慧,内容新颖、全面,可读性强。同时,为了便于读者在创业的过程中操作,我们还把这些经验进行了总结和归纳,希望给你创业提供贴心的帮助和保姆式的服务。在编写过程中,我们既注重实用性、时效性,以丰富读者的相关创业知识为目标,又注重系统性、理论性,力求提升创业者对创新与创业精神、创业内涵的理解。

本书既可作为创业教育的培训用书或参考书,同时也适合于各阶层创业者和有志于创业的人士阅读。尤其在当前严峻的就业形势下,越来越多的大学生也选择了创业作为实现就业的手段。国家也出台了相关的政策和扶持帮助大学生自主创业,社会也通过舆论引导大学生积极创业。因此,本书对指导大学生创业具有重要的理论和实践意义。

创业需要时机和条件,更需要创业意识和激情。虽然创业是艰难的,也许你没有资本,没有社会关系,甚至没有很高的学历;但只要独具慧眼,就能捕捉到别人无法看到的创业商机和财富。行动起来,成功就属于你!

第一篇　创业的准备

导致创业失败的 10 个误区 2
　　误区 1：进入自己不熟悉的行业，没有充分调查就行动 2
　　误区 2：用错误的方式管理合伙人，缺乏管理合伙人的智慧 4
　　误区 3：重情义，轻管理 7
　　误区 4：缺乏诚信与商业道德 9
　　误区 5：贪大，赌性代替了实干精神 11
　　误区 6：急于求成，缺少战略思维 15
　　误区 7：忽视与投资相关的环境 17
　　误区 8：错误的时间做正确的事 19
　　误区 9：唯利润是求而忽视创新 21
　　误区 10：花钱不合理，没有坚持"现金为王" 24
创业的基本条件 26
　　创业的第一个条件：拥有无与伦比的创业精神 26
　　创业的第二个条件：制定正确的创业目标 30
　　创业的第三个条件：从决心创业时起，让自己成为一个全才 33
　　创业的第四个条件：要有真正帮人家赚钱的经验 35
　　创业的第五个条件：技术领先构筑核心竞争力 37

创业者应做的准备工作 ········· 39
- 善于把握创业机遇 ········· 39
- 编写好事业计划书 ········· 41
- 筹措充足的资金 ········· 44
- 创业者需要考虑的外部环境 ········· 46
- 准确定位目标市场 ········· 48
- 优秀企业选址具有哪些特征 ········· 51
- 办理营业执照的步骤 ········· 54
- 要有丰富的行业经验 ········· 56
- 积聚你的人脉资源 ········· 58

第二篇 创业团队：一个好汉三个帮

寻找适合的合伙人 ········· 62
- 合伙经营，找准你的"黄金搭档" ········· 62
- 怎样寻找最适合的创业伙伴 ········· 65
- 寻找同行合作，优势互补 ········· 67

聚集有价值的人才 ········· 70
- 人才乃取胜之本 ········· 70
- 清楚地知道自己所需要的人才 ········· 73
- 充分发挥集体领导力 ········· 76
- 适合比优秀更重要 ········· 79

让你的团队充满激情 ········· 82
- 组建一个强有力的创业团队 ········· 82
- 创业团队5P模型 ········· 85
- 管理团队最需要的东西 ········· 87
- 激发员工的高昂斗志 ········· 89
- 用高薪激发员工工作 ········· 92

  以晋升激励精英人才 …………………………………… 95
  让员工充满集体荣誉感 ………………………………… 98

创业关系网 …………………………………………………… 101
  人脉就是财脉 …………………………………………… 101
  做生意要会算人情账 …………………………………… 103
  与老板保持良好的关系 ………………………………… 106
  找到你的创业"贵人" …………………………………… 108
  学会和不喜欢的人相处 ………………………………… 110
  动用多方力量，广建人脉网 …………………………… 111
  用客户"生产"客户 …………………………………… 113

第三篇　捕捉商机：只要用心，无处不在

准确调研，认真评估项目 …………………………………… 116
  科学的市场调查是创业成功的关键 …………………… 116
  市场调查的3个阶段 …………………………………… 118
  预测未来市场需求的5种方法 ………………………… 121
  进行有效的市场分析 …………………………………… 123
  创业前要斟酌哪些市场要素 …………………………… 125
  确定你的客户源 ………………………………………… 127

选择最适合自己的商机 ……………………………………… 130
  挑选项目要认真考量 …………………………………… 130
  找最适合自己的而不是最赚钱的 ……………………… 133
  标新立异，永远不做大多数 …………………………… 135
  在自己熟悉的行业中发展 ……………………………… 137
  结合自身条件，成功选择项目 ………………………… 139
  捕捉信息，在信息中把握机遇 ………………………… 140

只要用心发现，商机无处不在 ……………………………… 143

在生活中寻找机会，从细节中挖掘财富 ………………………… 143
从新闻事件中嗅到商机 …………………………………………… 145
女人是天生的财源 ………………………………………………… 147
政策嗅觉发现商机 ………………………………………………… 150

第四篇　融资有道：获得投资人的青睐

融资的主要途径 ………………………………………………… 154
风险投资 …………………………………………………………… 154
民间借贷 …………………………………………………………… 157
银行贷款 …………………………………………………………… 160
融资租赁 …………………………………………………………… 163
股权融资 …………………………………………………………… 166
开动脑筋，寻找融资新途径 ……………………………………… 168

获取风险资本 …………………………………………………… 172
寻找适合自己的投资者 …………………………………………… 172
向投资者融资多少最合适 ………………………………………… 174
向投资者融资的一般流程 ………………………………………… 176
在投资者公司里，你应该跟谁谈 ………………………………… 180
跟投资者沟通时，应该注意的问题 ……………………………… 182

创业者融资的注意事项 ………………………………………… 184
做一个周全的融资计划 …………………………………………… 184
创业融资的省钱之道 ……………………………………………… 187
融资的五大要求和四大方针 ……………………………………… 189
小本创业者融资的注意事项 ……………………………………… 193

第五篇　日常经营：完善的管理策略

企业的产品策略 ………………………………………………… 196
保证质量是首要战略目标 ………………………………………… 196

质量是维护顾客忠诚的最好保证 ·············· 198
　　以踏踏实实的心态做产品 ·················· 200
　　低成本战略不能牺牲产品的品质 ·············· 203

企业的广告宣传 ························ **206**
　　让观众记得住 ······················· 206
　　真正的广告要与公众沟通 ·················· 208
　　巧做软文宣传 ······················· 211
　　广告要抓住真正具备消费能力的人 ············· 214
　　挖掘广告蕴含的内在精神 ·················· 216

企业的品牌经营 ························ **219**
　　选用易听易记的品牌名字 ·················· 219
　　消费者是品牌唯一的老师 ·················· 221
　　口碑的杀伤力最大 ····················· 224
　　准确的定位是品牌的切入点 ················· 227
　　品牌要有长期规划 ····················· 228

企业的财务管理 ························ **232**
　　管好企业的现金流 ····················· 232
　　绝不能让资金链出问题 ··················· 234
　　控制企业的成本 ······················ 236
　　选择合适的结算方式 ···················· 240
　　分析企业的运营状况 ···················· 242

第一篇

创业的准备

导致创业失败的10个误区

误区1：进入自己不熟悉的行业，没有充分调查就行动

俗话说"隔行如隔山"，进入一个自己不熟悉的行业，其困难程度是可想而知的。刚刚起步的创业者在很多方面都经验不足，如果又选择了不熟悉的生意，无疑给自己制造了巨大的障碍。

"不熟不做"是商场的法则。虽然行业之间并不是不可跨越，还是会存在一定的共通性，但是每个行业都有其独特的规则和规律，这个门槛并非想象中那么容易进入。在任何一个行业中，内行的钱是很难赚的，基本上都是内行赚外行的钱。如果对一个行业一窍不通，只是跟着市场上的厚利行业走，就增大了创业的风险性，管理无法深入细致，这样很容易导致失败，从而成为别人的垫脚石。

林曦在一家电脑公司做销售，工作压力比较大，一直希望能够自己开店。正好一个朋友的店铺出让，他就接手下来开了家咖啡厅。林曦觉得产品基本都是一样的，没有太大的差异，能够卖得好是因为销售人员做得好，于是在咖啡厅的产品研发方面，他并没有投入太多资金和精力，只是将工作交给新来的厨师，自己把心思花在了招揽顾客上。然而咖啡厅卖的毕竟不是速溶咖啡，开水一冲就好了。对于咖啡的品种，如何研磨、冲泡，林曦根本一窍不通，顾客抱怨咖啡的口感不好，点心也不对味。到后来顾客只剩下以前的合作伙伴和朋友，一个月下来的营业额连支付房租都不够。有一次在订购原料时还被蒙骗，花了优质咖啡豆的钱拿到的却是劣质咖啡豆，损失惨重。几年间他开过豆腐小作坊、卖过女装，也办过养鸡场，卖过乳制品，从事过的门类多达15种。但是直到现在，已经年过中年的林曦还是一名创业者，无论在哪个行业都没有做出太大的成就。

林曦明明对电脑行业很精通，却偏偏一次次地尝试自己根本不熟悉的领域。他没有在任何一个行业里面好好沉淀，始终抱着一种投机的心态，因此也就无法了解这个行业，这也是林曦一事无成的原因之一。每个行业都有自己的核心内容，如果不熟悉就掌握不了这些东西，也就丧失了基本的生存条件，无法具备充足的竞争力，不熟悉就意味着在同业竞争中处于劣势。所以创业一定要坚持不熟不做的原则，尤其是那些初创者。

每个行业都有它的可造性，没有一定会赔钱的行业。然而每个阶段的获利是不一样的，不要指望刚刚插手就能一夜暴富。如果看到一个行业很容易赚钱的时候就急着介入，那么等到真正开始经营的时候也许竞争者已经将市场瓜分殆尽了。在资本不够充裕，实力也不雄厚的时候，不要盲目去追赶流行开发新的领域，流行的东西都要经过一定磨合期并且要花费大量的人力、物力、金钱，而市场的占有率如何也是未知的，不是所有人都能承担这样的风险。

创业者最好集中精力从自己熟悉的行业做起，这样更有利于资本的原始积累和更加长远、稳固的发展。

创业本身就是以收益为第一位的，如果对一个行业熟悉，做的过程中遇到问题时，就能自己解决，省去咨询别人的成本和风险，还能很好地预测以后的市场行情走势。熟悉意味着在该行业已建立了人际网络，在生意往来和客源方面有一定的基础和保障。再加上这个行业的资金周转率、应收账款情况、固定设备和流动资产投资额，对投资效益如何、最大费用在哪里，都有一个比较完整清晰的认识，对可能遇到的问题、风险都有一定准备，能少走许多弯路。选择熟悉的行业来创业，能有效规避风险，节省时间，减少行业的间距，有利于横向发展。

创业要在稳健中求发展，在做任何一项投资前都要仔细调研，自己没有了解透、想明白前不要仓促决策。有很多人觉得自己创业失败是因为运气不好，事实上往往是离开自己熟悉的领域，涉足那些热门的、流行的领域想要"一夜暴富"，那是很不切合实际的想法。很多人看到网店红火就跟风在网上开店卖服装，一些人就想当然地认为自己绝对有实力做服装生意，但是等真正开起了服装店，却发现什么都不懂，尺码到底怎么划分，当下的流行款式是哪些等等都不了解，这怎么可能赚得到钱呢！

还是那句话，生意本身是不分好坏的，只有适不适合，完全不熟悉的就不适合做。如果把不做不熟悉的生意理解为墨守成规、不懂得创新就大错特错了。在一个行业做熟之后就能掌握规律和要领，对其他类似的相关行业就有了变通的基础。创业就是要在熟悉的基础上，慢慢将不熟悉变为熟悉。无论选择哪种行业都要控制风险，投入资金不要超过自己承受的范围。当进入一个新的行业，要经过详细的市场调查，看在自己熟悉的基础上能够应用的比例有多高，完全生疏的行业是决不能涉足的。

创业者首先要有一个清醒的头脑，先思考再行动。盲目进入自己不熟悉的行业，没有充分调查就行动，结果必然是失败的。从熟悉的行业做起，能够少走许多弯路，对创业者来说是最明智的选择。

误区2：用错误的方式管理合伙人，缺乏管理合伙人的智慧

创业者独自在商场拼搏难免会感到势单力薄，尤其是对于初次创业的人来说，资金不足、核心技术短缺、管理经验匮乏，都会降低成功的可能性。因此，选择一个好的合伙人共同创业成了非常重要的选择。合伙创业能够增强实力，降低创业的风险，还可以通过优势互补，从一个较高的起点开始运作。但是如果不能科学有效地管理合伙人，不但达不到1+1>2的效果，还会因合伙人之间的纠纷而分割削弱企业实力。

在合伙人的管理上，创业者常常会犯3种错误：

1. 选择弱小的合伙人，过度迷恋主导权

很多创业者惧怕实力强大的合伙人，担心最后的主导权会落在合伙人手里，自己有被吞并的危险，为了能够得到合作项目中的主导权，偏向于选择实力相对弱小的合伙人。这样虽然有着做决策人的痛快，却也要承担更多的风险。

李远拥有一家中型纺织厂，随着订单量越来越大，纺织厂的生产速度有些跟不上。为了扩大生产规模，李远决定与其他纺织厂合作完成项目。接洽的几个厂家中，不乏名气实力都很大的企业，但是李远担心自己最后会成为这些大企业的附属，最后选择了一个名不见经传的小企业。然而在运作一个大订单的时候，突然出现了一个意外情况——这家小企业的印染设备老化，无法达到客户要求的颜色标准，必须更新设备才能完成订单。李远要求对方企业共同承担这笔费用，然而由于该企业资金有限，接下这个大订单已经是勉为其难了，根本拿不出更多的资金来改造设备。李远想通过向银行贷款先完成这个项目再说，但是能够贷到的资金远远不够。最后无法按期完成订单，生产出的产品不合格，李远不得不赔偿了大笔的违约金。

没有人想被别人牵着走，在合作中每一方都希望能够主导项目的进行，但是并不是谁都能够掌握主导权的。共同合作的项目关系到一方甚至多方的利益，掌握决定权的那一方必须要承担着更多的责任。如果不具备一定的实力是没有办法肩负这样的重任的。如果一味的想当"老大"而忽视了合作的基本要求，当项目出现问题时，弱小的合作者无法提供及时和有力的帮助，最后造成的损失可能更大。

2. 不经过仔细调查，草率决定合作伙伴

A市一家B风筝制造厂是一家刚刚起步的企业，恰逢A市即将举办风筝节，风筝需求大大增加。B企业认为这是一个加速企业发展速度，提高收益的大好时机，决定大批量生产风筝。但B企业实力有限，于是决定寻找一个合伙人，共同开发这一项目。但A市生产风筝的企业众多，最后几经周折终于找到了C企业愿意投资共同合作。为了赶在风筝节之前做出产品，B企业并没有对C企业进行仔细的调查，就草率地签下了合作合同。然而随着风筝节的逼近，C企业承诺的资金一直没有到位，B企业不仅错过了抢占市场的最佳时机，还由于积压了大量的原材料损失惨重。

无论面对多么诱人的商机，创业者都必须冷静和理智。案例中的 B 企业急于发展，没有仔细调查 C 企业的背景、信誉、实力，为合作埋下了隐患。因此创业者对合作伙伴一定要进行详细深入的调查，合伙人的实力、是否正规经营、口碑评价如何都是必须要考量的。在知根知底的情况下合作，才能减少投资风险。

3. 尚未达成共识，急于合作

现代人越来越重视食品的安全与健康，刘佳的科技开发公司就专门开发了一项用于清洁瓜果蔬菜中残留农药的产品。该产品技术成熟，市场前景广阔，但是刘佳的公司由于缺乏充足的资金，没有投入生产的能力。一位投资者对该产品的市场前景很看好，决定投入资金同刘佳合作开发。刘佳拿到资金后马上投入生产，然而当大批新产品生产出来后，却出现了一个问题。投资者和刘佳在市场运作方式上产生了严重的分歧，投资者认为自己投入了资金，因此要求刘佳必须按照自己的要求做；而刘佳认为投资者不了解市场，坚持自己的看法。双方长期争执不下，投入的资金都打了水漂，刘佳的公司也以倒闭告终。

作为参与项目的合伙人，有参与决策产品运营的权利。无论是投入资金、技术、人力的哪一方都应该尊重其他的合伙人，不能独断专行。因此，在实施具体行动之前，要达成共识，对具体细节有明确的规划。意见和分歧应该在进行之前做好协调统一，否则等到行动了一半达不成共识，必然造成损失和失败。

合伙的重要前提是取长补短，共同进步，如果不能管理好与合伙人之间的关系，必然会激化矛盾，造成两败俱伤。因此在共同合作时，应该遵循以下原则：

1. 推行民主化管理

凡是参与合伙的人都是整个项目的一分子，都有知情和参与的权利。因此在管理时不能因为合伙人投入的不同而歧视和区别，要尊重合伙人的意愿，在民主的基础上达成共识。

2. 保持战略眼光

合伙人之间是合作互利的关系，而不是竞争对手。要用战略眼光去看待合伙关系，不要因为一点分歧和矛盾影响了合作。只有同合伙人之间保持融洽的关系，才有利于达到双赢或共赢，促进合作的成功。

3. 优化资源配置

合伙的目的就在于取长补短，增加总体实力。要发挥各方的优势，去弥补各自的劣势。如果不能有效地配置资源，合伙的结果很可能比单打独斗的实力还弱。因此，合伙要认清各方的优势劣势，实现资源的优化配置。

总之，错误的管理方式只会削弱各方力量。只有正确的管理合伙人，才能增强合作总体的实力。

误区3：重情义，轻管理

管理在创业成功中是很重要的部分，如果不能有效地管理，就算有了良好的创业基础，企业也无法长远发展。中国人历来注重人情，很多人在创业过程中偏向于将亲戚朋友放在重要的职位，而不管他们是否适合。不可否认，身边人的支持对创业的成功有着不可忽视的作用，但是如果只注重情义，将会导致企业管理的混乱。

任人唯亲会使管理者偏听偏信，无法正确判断企业内部事务。根据关系的远近而不是贡献的大小分配利益，那么有才能的员工会得不到相应的报酬，直接结果就是企业内人才流失甚至无人可用。企业仅仅靠情义无法为公司留住人才，也没办法取得长远的发展。客观上来说，在创业初期，经济实力、工作环境、人际网络等方面均有不足，也无法吸引社会上的一些人才加盟，因此选择亲友也是相对节省资金的选择。更多的人是从主观上认为亲戚朋友比起"外人"更可靠、值得信任，选择他们担当公司重要职位比较放心。但是必须要清楚，过于重视情义会阻碍科学有效地经营管理，在企业做大之后，将会引起内部分配的混乱和安置的不公平，甚至会使好不容易建立起来的企业毁于一旦。

邱晓经过多年的创业,成立了一家大型乳制品公司,产销遍布全国30多个省、市、自治区。一向经营良好的公司最近却遭遇困境,一群跟公司营销毫无瓜葛的经销商登门讨要3000多万元的货款和欠账,而且他们讨要的不是乳制品公司的货款,而是一家婴儿用品公司所欠下的货款。那么为什么其他公司的货款要向邱晓讨要呢?原来该婴儿用品公司的经理胡东和邱晓是多年的好哥们,邱晓借给胡东注册资金成立了婴儿用品公司。出于对兄弟的信赖和支持,婴儿用品公司全权由胡东一手管理,然而胡东在管理中,任人唯亲,安排根本没有能力的亲戚担任公司的主要管理岗位,导致公司经营混乱,财务不清,还挪用了大量公款到胡东的私人账户上。在营销的时候,胡东甚至还打着邱晓的旗号,利用他的经销商网络,严重扰乱了邱晓的公司。由于经营不善,婴儿用品公司很快倒闭了,还留下了大笔债务。由于胡东常常打着邱晓的名义,所以当出现问题的时候,经销商们找不到胡东就统统跑来找邱晓讨债了。

邱晓只重视兄弟义气,随便提供给胡东注册资金不说,还没有进行监督管理,导致公司名号被滥用,甚至胡东公司的债务也落到了自己头上。"桃园结义"的佳话虽然广为流传,但是并不是所有人都能够对你的创业产生积极的促进作用,兄弟间以怨报德、反目成仇的事情并不鲜见。情义固然重要,但是和管理是两回事,创业者要有清醒的头脑,理智对待企业管理。

首先要做的是减少家族式、朋友式管理的负面影响。创业初期由于条件的限制加上企业稳定的需要,没必要也不可能将朋友式、家族式的管理模式全盘否定。在相当长的一段时期内,朋友式、家族式的管理模式都还是创业者的首选。创业者本身要有一个清醒的认识,对普通员工和亲戚朋友一视同仁,不偏听偏信;根据才能分配职位,不因人设岗;利益分配要按贡献大小,保证公正公平。

其次就是建立有效的管理机制。家族式、朋友式管理的弊端就在于没有健全的机制，根据主观判断而不是客观事实来管理人。建立一套有效的管理机制，既能够避免浪费时间和精力，也能够科学管理。没有制度意识，以人情代替制度，管理中必然存在疏忽和漏洞，也容易因为意见的分歧造成亲人朋友间的不合。有了良好的制度建设，也要注重制度的实施和管理，如果不能落实，再好的制度也只能是一纸空文。

最后要建立科学的用人机制。用人唯贤不唯亲，将个人的能力和德行做为考量标准，而不是以关系的亲疏远近，只有选择、任用优秀的员工才能有优秀的企业。要敢于授权和放权，不要只想着把权力集中在"自己人"的手里，大胆起用适合的管理人员。重视人才、充分挖掘人才、主动培养人才，这样不仅能找对人、用对人，还能留住人。当然，如果亲近的人有能力突出的，也不用一味地排斥，不搞特殊化，公平公正地对待即可，让他们也有发挥自己能力的空间。

误区4：缺乏诚信与商业道德

成功靠的是什么？是运气，是技巧，还是丰厚的投资知识……每个人都可能列出自己创业成功的理由。在迈向成功的征途中，所有这些因素或多或少，会为你指引出前进的方向。但是伟大的品格是不可或缺的因素，一个人成就大事业，置于首位的是他的品格和操守。在通往成功的道路上，诚信是创业者必须具备的素质之一。

人无信不立，创业如果缺乏诚信和商业道德，就无法取得发展和成功。通过投机和欺骗也许在短时间内能够得到明显的好处，但绝不可能长久地存在下去并获得真正的成功。诚信的成本也许很高，但是欺骗的成本更加巨大。比如卖水果的小贩通过缺斤短两获得比别人多的利益，但是失去了顾客的信任，长远来看他将失去更多的利益。再比如通过偷税漏税增加收入，一旦被揭穿，将付出更多的罚款甚至锒铛入狱。对于创业者来说，诚信是经商之本，只有讲诚信才能为自己赢得赞誉和认同，以诚待人，以诚经营，终究会得到长久的利益。那些靠搞欺诈、欺骗等手段赚取不义之财的人，虽然会得到眼前的小利益，但会因失信于人而造成更大的损失。

诚信是创业成功之道的通行证，尽管人们看不见摸不着，但它像影子一样时时刻刻存在着并发挥作用。可以说，良好的信誉对创业者来说，是一种无形的资产，是一块金字招牌。

李嘉诚最初做塑料行业工作时，经常遇到一个乞丐，她从不伸手要钱，但李嘉诚每次都会主动拿钱给她。有一次，李嘉诚和她约定第二天见个面，然后帮她做点小生意。但不巧的是，当天，一位客户偏偏来到李嘉诚的工厂参观，客户至上，他也没有办法，只得接待。但在与这位客户交谈时，他突然说了声"Excuse me"，便匆匆跑开。李嘉诚跑出工厂，驱车赶到约定的地点，好在没有失约，把钱交给了那个乞丐。事毕后，他又开车回到工厂，去接待客户。

即使是冒着怠慢了大客户的风险，也决不失信于人，这可以说是李嘉诚成功的重要因素之一。诚信的作用比材料、设备、工艺等硬实力更加重要，它是一种不可超越的软实力，是持久的竞争优势。企业若想在市场中持久经营，拥有忠实的客户群，就必须以信誉作为市场通行证，而追求短期利益，通过欺骗手段坑害消费者使其利益受损，虽能获得一些短期利益，但其效果与杀鸡取卵无异。不讲诚信，等于自动放弃软实力，企业也必将在以后的经济活动中遭到市场的报复，消费者可用手中的货币作为选票，将不讲诚信的企业逐出市场。

在现代商业活动中，由于信息公开和传播速度加快，企业的信誉状况很快就会收到市场的反馈。如果企业信誉优良，就可以得到更多的信任，收获消费者的口碑，在市场竞争中赢得主动。

诚信是一切企业走向成功的通行证。英国谚语说："信用乃成功之伴侣。"日本谚语说："信用是无形的资产。"中国人也常说："信用是最大的资本。"

古人千金买马骨，以此取信于天下。如今，我们为企业树立良好形象，同样需要严格做到"言必信，行必果"。

创业者都必须明确这样一个观念，那就是信誉将是你成功路上最重要的财富，因为与资金、人脉等资源比起来，良好的信誉更加难以获得，同时，也更难以保持。要让顾客有信任感和安全感，我们就要增强诚信意识。"诚招天下客，誉从信中来"，这虽是一句古语，但时至今日，仍不过时，不少商家仍将它作为搞好经营的信条。因为在激烈的市场竞争中，讲信誉、守信用是赢得胜利的保证。

从某种意义上来说，现代市场经济就是信誉经济。诚信是市场经济领域中一项基础性的行为规范，也是市场良性发展的内在动力。而锻造诚信这一软实力，也是企业适应市场竞争的必要前提。创业者只有切实把"信誉高于一切"作为企业的经营宗旨，并按照这一宗旨行事，才能使企业日益兴旺与不断发展。

误区5：贪大，赌性代替了实干精神

提及小生意，许多创业者可能不屑一顾，尤其在这个几乎每人都想快速致富的时代，小生意的慢性积累似乎更不能让人容忍。翻翻杂志，看看报纸，我们都在寻找致富项目。但现实中令人遗憾的是，大多数创业者的眼睛更多地停留在了那些夸大的能让人一夜暴富的信息上面，其内心深处期待的是哪个项目能让人一年赚上几十万元、几百万甚至上千万元，事实却是，这样的创富神话可能只是天方夜谭。

有一个故事，说一个老渔夫在水流湍急的河段钓鱼，一个刚学钓鱼不久的小渔夫经过，就问老渔夫，这里鱼儿游都游不稳，怎么会钓到鱼呢？老渔夫笑而不答，提起他的大鱼篓，往岸边一倒。顿时，一尾尾大鱼在地上跳跃着。小渔夫傻眼了。

老渔夫说："只有在大风大浪的地方，才能钓到大鱼。"小渔夫平常总在小河沟里钓小鲫鱼，钓10条鱼加起来，也比不上人家一条鱼大。小渔夫一生气，干脆把小鲫鱼一股脑儿全放了，然后在距离老渔夫不远的地方垂下了钓竿。结果呢，一连3天，小渔夫一条大鱼都没钓到，他又问老渔夫有什么诀窍。老渔夫这时说了："我没啥诀窍，只是来这儿钓鱼之前，我已经在小河沟里钓了好几年小鱼。"

这个寓言的寓意很明白：在没有能力钓到大鱼之前，应该专心钓一些小鱼。创业也是如此，从一种最简单的模式起步，经过不断的积累、磨炼，往往就能产生惊人的结果。总有一天，你也能开创大场面。

贪大有两个含义：一是贪规模，也就是说，尽管是在起步阶段，也尽可能地将摊子铺大；二是贪大利。在很多管理者眼里，小利润从来都不被看上眼，认为只有捕捉到鲸鱼才是真正的出海。殊不知，以新创企业那么小的实力，即使是捕捉到鲸鱼，也有可能被压垮。

阿里巴巴和淘宝网是中国最成功的电子商务网站，探究它们成功的秘诀，就在于创始人着眼于小利来设计企业的发展战略，抓住小利，而不是将企业的未来押在大利上。在一次名人访谈节目中，博鳌亚洲论坛秘书长龙永图问了马云一个问题："你（阿里巴巴）现在的供应商当中有多少是中小企业？"

马云的回答令龙永图有些吃惊："我们现在整个阿里巴巴的企业电子商务有1800万家企业支持会员，几乎全是中小企业，当然沃尔玛也好，家乐福也好，海尔也好，甚至GE（通用电气）都在我们这儿采购，但是我对这些企业一点兴趣都没有。"龙永图笑着说："难怪人家说你是狂人，口出狂言。"在场的人显然都不太相信马云的大话，怎么可能会有对大客户不感兴趣的企业呢？

马云不慌不忙地解释道："我只对我关心的人感兴趣。我只对中小型企业感兴趣，我就盯上中小型企业，顺便淘进来几个大企业，它不是我要的。我相信是虾米驱动鲨鱼，大企业一定会被中小型企业所驱动。所以我那时候就想：企业在工业时代是凭规模、资本来取胜，而信息时代一定是靠灵活快速的反应。我唯一希望的就是用 IT、互联网、电子商务去武装中小型企业，使它们迅速强大起来。"

马云要做的事就是提供这样一个平台，将全球的中小企业的进出口信息汇集起来。"小企业好比沙滩上的一颗颗石子，但通过互联网可以把一颗颗石子全粘起来，用混凝土粘起来的石子威力无穷，可以与大石头抗衡。而互联网经济的特色正是以小搏大、以快打慢。""我要做数不清的中小企业的解救者。"另外，马云还考虑到，因为亚洲是最大的出口基地，阿里巴巴以出口为目标，帮助全国中小企业出口是阿里巴巴的方向，他相信中小企业的电子商务更有希望，更好做。

小利照样能够赢得巨额利润。积跬步，可以至千里；积小流，可以成江海。在创办新事业的过程中，"一夜暴富"，"一口吃成胖子"的梦想往往难以实现。利润的薄厚不是关键，关键在于企业能否长久赢利，因此，新事业要轻装上阵，从小利开始做起，莫要让追求厚利压垮了自己。

不想当将军的士兵不是好士兵，创业者都希望能够成就一番大事业，这种激情可以说是促进创业者不断奋斗的动力。然而很多创业者却被这种激情冲昏了头脑，一味地追求规模和速度，成为了机会主义者。看到某个"一夜暴富"的机会就认为自己掌握了规律，以赌徒心态去搏一搏，最终导致一败涂地。

一口吃不成个胖子，赌性代替实干精神的唯一结果就是失败。很多人在创业时赌博似的把大笔的资金投入在高风险的项目上，想通过放手一搏直接达到成功的目的。赌场中没有永远的赢家，生活中的赌徒会倾家荡产，创业时的赌性也会酿成不可挽回的局面。成功没有捷径，脚踏实地才能提高创业成功的概率。在创业初期，不根据自身的实际情况，盲目地追逐规模和速度，必然不能考虑的全面。创业者必须对自己的发展方向有一个明确的定位，不打无准备之仗，脚踏实地进行自己的计划，而不能把希望寄托在遇到绝境之时的放手一搏。创业者想要取得成功，不能一味贪大，必须要培养自己的实干精神。

创业首先要从小处入手，不铺大摊子。创业初期，资金和经验都十分有限，因此不要太早做发达梦，避免盲目铺开大摊子。

张萌想要自己创业，因为之前做过内衣店店员，她选择了内衣代理销售。不想"小打小闹"的张萌，通过银行贷款筹集了一大笔资金，开了一家很大的内衣专卖店。然而，由于没有经营的经验，张萌对于具体怎样运作更是不了解，很快就遭遇到了很大的麻烦。代理了大批货物，但是除了自己的店铺找不到分销渠道，每天店内的销售情况也有限，因此，产品出现了滞销的情况。昂贵的店铺租金加上垫付的货款，市场也一直没有出现好转，没多久，张萌的资金已经开始见底了。

不顾自己的实际情况，一味地贪图大规模，但是自己又驾驭不了，陷入意想不到的困境，最终导致了失败。须知小生意并不意味着没有发展潜力，不要小看小生意，很多知名的大集团都是从小生意做起来的。小生意的门槛较低，对想要创业的人来说，从小生意入手是十分明智的选择。如果经营得好，从中能够积累经营和管理的经验，就有了成就大生意的基础。从小生意中得到大收益的例子数不胜数。浙江省义乌市的小商品市场经营的都是跟人们日常生活息息相关的小物件，价格低廉，然而因鲜明的特色成为了中国小商品重要的集散地，客流量数以万计。美国一家著名的自选连锁超市，最初是从小镇上的一个"低价"自选商店开始的。无独有偶，美国的刷子大王艾富赖德·弗勒也是从经营8美分一把的小刷子而成巨富的。因此，不要因为生意小就觉得没有发展前景，只要经营得当，小生意也能赚大钱。

其次，实干不等于苦干。如果把实干理解为毫无目的的埋头苦干可就错了。创业不会是一帆风顺的，困难和磨砺都是必经的阶段，想要成就一番大事业就要先做好吃苦的准备。但是有吃苦的意识不代表就要对所有困难"逆来顺受"，在不确定目标和方法之前的苦干不值得提倡，既然有的苦是可以避免的，就没有非要吃苦的必要。创业者要主动地寻找行业内的诀窍，事前做好准备规避可能的风险，不要以为蛮干苦干就能成功，成功也是有方法可寻的。创业者不应该有"没有功劳也有苦劳"的观念，市场是残酷的，没有功劳就没有人承认苦劳的价值。成功的创业者懂得踏实肯干的重要性，更懂得高效和借力，有效地利用资源，所以他们成长的速度才能比别人快，比别人稳。

最后，把握机遇不等于赌博。创业者如果能把握住机遇，成功的可能性就会增加，但是要知道，把握机遇绝不等于赌博。

在管理上、创业决策上不依靠理智的决定而是依靠赌性，就无法对眼前的实际情况有清醒的判断，就算机遇降临也没办法把握住。创业者需要的是科学决策，凭借自身实力和经验的积累去获取机会；而不是没有任何实力支撑，靠一次运气去赌来成功。

总之，不要贪大，不要盲目追求扩大规模，想要做"大"必须先做"强"，在有了夯实的地基之后，才能有稳固的大楼。

误区6：急于求成，缺少战略思维

创业者在开拓自己的事业之时，都是满怀激情期待着成功的，然而成功并不是短时期内就可以达到的。创业初期的毫无起色或是不好的苗头会让很多人沉不住气，就会开始着急，想要走捷径追求速度，甚至不惜用违背道德法律的手段，这是非常不可取的。

在山东有一个小村庄，种出来的蕨菜质量特别好，有一家日本企业前来大量收购。渐渐的，这个村庄就发展成为向日本出口蕨菜的生产基地，也成为当地唯一的经济来源。刚开始，村庄里的老百姓都是将蕨菜放在太阳底下晒干了以后打包运到日本去，后来由于放在太阳下面晒干需要两天时间，很多老百姓想赚更多的钱，等不及蕨菜晒干，就把蕨菜收回家，然后用锅烘烤。在锅里烘干来得快，一会儿的工夫就好了，但是烘烤的蕨菜和太阳晒干的蕨菜是有着本质区别的，两者表面上看是一样的，但是烘干的蕨菜用再多的水也泡不开。日本的这家企业发现了村民们的"作弊"后很生气,便挨家挨户下达通知说:"千万不要用锅烘烤,一定要放在太阳底下晒,不然就没办法合作了。"大部分的老百姓都遵守了日本企业的要求,把蕨菜放在太阳底下晒,但还是有人把蕨菜偷偷地放在锅里烘烤。日本企业在抽样调查后发现了仍然有烘干的蕨菜存在,于是断绝了跟这个地区的全部蕨菜交易,这个村庄也失去了经济来源。现在,村庄里的老百姓依然在贫困中挣扎,因为再也没有日本企业来收购他们的蕨菜了。

创业就如同蕨菜,需要长期的晾晒才能有优良的品质,如果急于求成,投机取巧只重视短期内的收益而没有长远的眼光,结果必然是失败的。一个想要成功的创业者不能只重视眼前的利益急于求成,需要树立长远的战略思维,规划未来的发展方向。美国通用电气的董事长曾说:"我整天没有做几件事,但有一件做不完的工作,那就是规划未来。"战略规划甚至比努力工作还要重要,那么身为创业者要怎样树立战略思维呢?

1. 准确定位目标

有了确定的目标才不会好高骛远,急功近利。创业者要有一个长远目标和多个短期规划。长远目标即创业者心里成功的标准,把这个目标分成短期规划按步骤进行。短期的规划要根据自身的实际情况而定,可以以所在行业的成长趋势和成长速度作为参考标准,然后根据目前拥有的资金、资源、能力来确定每一个阶段应当达到什么目标,这个目标不要求多大,只要具体明确可行性强就足够了。比如在3年之内,想要达到多大的规模,多少的营业额,多大的市场占有率等等,尽可能地量化、具体化。

2. 持之以恒

这是一件看似简单,但实施起来非常有难度的事情。因为许多目标很难在短时期内看到成效,当别人的事业发展得很大而自己还在缓慢前进时,难免会急躁冲动。然而对于创业者而言,持之以恒是战略思维中非常重要的因素。如果制定了准确的目标而缺少坚持,努力就没有任何意义。可以将目标制定的小一点，将实施时间确立的短一点，三年五年的规划几天内肯定体现不出效果，如果是几个月甚至是几个星期的目标就很容易实现，这样也能消除一直未见成果的急躁感。同时要在创业过程中不断思考存在的问题以及可能发生的情况，并采取切实可行的措施加以调整。

3. 懂得取舍

要有梦想而不要有幻想，梦想是鼓励创业者不断前行的动力，而不切实际的幻想只会干扰创业者的思维和选择。在创业初期，如果被过多的选择所干扰，沉不住气，那么创业只能是以失败告终。创业的初期，有些创业者会有很多的顾虑，他们可能有稳定的工作，有尚未还清的房贷，有嗷嗷待哺的孩子。但如果顾虑太多，等到房贷还清了，孩子长大了，创业的时机可能已经溜走了。如果不能有所取舍，将会在顾虑和幻想中迷失方向，不知所措。所以创业者要做的就是懂得取舍，抛弃那些阻碍自己创业的顾虑和不切实际的幻想。

那些急功近利急于求成的人，非但不能比别人更早到达成功的彼岸，反而因为过于急躁在半路就触礁沉船。要知道，创业就如同自然万物一样，都有自己的生长规律，拔苗助长只会枯萎死亡。只有那些一步一个脚印、树立战略思维的创业者，才能取得最终的成功。

误区7：忽视与投资相关的环境

环境的影响力是极大的，珍贵的种子无法在贫瘠的土地上开花结果，如果没有好的环境，再好的项目也一样无法取得成功。对创业者来说，必须要调查与投资相关的环境是否有利。有了良好的投资环境，创业过程将轻松容易许多。相反，如果投资环境恶劣，创业者将寸步难行。

周斌偶然在一个偏远的山区里发现了稀有的野生果树，他马上认定这是一种极具开发潜力的产品。于是经过一番简单调查、分析后，周斌马上筹措了一大笔资金开发健康型的野生果汁。经过数月的努力后，第一批果汁终于灌装出厂了。然而就在这时，却出现一个致命的问题，由于山区都是绵延曲折的羊肠小道，大货车开不进来，产品也无法运送出去。如果要修这段山路的话需要投资至少几十倍于投资果汁的资金，大大超出了周斌的能力范围。眼看着一瓶瓶的果汁开始发酸变质，周斌依旧想不出对策，只能放弃了这个项目，大笔的资金白白打了水漂。

创业者往往认为只要有好项目在手，其他的因素都不会有太大影响，须知忽视与投资相关的环境将会为创业制造巨大的阻碍。案例中的周斌就是没有对客观的投资环境进行仔细分析，导致好的项目得不到有效的实施。对创业者来说，与项目相关的地理位置、自然环境、自然资源、基础设施建设作为硬环境都是必须要关注的因素，如果忽视它们的作用，就会埋下失败的隐患。另外像地方政策、科技环境、法律环境等软环境也是极为重要的投资环境。那么创业者要如何选择合适的投资环境呢？

1. 根据客观事实综合选择

投资环境的评价要依据客观事实，综合评定区域内的优势与劣势。不能从主观上希望这个环境好或者认为这个环境合适就急于下定论。某些环境从一方面看来很适合，创业者就想当然的认为整个环境都适合发展，等到具体实施后才发现存在很多不利的因素，导致创业进程遇到阻碍或停滞。投资环境不能仅从一方面选择，投资环境的构成要素既有宏观方面的也有微观方面的，既有地形、道路、气候等硬件方面的，也有风俗政策、文化等软件方面的，因此必须综合整体的选择。

2. 根据支出比重大的因素选择

不同创业项目的重要支出因素都是不同的，对投资环境的要求也不尽相同。因此创业者要先确立自己的项目中所占比重较大的因素，然后有的放矢地选择合适的投资环境。创业活动的本性是增值，它也是创业者所最终追求的目标，根据支出比重大的因素选择投资环境能够增强赢利性。如以劳动力支出为最大比重的，就选择劳动力数量密集、价格较低的环境；以运输支出为最大比重的，就选择交通便利、道路良好的环境；以原料支出为最大比重的，就选择原材料产地或者价格相对较低的环境。

3. 根据实效比较选择

投资环境并不是一成不变的，是在不断地发展变化的。投资环境可能今天是有利的，也可能明天就是不利的了。投资环境各个要素的评价标准也不是固定的。另外，不同的投资项目即使是在同样的投资环境下，所产生的效果也是不同的。

蔡先生看到土渣饼销售火热，每家饼店外面都有大批排队等待买饼的人群，于是打算自己开一家土渣饼店。他投入大笔资金进行店面装修、购买技术、办理营业执照、聘请员工等。当店面一切筹备妥当后，信心满满的蔡先生准备大赚一笔。可开张后却发现生意并不如预期的好，由于附近居民区开始拆迁，客源骤减，开业两个月一直在赔钱。蔡先生本想再坚持一段时间，可没多久发现附近的土渣饼店基本都关门了，没有改善措施的蔡先生也只能把店关了。

蔡先生失败的原因就在于创业目的不明确，没有做好投资环境分析。在投资环境转向不利的形势下依然投资开店，从而导致失败。

因此，创业前对投资环境进行理性的分析尤为重要。创业是风险与利益共存，哪种环境适合做哪种项目，需要冷静对待。

误区8：错误的时间做正确的事

创业的时机在很大程度上决定了创业的成败与否，可以说创业本身并没有正确错误之分，错误的只是时机而已。如果在正确的时间做正确的事，创业必定事半功倍；如果在错误的时间做正确的事，创业必定失败无疑。掌握了创业的时机，就掌握了打开创业成功大门的金钥匙。

1931年，美国著名企业家哈默从苏联回到美国。这时，美国正在进行总统换届选举，哈默通过深入分析，认定罗斯福会获胜。哈默知道，罗斯福喜欢喝酒，他一旦竞选成功，1920年公布的禁酒令就会被废除。到那时，威士忌和啤酒的生产量将会十分惊人，市场上将需要大量的酒桶用以装酒，这里面蕴藏着巨大商机。用来制作酒桶的木材非一般木材，而是经过特殊处理的白橡木。哈默在苏联生活多年，他知道苏联盛产白橡木。于是，立即决定返回苏联去订购白橡木板。

哈默将这些木材运到美国，并在纽约码头附近设立了一间临时的酒桶加工厂，作为应急的储备。同时，他在新泽西州建造了一个现代化的酒桶加工厂，取名哈默酒桶厂。哈默酒桶厂开业的时候，"禁酒令"尚未解除，所有的人都觉得他是个疯子。然而，当哈默的酒桶生产线日趋成熟的时候，罗斯福下令解除了禁酒令。人们对威士忌的需求急剧上升，各酒厂的生产量随之直线上升，但问题是需要大批酒桶，而此时，哈默早已给酒厂准备好了大量酒桶。生产酒类的厂家有许多，而大规模生产酒桶的工厂却"只此一家"，哈默酒桶厂的赢利远远超过了酒厂。

领先变化，就要有远见，就要能够准确地判断未来的趋势，就要在这些趋势发生之前先做好准备。领先变化，是企业管理者的卓越能力之一。在企业发展中，只有领先变化，才能使企业走在时代的前列，才能在变化中屹立不倒。然而要意识到，领先变化是在准确预估趋势、评价环境的前提下进行的。

虽然对创业来说快很重要，但是太快不见得是好事，过早出现一样无法取得成功。在市场环境的需求都没有健全的时候，这些早早出现的"先行者"虽然做了正确的事，但是发生在错误的时间，不但无法引领潮流，还会成为在市场上壮烈牺牲的头一个。试想一下，如果新总统依旧实行禁酒令，哈默的举动一定会造成巨大的损失。所以，快速必须要以周密调研把握时机为前提。

2009年，中旺集团推出了以健康非油炸为口号的五谷道场方便面。五谷道场大打健康牌本身的创意很好，可惜进入市场的时间选得不对。五谷道场方便面上市后，销量一路领先，销售额从2005年的3亿元激增到2006年的15亿元，然而在这样风光无限的背后，却潜伏着一连串的隐忧。一直以来方便面市场就是油炸方便面主导的天下，即使是作为非油炸方便面的发源地的日本，80%的市场份额也被油炸方便面占据着。非油炸方便面要想在竞争激烈的油炸方便面中脱颖而出，难度可想而知。而五谷道场将非油炸与健康画上等号的带有挑衅性的广告更是激怒了油炸方便面的生产商，导致那些占有市场绝对优势的油炸方便面生产商联合对其打压，再加上方便面市场的整体下滑，致使五谷道场危机四伏。销售额大幅下跌，生产线问题频发，其中某工厂还因长期拖欠工人工资和经销商的货款而被查封。一时之间，五谷道场的破产案被炒得沸沸扬扬。虽然之后中粮集团入主五谷道场，但是五谷道场的创始人王中旺失去了自己拥有的股份。

五谷道场失败的根本原因就在于出现的时机错了，本来是很好的创意和理念，但是由于市场还未成熟而受到阻碍。

在不恰当的时机创业，将会成为创业道路上的"早产儿"。他们虽以失败告终，但错误并不在于他们所做的事，大多数想法在若干年之后被证实是可行的。失败的原因就在于没有选择正确的时间做这件正确的事，过于超前的想法在当时尚不成熟健全的环境下是无法实现的，要知道，创业不是有了好的想法找到合适的项目就能坐等赚钱了，只有把握正确的时机，好项目才能如虎添翼，否则只会寸步难行。

误区9：唯利润是求而忽视创新

利润是创业者毕生都在追求的，然而许多人认为创新要冒很大的风险，为了保持现有的利润就忽视创新甚至不敢创新。事实上，企业在市场上所处的位置，就如同斜坡上的一个球体，由于受到来自市场竞争和内部职工惰性的影响形成的制约力，有向下滑落的倾向，如果没有止动力，就会下滑。为了在斜坡（市场）上的位置保持不下滑，并使它往上移动，需要两个向上的动力：保证它不向下滑，就需要强化内部基础管理这一止退力；促使它往上移动，就必须用企业的创新能力代替拉动力。同样，一个企业不发展、不创新、不进步，就面临着下滑和被市场淘汰的危机。

任正非曾对员工说："华为选择了通信行业，就是选择了一条不归路。……在电子信息产业中，要么成为领先者，要么被淘汰，没有第三条路。我们的竞争对手太强大了，我们要在夹缝中求生存，就要掌握核心竞争力，慢慢壮大自己。"

如今，全球化进程中更多显现这样一种趋势：只有依靠科技进步和创新力量，才能迅速改变整个国家社会财富的累积方式；只有掌握核心技术力量，才能快速改变整个民族、国家的地位。一个依赖和模仿他人技术的民族，永远不会获得世界的认可。

任正非一直坚持"依靠科技进步和创新力量"，从华为成立之日起，任正非看重的就是创新。在他看来，机会、人才、技术和产品是公司成长的主要牵引力。在这四种牵引力中，人才所掌握的知识处于最核心的地位，而资本则被搁置在牵引力之外，这是一种与传统理论完全相反的理念。从这个理念出发，华为确立了"人力资本不断增值优于财务价值增值"的发展原则。它主要表现在以下两个方面：

（1）靠知识创造核心技术和知识产权。华为当初投入的几万元资金只是为了工商注册的需要，只有象征的意义，今天的华为绝对不是靠这些资金积累而成的。华为在知识和经营上无形的投入，使华为形成了核心技术和知识产权，并由此走上了壮大之路。

（2）华为每年坚持按10%的销售收入拨付研究经费，这意味着华为每年起码有50%的利润被用于研究。这种投入方式的实质是把财务的增值转化为人力资本的投资，再以人力资本增值推动财务资本的增值。人力资本与财务资本联动，形成了有形资产与无形资本的良性循环。

有资料显示：华为公司一共有8万多员工，在华为的这些员工中，技术研究及开发人员占46%，市场营销和服务人员占33%，管理及其他人员占9%，其余的12%才是生产人员。20年来，华为一直保持这样的比例，人力资源配置呈"研发和市场两边高"的"微笑曲线"。

现如今，华为已经发展成销售额过千亿元的大公司，正在向创新型公司稳步迈进。一位哲人说过，在科学的入口处正像在地狱的入口处，那些把有限的生命投身于无限的事业中，历经磨难的人，才能真正感受到。创新虽然艰难，但它是唯一的生存之路，是成功的必经之路。

或许不少企业管理者认为，创新是低成本战略的最大威胁，殊不知，降低成本最有效的办法是不断创新。一场技术革新会大幅度降低产品成本，生产组织效率的变化也会带来成本的变化。当年福特汽车公司通过传送带实现了汽车的流水生产方式，大幅度降低了汽车生产成本，进而实现了让汽车进入寻常百姓家的梦想。

我们以海尔集团为例子：随着生活节奏的加快，一些用户可能需要一款独特的洗衣机，洗完的衣服马上就能穿。针对这样的需求，海尔集团就有了"衣干即停"洗衣机的研发计划。这样一款洗衣机，实际上是将烘干机和洗衣机的功能整合起来。但是，由于不同的地区湿度不同，所以洗衣机在烘干到什么程度时停下来又是个问题，假如把所有洗衣机的烘干程度都设计成相同的，肯定无法满足不同地区人们的需求。

于是，海尔工程师就在机器桶内加入了一个湿度感应器。当感应器达到一定的刻度时，洗衣机就会自动停止运转，这样既保护了衣物不会被过度地磨损，又节约了电能。这种感应器已经在市场上普遍存在，并非是海尔自己研发出来的，所以利用起来成本较为低廉。海尔只不过是将市面上固有的技术整合到自己的产品中来，从而创新出一种新产品来满足消费者的需求。

这种创新并没有大幅度地提升海尔产品的成本，但是，正是这种创新保证了海尔"衣干即停"洗衣机的独特性和创新性，使得顾客购买后感觉"物超所值"。自然，海尔的销量和利润也随之一路飙升。

有创新就有风险，但绝不能因为有风险就不敢创新。若不冒险，跟在别人后面，长期处于二三流水平，将无法与大公司竞争，也无法获得活下去的权利。会因为将追逐利润摆在第一位而失去更多的利润，甚至连现有的利润都保护不了。《吕氏春秋·尽数》中有"流水不腐，户枢不蠹，动也"的说法，意思是说流水和户枢因为处在不停的运动中，抵抗了微生物和其他生物的侵蚀，所以才能够保持常新。同样，一个企业只有处在不停的运动和革新之中，才能够保持活力，才能够避免下滑。"不创新，就死亡"这句话对于创业者来说绝对不仅仅是一句口号而已。

误区10：花钱不合理，没有坚持"现金为王"

随着人们观念和市场环境的变化，自主创业成了许多人的选择。然而在雨后春笋般建立的企业中，能够存活下来的并不多。其中很重要的原因就在于花钱不合理，在企业遇到难关的时候没有现金周转，所以无论企业的规模如何，利润多大，做好现金流管理企业才有生存的基础。

现金流是指企业在一定会计期间按照现金收付实现制，通过一定经济活动而产生的现金流入、现金流出及其总量情况的总称。从产品的市场调研到售后服务的整个过程，任何环节都与企业的现金流交织在一起。

现金流量管理是现代企业理财活动的一项重要职能。加强现金流量管理是企业生存的基本要求，加强现金流量管理，可以保证企业健康、稳定地发展并且可以有效地提高企业的竞争力。

现金流量管理中的现金，不是通常所理解的手持现金，而是指企业的库存现金和银行存款，还包括现金等价物。每个企业都有其各自的不同发展阶段，所以现金流量的特征也都不尽相同。根据企业在不同阶段经营情况的特征，企业管理者应该采取相应措施，这样才能够保证企业的生存和正常的运营。

企业的管理者必须懂得现金流的重要性，现金循环有两种表现：一是短期现金循环，另一种是长期现金循环。无论哪一种，当产品价值实现而产生现金流入时，都要重新在新一轮循环中参与不同性质的非现金转化，由于存在这样的过程，企业现金流往往是不平衡的。假如收入是流水性的、以天为单位的，支出是间断性的，几天、几个月才支出的话，企业的日子才能好过。但是在现实中，很多企业差不多都是反过来——收入是间隔性的，支出是流水性的：电话要天天打、房租水电费要月月付。这样企业就很累了。假如忽视了现金流的潜在危险，那么就会给企业的生存带来致命的影响。

WT.Grant是美国最大的商业企业之一，1975年宣告破产，而就在它破产的前一年，它的银行贷款达6亿美元，经营活动提供营运资金2000多万元，营业净利润也是近1000万美元。就在1973年，WT.Grant公司股票的价格仍按其收益20倍的价格出售。面对这样一家庞大企业的破产，很多人都非常惊讶。其实该企业破产的原因就在于，虽然有高额的利润，但是早在5年前，该公司的现金流量净额就已经出现了负数，由于公司的现金不能支付巨额的生产性支出和债务费用，最后导致公司"成长性破产"。

那么企业管理者应该如何管好现金流，使它支出和收入保持平衡呢？以下给出几条建议：

（1）培养管理层的现金流量管理意识。企业的决策者必须具备足够的现金流量管理意识，从企业战略的高度来审视企业的现金流量管理活动。

（2）建立现金流入流出管理制度，使企业可以通过制定定期的管理报告、预算与预算控制报告来对现金管理进行及时的反馈，做出相应的调整。

（3）要对现金流进行强有力的实时控制，建立相应组织机构，加强现金流量的监督与管理。即从一个项目开始就进行策划、定位，然后从总量、分项进行控制。公司财务部门只是一个方面，还要有审核部门进行成本把关。

（4）建立以现金流量管理为核心的管理信息系统。将企业的物流、信息流、工作流、资金流等集束在一起，从而使得管理者可以准确、及时地获得各种财务、管理信息。

事实上，现金流之于企业，就如同血液之于人体毛细血管，必须要有心脏的起搏功能来支持，这样才能使血液遍布全身。在企业内部，沟通也好，管理也好，制度必须是明确和强制的。做事前想入非非是不行的，要有全面的预算，让企业全面的工作计划与现金流相衔接。如果计划不周全，就可能把现金流拉断，导致企业最终难以为继。

创业的基本条件

创业的第一个条件：拥有无与伦比的创业精神

创业的过程绝不可能是一帆风顺的，如果没有无与伦比的创业精神，是无法在激烈的竞争中胜出的。"宝剑锋从磨砺出，梅花香自苦寒来。"逆境给人宝贵的磨炼机会，只有经得起环境考验的人，才算是真正的强者。其实，顺境和逆境都是命运的安排，只有坦然去面对，才是最好的方式。把"置身绝境"看成是锻炼自己的宝贵机会。明白这点，那么在面临艰难困苦时，就能勇气百倍地承受，迎接挑战。唯有如此，才能涌出新的智慧，转祸为福。

被誉为"经营之神"的松下幸之助并不是社会的幸运儿，但是，不幸的生活促使他成为了一个永远的抗争者。松下电器公司并非是一个一夜之间成功的公司，创业之初，正遭遇第一次世界大战，物价飞涨，而松下幸之助手里的所有资金还不到100日元。公司成立后，最初的产品是插座和灯头，然而产品遇到棘手的销售问题，工厂竟到了无法维持的地步，同事们相继离去，使松下幸之助的境况变得很糟糕，当时的困难可想而知。

但松下幸之助把这一切都看成是创业的必然经历，他相信：坚持下去取得成功，就是对自己最好的报答。功夫不负有心人，生意逐渐有了转机，当6年后他拿出第一个像样的行车前灯时，公司才慢慢走出困境。然而，走出困境的松下电器公司所面对的并不是风景美好的坦途，而是一系列坎坷困窘的开始。随着1929年经济危机席卷全球，日本电器销量锐减，第二次世界大战的爆发使日本经济走上了畸形，松下幸之助变得一贫如洗，他所有的却是高达 10 亿日元的巨额债务。为抗议把公司定为财阀，松下幸之助不下 50 次地去美军司令部进行交涉，其中的苦楚自不必言。

在 94 岁高龄时，松下幸之助说过："你只要有一颗谦虚和开放的心，你就可以在任何时候从任何人身上学到很多东西。无论是逆境或顺境，坦然的处世态度往往会使人更加聪明。"他用他的成功向人们表明，一个人只有从心理上、道德上成长起来时，他才可能成就一番事业。

创业过程中一定存在压力和困难，重要的是你能不能以一颗坚强的心去面对。创业之路实际上很残酷，就像只无形的手，总是攫住你，让你无处可逃。但有压力有困难对人并非只是一件坏事，很多时候，人需要一种力量来推动，就像慢马需要马缰一样，适当的压力能激发出你的潜力，竞争可以检验你的能力。遇到困难时，最简单的解决办法就是：勇敢地迎接它，告诉自己——我顶得住！试问哪一个创业者不是承受了各方的压力，最终超越压力，甚至将压力巧妙地转换为动力而获得成功的？成功的面前总是会有一些障碍，只有能够克服困难走过去的人，才有资格品尝胜利的自豪和快乐。

中国著名企业家马云说："对所有创业者来说，永远告诉自己一句话：从创业的第一天起，你每天要面对的是困难和失败，而不是成功。困难不能躲避，不能让别人替你去扛，任何困难都必须自己去面对。创业者任何时候都要勇往直前，而且要不断创新和突破，直到找到一个方向为止。跌倒了爬起来，又跌倒再爬起来，如果说有成功的希望，就是我们始终没有放弃。"

失败对坚定的人来说是一种考验，它是成功前的一次测试，成功者都经过失败的历练，是失败教会他们成功。

万向集团总裁鲁冠球儿时家境贫寒，他的父亲在上海一家药厂上班，收入微薄。他和母亲在贫苦的农村相依为命，日子过得十分艰难。初中毕业后，为了减轻父母沉重的生活负担，鲁冠球回家种地，过起了普通农民的生活。十四五岁本来是读书的大好时光，告别学校的鲁冠球内心很痛苦，他暗下决心，一定要出人头地。

鲁冠球明白，靠种庄稼永远无法摆脱目前的困境，也不可能实现自己的远大抱负。于是，他决定离开浙江农村去上海闯荡，想让父亲帮忙找些事做。但父亲非但没有给他找到工作，自己也很快退休回了老家。鲁冠球感到很失望，怎么办呢？路毕竟要走下去啊，还回到那几亩稻田里？不！一定要走出面朝黄土背朝天的生活。

后来，经人帮忙，鲁冠球到萧山县铁业社当了个打铁的小学徒。此后，鲁冠球就干起了铁匠。打铁是非常苦的活，一个十五岁的乡下孩子起早贪黑地跟着大师傅抡铁锤，一天到晚大汗淋漓，而工钱却少得可怜。但鲁冠球却非常满足，他庆幸自己告别了修理地球的生活，有了一份不错的职业。然而，命运往往捉弄人，就在鲁冠球刚刚学成师满，有望晋升工人时，遇上了企业、机关精简人员，他家在农村，自然被"下放"回家了。鲁冠球感到自己又一次陷入了失意的境地。他知道，他必须寻找新的突破点。

三年铁业社学徒生活使鲁冠球对机械设备产生了一种特殊的情感，那是一种用劳动的汗水凝成的情感。当时宁围乡的农民要走上七八里地到集上磨米面，鲁冠球也不例外。久而久之他竟然不自禁地对轧面机、碾米机"一见钟情"。而且他发现，乡亲们磨米面要跑的路太远了，很不方便，如果在本村办一个米面加工厂，一定很受大家欢迎，而且可赚些钱。如果自己能买机器，既省了磨面的钱，又省了乡亲们的工夫。亲友们得知鲁冠球的这一想法后，都很信任他，也很支持他，纷纷回家翻箱倒柜，勒紧裤腰带凑了3000元，买了一台磨面机、一台碾米机，办起了一个没敢挂牌子的米面加工厂。

那个年代是禁止私人经营的，鲁冠球搞米面加工厂的消息不胫而走后，就被查封。鲁冠球和乡亲们一面到处托人求情，一面"打一枪换一个地方"。一连换了3个地方，最后还是在劫难逃。加工厂被迫关闭，机器按原价1/3的价钱拍卖。当时的鲁冠球负债累累，只能卖掉刚过世的祖父的3间房，变得倾家荡产。

鲁冠球很长时间都吃不下饭、睡不好觉，整日闭门不出。让他感到特别痛苦的不仅是这次商业试验本身的失败，还有给家里带来的巨大压力，父母用血汗换来的钱就这样化为乌有了。但是，鲁冠球没有消沉，没有埋怨命运，没有抱怨生活，而是重新挑起生活的重担，奋然前行。没过多久，他成立了农机修配组，修理铁锹、镰刀、自行车等。后来，他的农机修配组的生意越做越红火。

机遇永远垂青于有准备的人。宁围公社的领导找到了鲁冠球，要他接管"宁围公社农机修配厂"。这个农机修配厂其实是一个只有84平方米破厂房的烂摊子，很多人担心鲁冠球会陷进去难以自拔，但鲁冠球以其敏锐的观察力认定可以此作为创业的起点。于是，鲁冠球变卖了全部家当，把所有资金都投到了厂里。虽然这个工厂前程未卜，鲁冠球却把自己的命运完全押在了这个工厂上。

鲁冠球真正的成功是与万向节密不可分的。万向节是汽车传动轴与驱动轴之间的连接器，因其可以在旋转的同时任意调转角度而得名。当鲁冠球开始接触万向节时，全国已有50多家生产厂商，而且产品饱和，唯一有空间的市场是生产进口汽车万向节。一个乡镇小企业想生产工艺复杂的进口汽车万向节，在许多人看来，无异于痴人说梦。而且，鲁冠球不惜丢掉70多万元产值的其他产品，把所有资源都集中在万向节上，让许多人难以理解。

今天，当我们重新审视这一决策时，不能不为鲁冠球过人的判断力和选择小厂走专业化的道路而拍案叫绝。万向节虽然生产出来了，但是当鲁冠球为刚刚问世不久的产品寻找销路时，却遇到了极大的困难。万向节必须自己闯天下。鲁冠球租了两辆汽车，满载万向节参加山东胶南全国汽车配件订货会，3万名客商，沿街的展销点，却没有鲁冠球的一席之地。3天过后，鲁冠球摸清了各路厂家的价格，毅然提出大降价的决定，市场顷刻之间发生了变化，鲁冠球站在了市场的最前面。

成功的面前总是会有一些障碍，只有像鲁冠球一样能够克服困难走过去的人，才有资格品尝胜利的自豪和快乐。

创业者要有坚强的意志和打持久战的毅力，把创业路上的坎坷视为当然。

一个人能否成为百万甚至千万富翁，可以依靠几年的好运和努力，或者一两次机遇就足够了。但一个人能否成为"大生意人"，"大企业家"，成就足以使他人和后人钦佩的事业，则需要持之以恒的努力和付出。一家优秀企业的形成，一份长久事业的形成，甚至一个优秀产品的形成，往往都不是一两年、三五年所能做到的，它很可能需要创业者的毕生心血。创业路上平常心很重要，坚韧的毅力是创业者应该具备的第一精神。

创业者还要能坚持自己的信念和目标。在其他同行走上迷途的时候，创业者要能有清醒的认识，不为眼前小利所动，不做昧良心的产品；更为重要的是，要能耐得住寂寞，静心做技术和产品的创新，稳扎稳打，夯实企业发展的根基。创业者应该把企业当成实践人生理想的平台，而不仅仅是谋利的机器。虽然企业的本质是赢利，但凡是成功的企业，都是具有信念的企业。坚持信念和赢利并不矛盾，只有坚持信念，专注目标，才会获得竞争优势，从而使利润自来。

创业的先决条件，不是有多好的项目，多雄厚的资金，而是诸如坚韧、执著、坦然等无与伦比的创业精神。只有拥有了创业精神，才能够突破困难，打开成功的大门。

创业的第二个条件：制定正确的创业目标

创业要有一个目标作为指导，才有成功的可能。就像运动员打棒球，球飞来的方向是不确定的，运动员必须随时调整自己的方向，准确击球，只有这样，才能保证成功。如果创业在一种无序、无目标的状态下简单经营、粗放经营，注定会失败。

制定创业目标并不是一件有趣的事，需要消耗大量的工作时间，然而无论付出多少成本，树立正确的创业目标是必需的。俗话说，机会是留给有准备的人的，在创业中也一样，缺乏一个正确的目标，必然不会得到市场的青睐。目标能够激励管理层去系统地思考已经发生的、正在发生的以及将要发生的事情。一个清晰明确的目标，往往还能帮助企业完善与实现其目标和政策，能够协调好各个部门之间的工作；同样，一个全面且实际的目标，还能够应付不断变化的市场需求。

创业目标并不是制定好了就一劳永逸了。很多人认为，创业是一场短跑比赛，重要的是拿到冠军。然而，拿到冠军之后呢？创业的过程并非一场短跑，而是一场跨栏，不是110米跨栏，而是马拉松跨栏。一个企业的发展，跨一个栏以后，前面又有一连串的栏，跨过去一个栏杆就如同实现了一个目标，而想要持续经营的企业，总会还有无数的目标等待着被跨越。

效率提升大师博恩·崔西说过："成功最重要的前提是知道自己究竟想要什么。成功的首要因素是制定一套明确、具体而且可以衡量的目标和计划。"在创业马拉松跨栏的过程中，有一点是一定要注意的，那就是当跨完一个栏以后就要看下面一个栏在哪里，甚至这个栏是已经设立好的。一个有理想的创业者，应该是一直有目标放在那里。

周作亮就是因为缺乏正确目标而失败的。在创业初期，周作亮凭借"敢闯、敢创""大胆地试"取得了很大的成功，然而在企业上了规模之后，他反而没有了明确的目标。当偶然获悉市场上铝材可以获取丰厚利润，当即决定兴建铝材厂，并且仅用8个月就投资12亿元建成了日产10吨的铝材加工厂。随后，由于铝锭、铝棒全部需要外购，周作亮决定再建设电解铝厂，又由于电力供应不足，为解决铝厂的用电问题，他不顾电力部门的强烈反对，在小火电已经列为限制发展项目的情况下，上马了3台5万千瓦的小机组，年发电能力为15亿千瓦时，而铝厂自用仅为6亿千瓦时，三台小机组有两台闲置。为了解决剩余电力的外输和联网问题，周作亮又必须建变电站。就这样，周作亮走上了"缺啥补啥"的不归之路，这种没有战略的经营，盲目的发展，最终将企业引入歧途。

目标很重要，企业管理者对企业的发展思考一旦停止，企业就会驶向下滑的方向。创业者对目标要有一个详细的认知和分析。一般来说，创业目标是一个由众多因素构成的有机整体，主要内容有：

1. 战略任务

是指在既定时间内，创业项目和预期要达到的目标。战略任务通过规定企业的业务活动领域和经营范围表现出来，如针对哪些消费者，经营何种产品，提供哪些方面的服务以及商圈到底定位为多大的区域等。

2. 经营目标

指在预定时间段预期达到的目标成果，是战略任务的具体化，反映着企业在较长时期内经营的水平和营销管理的完善程度。经营战略目标是一个综合的或多元的目标体系，它主要涉及以下内容：

（1）市场目标。指在行业竞争中优势发挥的程度，包括竞争实力和信誉的提高程度。竞争实力的提高程度具体表现为传统市场的渗透和新市场的开拓，市场占有率、销售增长率的提高等。

（2）发展目标。指企业实力和规模的扩大程度。具体表现为商品更新速度和经营管理水平，领导素质和员工素质的提高程度等。

（3）效益目标。指企业在制定经营战略时预期的效益规划。具体表现为利润总额的扩大和资金利润率的提高程度。

3. 目标措施

指创业者为实现战略目标而制定的长远、重要的措施。企业在实现战略目标的过程中，会遇到各种机会、威胁和风险，为了充分利用市场机会，避免市场威胁和减少市场风险，应该制定出积极有效的具体措施。

（1）管理措施。包括管理机构设置的合理化，管理手段的现代化，管理方法的科学化，管理人员的专业化等。

（2）策略措施。主要指在不同的经营环境中采用的特殊策略。

正确的目标，不是好高骛远，不是个人兴趣，不是一时冲动，而是在正确评估企业资源和条件，科学对待企业发展前景的基础上为企业发展所设计的安全航道。创业之路能够最终走多远，就看目标规划有多远。

创业的第三个条件：从决心创业时起，让自己成为一个全才

工作需要专才，创业需要全才。即使是凭着自己的专业创业的人，在创业的过程中也一定会接触到很多非本专业的问题。因此当下定了创业的决心时，创业者就要有成为一个全才的准备，成为一个全才是创业者必须具备的素质，是创业成功的客观要求。然而很多人会问，没有人能够成为样样精通的全才啊！这里所说的全才，并不是对于任何事情都要精通，而是对各方面有基本的了解进而能够培养统筹的人。

创业者身上肩负着多重的责任，承担着多重的角色。那么，只有把每一个角色都做好，才能培养成一个成功的人。

1. 企业的代表者

创业者是企业的代表者，就企业而言，创业者是企业与客户、社会有关部门的公共关系的体现者；就员工而言，创业者是员工利益的代表者，是员工需要的代言人。不论手下有多少员工，也不论这些员工表现如何，企业整体的经营绩效及形象都必须由创业者负起全责。所以，创业者对项目或者企业的运营必须了如指掌，才能在实际工作中做好安排与管理，发挥最大效用。

2. 目标的执行者

创业如同船行海上，一切以船长的目标为目标。创业者的角色就像一名船长，如果船长说："我们的船在3天之内将到达目的港，大家目前主要的任务是全力以赴，努力地使船向东行驶。"这样一来，船员们都有了明确的目标，清楚自己目前应该做的工作，因而能全神贯注地遵循船长的指示来完成多项工作，而不必担心其他的事情。这样，船才能正常地行驶，更早地到达目的港。与船长的工作类似，创业者也必须清楚地知道目标，并将目标准确地传达给自己的员工，万众一心，共同努力，实现目标。在向目标迈进的过程中，创业者必须具备领导、管理与沟通的能力。

3. 员工的培训者

员工整体的业务水平高低是关系到企业经营好坏的一个重要因素。所以

创业者不仅要时时充实自己的业务经验及相关技能，更要不断地对所属员工进行岗位培训，以促进整体经营水平的提高。同时，经营者工作繁忙，并且常有会务活动，当其不在企业内时，各部门的主管及全体员工就应及时独立处理企业内事务，以免延误工作。为此，还应适当授权，以此培养下属的独立工作能力，训练下属的工作技能；并在工作过程中及时、耐心地予以指导、指正与帮助。全体员工的各方面素质提高了，企业运营与管理自然会越来越得心应手。由此可见，培训下属，就是提高工作效率，也是间接促成创业之路顺利进行的保证。

4. 各种问题的协调者

创业者应具有处理各种矛盾和问题的耐心与技巧，如与员工沟通、与合作伙伴沟通等方面，是创业者万万不能忽视的。如果创业者对下属的指令传达都毫无瑕疵，但是对与员工沟通、与供货商沟通等方面却做得不够好，无形中就会恶化人际关系。因此，创业者在上情下达、内外沟通的过程中，应尽量注意运用沟通交流的技巧和方法，以协调好各种关系。

5. 运营与管理业务的控制者

为了保证项目的顺利运行，企业正常运转，创业者必须对日常运营与管理业务进行有力的、实质性的控制。其控制的重点是：人员控制、商品控制、现金控制、信息控制以及地域环境控制等。

6. 工作成果的分析者

创业者应具有计算与理解企业所统计的数值的能力，以便及时掌握业绩，进行合理的目标管理。同时，创业者应始终保持着理性，善于观察和收集与运营管理有关的情报，并进行有效分析以及对可能发生的情况做出预见。

身为创业者，所扮演的角色，所承担的责任并不仅仅是这些而已。想要真正有所成就，非要眼观六路耳听八方，做个样样都能兼顾的全才不可。即使现在尚不是全才，也要树立成为全才的志向。

创业的第四个条件：要有真正帮人家赚钱的经验

在一个小村庄里有个医术高超的郎中，被人称为神医。这个神医有3个儿子，他将毕生所学的医术都传给了儿子们。神医老了，没有力气给人看病，就叫3个儿子去给病人诊治。可是前来就医的人怎么也不肯让他的儿子们看病，神医百思不得其解，难道真的是自己的孩子资质平庸？一位经常来看病的老者点破了神医："那是因为他们从来都没有把过脉啊！不管你的医术多么高明，他们学会的仅仅是理论而已，人们怎么可能放心让他们来诊治呢？"

没有经过实践检验的知识都只是空谈。无论具备多么专业多么全面的知识，没有实践经验也不要轻易尝试创业。从来没有过赚钱的经验，就想当然地认为自己可以赚到钱，结果则可能会失败。书生型创业者的最大特点是：想得多，完全从自我的主观想象出发，而忽视对市场需求的客观调查。真正的商人凡事不是从"我认为"出发，而是从"市场信息反馈中"得知真正的需求。

20世纪50年代初期，美国的劳拉·阿什雷创立了劳拉·阿什雷公司，该公司主要生产女性装饰用品，其新颖的产品唤起了美国女性的浪漫情怀，所以产品很受欢迎。尤其是在20世纪70年代人们普遍怀旧的情结下，公司通过其怀旧产品的推出，很快由一家小作坊发展到一个拥有50家专卖店的大公司，劳拉·阿什雷也成为国际知名品牌。

劳拉·阿什雷去世以后，她的丈夫伯纳德接手公司，沿着劳拉所设立的经营方向，按照原来的经营模式、框架甚至制度规范继续发展该公司。然而，随着时代的发展，越来越多的女性开始走出家庭谋求工作，市场逐步倾向于职业饰物，因此女性装饰行业发生了巨大的改变。伴随着关税壁垒的逐步瓦解，精品店大多都将生产基地设到海外以削减成本，或者将生产全部外包。但劳拉·阿什雷公司却相反，该公司仍然继续沿着过去曾为其带来成功的老路，仍然生产着式样陈旧的老式饰物，并且以昂贵的成本自己生产，由此，公司的竞争力也日渐衰退。

伯纳德深受劳拉的影响，熟知她的经营理念，但是实际运营时却出了大问题。事实证明富豪的儿子不一定也能成为富豪，财经学校的高材生未必一定会赚钱。创业之初是资金最少承受力最低的时候，稍有差池就可能导致全盘皆输。创业者应该在一段时间内，先去替别人赚钱，为自己积累经验。

1. 利用别人的环境学习经验

对于大多数创业者来说，创业前都是为别人打工。虽然薪水有限，却是最低成本的学习方式，为老板赚钱，为自己赚经验。许多创业者都是从过去工作过的公司经验中，掌握了经营理念、管理方式、运营模式，发现了大量的机会以及可以改进的缺点，甚至利用原来公司的资源、客户为自己创业奠定基础。所以，做个有心眼的"打工仔"，充分利用别人提供的工作环境，多留心可以借鉴和学习的地方，能够为日后的创业积累丰富的经验。

2. 整合别人的资金练习经营

一位亿万富翁曾说过这样的话："你不必等到有钱了再去挣钱，只要你拥有人们想要的，你就能拿这些东西去付账。如果你拿出预付折扣，就能用现金得到你所需。很快，它刚好成为变戏法的现金。"很多人都错误地认为，手头上有大把现金才能解决问题。"如果我中了六合彩，那什么事情都解决了。"事实不是这样。毫无疑问，手里有钱，干什么事情都会容易一点。但是我们的解释是："如果你没有钱赚不到钱，那么你有钱也赚不到钱。"富人都是善于整合别人的金钱的人。创业者自己没有充足的资金，可以通过整合别人的资金进行创业。即使是在为别人赚钱，"为他人作嫁衣裳"，自己也能够从中练习到"缝纫功夫"，用别人的资金为自己提供锻炼经营的机会。

没有给别人打工的经历，只凭运气和书本上的知识，是绝对不可能成功的。如果想成就一番自己的事业，就先从为别人赚钱开始吧！

创业的第五个条件：技术领先构筑核心竞争力

在利润越来越透明的市场环境中，由不断的技术创新支持的差异优势，是企业保持长久市场竞争优势的重要途径。因此，企业应把发展更核心的竞争力——技术领先，放在最重要的位置。

1998年，人们惊诧地发现，芬兰有一家名叫诺基亚的公司，其手机销售量超过了全球通信巨无霸——摩托罗拉，一跃而成为移动电话制造业中的世界冠军。诺基亚能取得今天的成就，应该归功于时任总裁的乔马·奥利拉。但诺基亚能从生产胶鞋等传统产品转型为一家高技术公司，却不能不提到前任总裁卡瑞·凯雷莫。

1977年，凯雷莫被任命为诺基亚新总裁，在他的率领下，诺基亚成功地把简陋的无线通信器，发展为一种成熟的移动通信系统，也就是早期的大哥大。诺基亚开发出来的大哥大，具有许多实用性优点，很受市场的欢迎，成为诺基亚的一个赢利点。

于是，凯雷莫把目光瞄准了当时那些炙手可热的产品——家用电器、计算机、BP机等，他开始四处扩张，先后购买了德国的电视机生产厂、瑞典的计算机公司、美国的传呼机公司。他的莽撞为诺基亚的发展带来了麻烦，在强大的日本索尼、荷兰菲利浦、美国IBM等竞争对手面前，诺基亚节节败退。

更为不利的是，美国通信巨人摩托罗拉只花了很短的时间，就在无线通信技术上后来居上，研制出了第一代手机——模拟机，并大批量生产，使唯一能给诺基亚带来赢利的大哥大产品在市场上处处碰壁，公司业绩下滑，开始亏损。股东们怒气冲冲，不断向凯雷莫施加压力。凯雷莫不堪重负，在1988年12月2日那天选择了自杀。

1990年2月，诺基亚董事会想把手机生产业务卖掉，他们找来刚刚上任的手机部负责人——38岁的奥利拉。奥利拉阻止了董事会的决定。在手机研发部的项目档案中，他发现诺基亚有一个没被注意的为GSM标准开发相应手机产品的项目。尽管当时GSM远未是一个成熟的数字化手机通信标准，但奥利拉预见到，它很可能成为继模拟方式之后的第二代手机标准。

1992年，奥利拉被任命为诺基亚的新任总裁。上任后，他的第一件事就是调兵遣将，他把那些有创新精神的年轻人，放在了GSM手机研发位置上。他们全力推进GSM通信标准手机的研发和生产，不断扩大着诺基亚的技术优势。1993年底，局面渐渐明朗，欧洲各国先后开始采用GSM数字手机通信标准为新的统一标准。诺基亚趁机把它精心准备的突破性产品——2100系列手机推向市场。这种手机，采用了新潮的数字通信标准，音质清晰而稳定，机身小巧玲珑，大受市场欢迎。

1994年，诺基亚终于在美国成功上市，吸纳到大量投资。奥利拉乘胜追击，在追求更完美的技术的同时，高举"手机不再是昂贵奢侈品，而是一种时尚装饰物和易用工具"的旗帜，和对手展开了创新速度、设计、价格大赛。凭借领先的技术优势，诺基亚手机平均每隔35天就推出一个新品种，并且带动手机价格在数年内一再下跌。至1998年，诺基亚取得全面胜利。在全球手机市场份额中，它一举拔得头筹，占到了22.5%。

诺基亚的成功说明了技术领先就是企业最大的优势。凯雷莫时代的大哥大，一度在技术上领先于对手，结果这种优势不被重视，很快被摩托罗拉超越；奥利拉没有让这种悲剧重演，在取得领先之后，时时创新，一直保持领先，始终使自己在市场竞争中保持领先地位。企业管理者应该知道，通过技术创新赢得市场地位实际上比防守一个已有的市场地位要稳妥得多。只有技术领先，才可能实现持续领先。

创业者应做的准备工作

善于把握创业机遇

现在不少人在感慨,钱越来越难挣,其实只要处处留心皆商机,钱就在你的身边,关键看你能不能抓住每一个机遇。

从前有两个贫苦的樵夫靠砍柴糊口,有一天在回家的山路上,他们同时发现两大包盐,两人喜出望外,盐的价格高过柴薪数倍,将这两包盐卖掉,足可供家人一个月衣食无忧。当下两人各自背了一包盐,便赶路回家。走着走着,其中一名樵夫眼尖,看到山路旁有一大捆布,走近细看,竟是上等的细麻布,足足有十多匹。他欣喜之余,和同伴商量,一同放下肩负的盐,改背麻布回家。他的同伴却认为自己背着盐已走了一大段路,到了这里才丢下盐,岂不枉费自己先前的辛苦,坚持不愿换麻布。先发现麻布的樵夫屡劝同伴不听,只得自己竭尽所能地背起麻布,继续前行。又走了一段路后,背麻布的樵夫望见林中闪闪发光,待近前一看,地上竟然散落着数坛黄金,心想这下真的发财了,赶忙邀同伴放下肩头的盐,改用挑柴的扁担来挑黄金。他的同伴仍是不愿丢下盐,以免枉费辛苦的论调;并且怀疑那些黄金不是真的,劝他不要白费力气,免得到头来一场空欢喜。发现黄金的樵夫只好自己挑了两坛黄金,和背盐的伙伴赶路回家。走到山下时,无缘无故下了一场大雨,两人在空旷处被淋了个湿透。更不幸的是,背盐的樵夫肩上的大包盐,吸饱了雨水,全部融化了,背盐的樵夫只好空着手和挑金的同伴回家去了。

为什么有的创业者能赚到钱,因为他们就像那个挑金的樵夫一样,总能在人生中发现并牢牢抓住真正的机遇。有位哲人说过:"世界上并不缺少美,缺少的只是发现美的眼睛。"同样,在市场经济社会中,并不缺少机遇,缺少的也是发现机遇的眼睛。凡是赚了钱的人，他们获取成功的一个共同特质就是——善于紧紧抓住每一个机遇！处处留心皆机遇，钱就在你身边，看你怎么去赚。

机遇对每个人来说都是平等的。而成功的人之所以能每每抓住成功的机遇，完全是由于他们在生活中处处都很留心，具有一双捕捉机遇的慧眼，当机遇来临的时候，他们就能迅速做出反应，从而把机遇牢牢地抓在自己的手中。

温州青年孟飞的单位分给他一套50平方米的住房，等他把包括床和许多必需的东西搬进屋里后，他那张宽大的书桌实在搬不进去了，于是打算将它运到旧货市场处理掉。恰好，来了一个收破烂的乡下人，问他这张桌子卖不卖。孟飞说要40元。其实邻居说这张桌子在旧货市场只能卖20元。可是，乡下人掏出40元，说这张桌子他要了。"在旧货市场是不能卖这么高的价的，你掏40元买走它，你打算怎么处理它呢？"他忍不住好奇地问。"在乡下，做一张像这样的书桌，材料、加工费是要超过40元的，我打算弄回家乡。"乡下人说。这个发现让孟飞兴奋不已。迅速联系乡下的亲戚，在乡村的公路旁办起了一家旧家具店，把城里的旧家具拉到乡下，结果大受农民欢迎。于是他一不做，二不休，不断地拓展自己的业务，开了几家分店，结果生意都十分红火，利润也很可观。孟飞的生意经营得很顺，在农村，还有很多附近的集镇上的个体户们，不断地来打听，他的这种旧货是从哪儿弄来的，他们也想开一家这样的店。孟飞灵机一动，旧货在农村有如此大的市场，怎样才能把它做大做强呢？于是他想到连锁加盟，自己主要联系货源，让别人去经营。说干就干，孟飞在他经营的店里打出了连锁经营的牌子，不到半年时间，孟飞的连锁旧货店就开了100多家。

当机遇出现时，立刻抓住它，也就抓住了本钱。此时，机遇已不只是机遇，而是一种创业的资本。创业的本身，可以是前途，也可以是"钱"途，无论走哪条路，机遇必然伴随。超人的市场意识，勇于并善于捕捉商机、发掘市场，在别人不曾发现的市场缝隙中创造出一个又一个新的商机，这样的人就比较容易获得成功，容易建立起具有领导地位的品牌，且少有对手与之分庭抗礼，由此容易获得较为丰厚的利润，这为他们在以后的发展中确立其竞争优势起到了决定性的作用。当然，最大的秘诀还是要善于把握商机。可以说，大千世界，尚未开发的市场无时不有、无处不在，各种各样的生财机会很多，关键是看创业者能否练就一双敏锐的"市场眼"和具备观察市场、分析市场的能力，并且能够一旦发现，立马抓住，付诸行动。只有这样，才能获得成功。

编写好事业计划书

对创业者来说，想要使自己的事业快速成长、壮大，提高客户的忠诚度，说服优秀员工愿意与你一起承担风雨，这时，一份诉诸文字的事业计划书便可以让员工了解公司的文化和企业经营的理念，让顾客明白企业在发展过程中遇到问题拟出的解决方案，从而提高员工的归属感与消费者的忠诚度。

事业计划书是一份具有说服力的文件，能展现出企业具有足够的能力出售它的产品和服务，并获取令人满意的报酬及吸引支持者。目前，很多人只是简单地把事业计划书定义为一个策略声明，这样很容易造成拟定出来的事业计划书目标不明、枯燥无味，其原因就在于他们把事业计划书看成是一种"八股"的学校作业。

应当说，一份完美的事业计划书应该是一份以销售为目的的文件，目的是让所有阅读到这份事业计划书的支持者和经营者感受兴奋与期待。这并不是说要在事业计划书里写一些夸大其词、自我膨胀的言论，而是需要在计划书中加入一些确实的研究证据和经验，来支持你的观点，增加说服力与可信度。

因此，在拟定事业计划书的过程中，你最好在心目中设定某个目标客户，这样一来，你的使命感可能就会比较强烈，所写出来的事业计划书也会比较有方向性，比较实际。读到这份事业计划书的人以及那些与公司有利益关系的个人或组织将认同你的观点与想法。

一旦决定了最适合公司的计划书类型之后，接着就是要将它组织起来。计划书的组织方式没有所谓的对或错，不过一般来说，主要涵盖以下几个方面的内容：

1. 封面设计

精致的封面设计可以为整个计划书增色不少。封面通常包括几项目的，在封面上，不但要把公司的名称和地址打上去，同时还必须把主要联络人（通常是创业者）和联系电话也一并打出来。封面上还必须记载印刷的份数编号，表示公司对这件事情的关注；封面上也要警告读者，此计划书的内容是属于私人资料，不可加以拷贝或传送。

另外，如果公司的产品在外观上极具吸引力，如电脑绘图或是某种新型的机器设备，你不妨把照片刊登在封面上。如果公司的产品是属于低成本的消费性产品，如食品等，那么可以考虑将产品的样本连同计划书，一并寄给有关的利害关系人。

2. 目录要详细

目录要尽可能地做得详细，并须附上每一部分的页数号码，方便相关人员在阅读事业计划书的时候，不喜欢从头开始读起；有的人喜欢先看"总裁的话"，有的人则可能先看市场行销的部分或是财务的部分。因此，你该不会希望因为没有放入页码而让读者感到失望吧！

3. 创业者的话

"创业者的话"是整个事业计划书的缩影。它不是一则摘要、简介、序言，或是随便拼凑出来的重点。

这部分内容可以说是事业计划书里所有内容中最关键的，多数的读者在翻阅事业计划书时，为了要对整个计划有一个概念，通常都会先从"创业者的话"读起。这个部分也可以说是整个计划的心脏，值得多花点心力。

4. 公司状况

这部分内容重点讲述的是公司的策略和内部的经营团队，在写作过程中，必须要从公司的历史和现况角度来切入。要语言简洁，尤其是公司的发展过程不可长篇大论。

5. 市场分析

市场分析要具有可信度，要求有理有据。比如，谁是潜在的买主？人数有多少？这个部分的重点是要辨识出有前景的客户，而且最好能估算出有多少人可以成为公司真正的客户。

6. 产品或服务

与其他部分相比较而言，这个部分是整个事业计划书中比较容易写的。因为大部分的经营者对他们自己的产品或服务的品质及效用，都有很强烈的感受，所以也乐于将这些产品或服务的特点描述出来；而这个部分正是企业家可以充分发挥的地方。

7. 销售和促销方式

在这个部分里，必须说明销售的方式为何，是要由公司自己的销售人员来进行，还是通过制造商所派的代表，或者是要利用邮购的方式？产品或服务如何进行促销？是用广告，还是通过公关公司？

8. 财务管理

这部分是用来探讨一些棘手的财务相关问题，并须加入一些财务数字／预测。一般来说，有3种财务报表是必备的："现金流量表""损益表"和"资产负债表"。

9. 附件内容

这个部分的重点是公司的企业策略和经营团队。在说明公司策略时，必须在"你所打算要做的事"以及"你要如何运用计划中其他的部分以得到支援"二者之间，保持逻辑的一贯性。

描述经营团队是这部分的重点，它的用意在于说明公司的管理者是否拥有足够的能力来执行策略。优秀的团队、一流的人才是吸引人的关键之处。如何表现出你的公司拥有一流的人才呢？就必须描述他们过去所拥有的丰功伟业，如果这些成就是在你的公司里创造出来的，那当然最好；如果是新雇用的经理人员，便要写出他们以前工作的成就。

另外，在这个部分里，可以把一些比较没有特殊关联的资料汇集在一起，例如，总裁的资历、产品文献以及来自客户的赞美信函，等等。

需要注意的是，完美的事业计划书是一项永远无法真正完成的工作。因为企业不断在变化，所以计划书也要跟着一起更新。最好你能至少一年做一次事业计划书的审阅；如果次数能更频繁，当然更好，尤其是当市场在加速变化的时候，更需要这么做。

筹措充足的资金

在确定了进行什么样的项目之后，紧随其后的重要任务就是筹措充足的资金。如果没有适度的资金，再好的创业方案都只是一纸空文。筹集资金作为创业的起点，是一项极其重要又复杂的工作。钱不是万能的，但没有钱是万万不能的，尤其是在创业的情况下，前期的资金投入是必需的，如果没有资金，一切都无从谈起，在实际行动之前，筹措资金是第一要事。创业资金越充足越好，这样可以有效避免营运初期的资金周转难的问题。在筹措资金之前，首先要盘算一下整体费用，做到心中有底，再量力而行。

创业所需的资金通常分为一次性投入资金和定期投入资金，两者兼顾才能明确所需的资金成本。许多时候创业者着重于前者而忽略了后者，这很容易在初期营运中出现资金周转不开的窘状。如果准备资金不到位，就会因为资金缺口，使创业半途而废。故而，在筹办资金时，创业者要充分考虑资金的适时、适量、适度地储备和使用，务必留有一定余地，将投入充分考虑到计划中去，这也是降低风险的要点之一。

自有资金是开店筹资的最佳选择。创业者可以动用自己的储蓄金，或者变现自己的动产和不动产来筹集到所需的资金，这是创业风险最低的方式。一来资金是自己所有，一进一退皆由自己决定，避免了患得患失。赢利也好，亏本也好，都能从中学到不少的知识和经验，承受的压力相对要小一些。二来因为钱只有变成资本，才能体现出它的最大价值。资本只有在运动中才能增值，投放到生产、流通领域的资金才能赢利。再者，个人独资不存在赢利分配或债务承担等问题，权利和责任比较清楚，可以避免经营过程中出现纠纷的情况。

然而创业遇到自有资金不足的情况在所难免，这时人们第一想到的就是向身边的亲朋好友借钱。但现在的时代存在太多"杨白劳理直气壮欠钱不还，黄世仁低声下气恳求还款"的情况，借钱往往成为亲朋好友间比较避讳的话题。故此，借钱就极需要技巧，有许多的讲究在其中。

1. 思索对方与你的关系

如果被借人与你关系密切，而且你也了解他拥有充足的闲散资金，那么大可以直截了当地向对方借钱。如果被借方和你只是一般的朋友关系，则应表达得较为委婉一些，以免被拒后面子上难堪。对这类人，用商量的口气向对方询问，只要对方手里资金充足，一般都会帮忙。比如："我打算开一个饰品店，进货之后手头上就没什么钱了，您看能不能帮我一把？"用这种委婉的口气向别人借钱，让对方感到你有求于他而且对他十分尊重，他才肯帮你。

2. 做好借不到的心理准备

向别人借钱往往会碰钉子，这时就需要控制失望和不满的情绪，万不可说出不礼貌甚至是辱骂对方的话来。如果对方拒绝你的借钱要求，你大可以宽容一些："知道你也不宽裕，这样，我再想想别的办法。"这样的话能让他感觉到你对他的体谅。

3. 有借有还，再借不难

向别人借钱的时候一定要明确还钱的时间，一定要准时归还，要写一张欠条，写明借钱数目和归还时间，让对方心中有数，放心借钱给你。如果借钱时间较长，又逢物价变动等因素，归还时还应送一些礼品，以弥补对方的损失，这样更能给对方留下通情达理的印象，遇到困难再求助于他的时候便顺利了。

4. 借钱的注意事项

（1）及时归还所借的钱。向亲朋好友借钱，碍于面子，一般不立借据，借方应牢记心里，一旦资金充裕就及时还钱。遇到意外无法按时归还要及时告知对方，表示歉意。久欠不还，只会引起别人的反感，甚至导致关系的破裂。

（2）还款票面要崭新平整。即使所借的钱票面破旧，面值零碎，归还时也要讲究票面平整，宜整不宜零，以示尊重和谢意。在有条件的情况下，借款要一次还清；分多次偿还的情况下要向对方慎重说明差余款项，写下书面借据，避免日后纠纷。

（3）要当面归还。无特殊情况下借方与被借方应直接交接款项，避免托人转手，这样既失礼也可能因混淆不清造成损失。

（4）还钱切忌遗留。久别远离时，对所借款项都要还清再离开，以免日后发生纠纷不方便处理。

（5）借钱≠出卖店铺权限。亲朋好友借钱给你的时候，总错误地认为他们对企业项目的决策有控制权，容易引起彼此的纠纷。故而，在借钱之时，你要表明且坚定自己的立场，区分开独资和合伙的运作方式。

向亲朋好友借钱，重在巧开口，技巧的运用不仅能顺利筹集到自己所需的资金，也不至于因为借钱而破坏了彼此的感情。

总之，不管采取哪种方式，创业者一定要保证有了充足的资金，才能开始踏上创业之路。

创业者需要考虑的外部环境

全面考虑环境是创业中必不可少的一环，创业者要做的是在这些环境中分析自身的优势与劣势，以及面临的机遇与威胁。科特勒认为："识别环境中有吸引力的机会是一回事，拥有在机会中取得成功所必需的竞争能力是另一回事。"

"优势"——Strengths、"弱势"——Weaknesses、"机会"——Opportunities、"威胁"——Threats4个方面组成了SWOT。通过SWOT分析，

可以结合环境对企业的内部能力和素质进行评价，弄清企业相对于其他竞争者所处的优势和劣势，帮助企业制定竞争战略。

1. 创业优势与劣势

优势是指创业者相对竞争对手而言所具有的优势资源、技术、产品以及其他特殊实力。另外，充足的资金来源、良好的经营技巧、良好的企业形象、完善的服务系统、先进的工艺设备、成本优势、市场领域地位、与买方或供应方长期稳定的关系、良好的雇员关系，等等，都可以形成创业优势。劣势是指影响企业经营效率和效果的不利因素和特征，它们使创业者在竞争中处于弱势地位。一个企业潜在的弱点主要表现在以下方面：缺乏明确的战略导向、设备陈旧、赢利较少甚至亏损、缺乏管理和知识、缺少某些关键技能或能力、内部管理混乱、研究与开发工作落后、公司形象较差、销售渠道不畅、营销技巧较差、产品质量不高和成本过高等。

创业者不能纠正所有的劣势，也不必利用所有的优势，但必须确定，是否要发展某些优势，以便找到更好的市场机会。

2. 环境机会与威胁（企业的外部环境）

科特勒认为，营销是一门发掘、发展机会并能从中获利的艺术。科特勒把机会定义为："公司能在获利的前提下满足顾客需求与兴趣的领域。"环境的变化、竞争格局的变化、政府控制的变化、技术的变化、企业与客户或供应商的关系的改善等因素，都可视为机会。企业所处的环境随时都在变化，这些变化对不同的企业来说，可能是机遇，也可能是威胁。比如政府对环境的保护以及居民对健康的重视，为香烟替代产品的生产企业提供了机会，但对香烟生产企业来说却是威胁。机会可以说无处不在。例如，战争为生产武器的军火商提供了机会，政府的对外开放政策为外国资金的流入提供了机会，居民收入水平的提高为高档消费品的生产商提供了机会等。环境提供的机会能否被企业利用，取决于企业自身是否具备利用机会的能力，即企业的竞争优势是否与机会一致。

市场机会主要有3个来源：

（1）某种产品供应短缺。

（2）使用新的方法向顾客提供现有的服务。

（3）向顾客提供新的产品或服务。

营销人员对企业所面临的市场机会，必须慎重地评价其质量。美国著名市场营销学家西奥多·莱维特曾警告企业家们，要小心地评价市场机会，他说："这里可能是一种需要，但是没有市场；或者这里可能是一个市场，但是没有顾客；或者这里可能有顾客，但目前实在不是一个市场。"

威胁是环境中存在的重大不利因素，构成对企业经营发展的约束和障碍。比如，新竞争对手的加入、市场发展速度放缓、产业中买方或供应方的竞争地位加强、关键技术改变、政府法规变化等因素都可以成为对企业未来成功的威胁。与机会无时不在一样，环境中永远存在着对企业生存发展具有威胁作用的因素，只是它们对不同企业的作用不同而已。

对一个企业是机会的因素，可能会对另一个企业构成威胁。例如，政府放松对航空业的控制，是地方和私人航空公司发展的有利机会，但对国有航空公司来说就是一种威胁。同样，某个要素既可以是某个企业的潜在机会，也可能对其形成威胁。例如，网络技术发展使一批新兴企业迅速发展壮大，但如果跟不上技术的更新，也会很快落伍。

认清企业所具有的优势与劣势以及面临的机会和威胁是十分重要的，因为这不仅涉及企业地位的变化，而且关系到竞争战略的制定。企业在设计竞争战略时，要充分利用一切机会，同时清醒地认识自身的优势和劣势，采取正确的营销措施。

准确定位目标市场

很多创业者失败的根源不在技术或产品上，而是定位上。市场定位是创业者面临的最大挑战，定位准确则意味着创业者及企业已向成功迈出了第一步。准确的市场定位能够使创业者知道自己的利润在哪，定位不清晰，就如同向乞丐叫卖珠宝，产品再好，也难逃失败的结局。

创业者在战略布局上最容易出现的问题是：将战略的制定看作一件随意而为的事情，忽视或漏掉了严谨、科学的分析程序和决议过程；将战略的制定完全看作企业内部制定的事情，而忽视或漏掉了市场需求的调研；将战略的制定单纯地看作战略的制定，而忽视了与战术之间的匹配和适应；将战略的执行看作普通的任务，缺乏对战略高度的认知，缺乏对战略执行的监督和审视，使企业在获得最终成果上打折扣。

第一次世界大战以后，美国的年轻人习惯在嘴上叼着一支香烟以表示沮丧的情绪，同样也包括许多女青年。

开发女士香烟被莫利普·莫里斯公司认为是一个千载难逢的机会，他们决心从女士的腰包里大捞一笔。很快，人们在各种媒体上频频地看到这样的广告：娇丽的女郎叼着香烟吞云吐雾，有幸被叼在她们嘴上的，就是莫利普·莫里斯公司的杰作：万宝路香烟。

那些广告制作花了不少钱，公司里很多人为此感到不安，但经营层信心十足："大家不要担心，不出一年，万宝路一定会打开市场，到时候我们就等着数钱吧！"

但事实上呢？1年，2年，10年，20年，万宝路的包装换了好几回，广告中的佳人也换得更加靓丽，但不知道为什么，经营者心目中的热销场面始终未曾出现。大家都非常不明白其中的原因。是质量不过关吗？万宝路在制作过程中，从选料到加工，始终把好质量关，选取优质的烟草，精心处理，万宝路是不折不扣的高品位香烟啊，绝对不会辜负姑娘们的红唇。是价格太高吗？在美国国内的香烟市场上，万宝路的价格，对于大众烟民来说都是可以接受的。

20年后的一天，公司一位高层管理人员极其偶然地闪过一个念头："是不是我们的市场定位出现了问题呢？"他们当即请来广告策划专家，给万宝路把脉诊断。一番望闻问切，专家也认为是定位出了问题，并当即指出，应该抛弃坚持了20年的广告定位，另起炉灶。一个宣传了20年的品牌要割舍，肯定是一件痛苦的事情，抛开感情不说，仅花掉的钞票就让人心痛不已。但为了走出20年的低谷，公司经营层终于同意了专家的意见。

一个全新而又大胆的创意诞生了：以富有阳刚之气的美国男子汉形象来代替原来的娇俏女郎。广告公司费了很大的周折，在西部一个偏僻的农场找到一个"最富男子汉气质"的牛仔，并让他出演万宝路广告的主角。新广告于1954年推出，一问世即引起了烟民的狂热躁动。他们争相购买万宝路，要么叼在嘴上，要么夹在指尖，模仿那个硬汉的风格。万宝路的销售额也直线上升，新广告推出后的第一年，销售额就增加了3倍，一举成为全美十大香烟品牌之一。

在创业过程中，定位决定市场成功。定位就是要让自己进入消费者的大脑，让消费者对你的产品有个清晰的了解。这一理念，多年来一直影响着美国乃至世界企业的市场营销战略。创业者在全面了解、分析目标消费者、供应商需求的信息以及竞争者在目标市场上的位置后，再确定自己的产品在市场上的位置及如何接近顾客，这样才能使营销获得最大限度的成功。

创业者要做出正确有效的定位，往往需要遵循一定的步骤：

1. 确定定位层次

确定定位层次是定位的第一步。确定定位层次就是要明确所要定位的客体，这个客体是行业、公司、产品组合，还是特定的产品或服务。

2. 识别重要属性

定位的第二步是识别影响目标市场顾客购买决策的重要因素。这些因素就是所要定位的客体应该或者必须具备的属性，或者是目标市场顾客具有的某些重要的共同特征。

3. 绘制定位图

在识别出了重要属性之后，就要绘制定位图，并在定位图上标示出本企业和竞争者所处的位置，一般都使用二维图。如果存在一系列重要属性，则可以通过统计程序将之简化为能代表顾客选择偏好的最主要的二维变量。定位图选择的二维变量，既可以是客观属性，也可以是主观属性，还可以是将两者结合起来的。但无论是选择主观属性，还是客观属性，都必须是"重要属性"。

4. 评估定位选择

美国两个广告经理艾尔·里斯和杰克·屈劳特曾提出3种定位选择：一是强化现有位置，避免正面打击冲突；二是寻找市场空隙，获取先占优势；三是竞争者重新定位，即当竞争者占据了它不该占有的市场位置时，让顾客认清对手"不实"或"虚假"的一面，从而使竞争对手为自己让出它现有的位置。

5. 执行定位

定位最终需要通过各种沟通手段如广告、员工的着装和行为举止以及服务的态度、质量等载体传递出去，并被顾客所认同。

优秀企业选址具有哪些特征

办公地点是企业的"名片"，对企业的宣传作用不可小觑。一些公司迁址的直接原因就是希望进一步提升企业形象，通过办公地点来进一步展示企业实力，好的办公地点可以帮助公司及项目迅速扩大知名度。

绝大多数行业都要求有一个固定的经营场所。在办理工商注册手续时，经营场所是工商部门审查的一项重点内容，经营场所的地址还要打印在企业的营业执照上，公之于众。

经营场所不像人、财、物等经营要素那样机动，一旦定下来，变动就不太容易了。特别是手续办好以后，一旦变更了地址，还要到工商部门、税务部门办理变更手续，比较麻烦。因此，选址一定要慎重。

对小本创业者而言，房屋的租赁和装修是一笔大开支。企业在选址时一定要结合自身的实际情况，选择合适的经营场所，不要盲目追求不适宜的办公地点。根据用途的不同，经营场所分为两种：一是纯粹的办公地点，通常位于写字楼里；二是售货、服务地点，如临街店铺、商厦里的摊位或餐馆、旅馆等等。

1. 写字楼选址

写字楼的租金或售价直接关系到企业的办公成本，也是企业在选址时最为关注的焦点问题。高品质的项目往往意味着高价格，高价格却不一定最适合你的企业。

写字楼租金一般按使用面积和天数来计算，价格按城市经济水平、地理位置和写字楼级别而有所不同。选择写字楼，一定要着重考虑节省租金开支，不要把过多资金花费在写字楼的租金上，而要投入到更能产出效益的地方。

创业者应根据资金情况，选择不同档次的写字楼。不一定选最便宜的，但要选性价比最高的。对有些行业来说，写字楼的档次高低，在提升企业信誉度方面，还是有一定作用的。在选择时，必须建立在对自身情况的足够了解和分析的基础上，找到最适合的项目。记住：最适合的才是最好的。

写字楼是企业的有形承载地，对企业发展起着至关重要的作用。写字楼不同于住宅，其技术含量和涉及面要比住宅高很多，企业到底应该怎样选择写字楼呢？

首先是地段，但判断写字楼地段与住宅地段的标准是有区别的。住宅更注重环境，但属于商用性质的写字楼则注重商圈和交通。商圈重要是因为在商圈内商机更多，这也是各大城市纷纷建立CBD（中心商务区）的重要原因。交通便捷意味着效率的提升，在"时间就是金钱"的法则面前更加凸显。

其次是形象。形象最重要的载体是建筑，地标性建筑是良好企业形象的最佳阐释。如某办公大厦高达29层，临三路而立，拥有绝佳的展示立面，扇形外拱式布局与公司的经营理念、大楼设计思想一脉相承，深得传统文化之精髓，彰显企业形象。

再次是软件设施。因为这决定着企业最终使用的舒适性，也是最具含金量的硬性条件。写字楼的各种配套和服务也直接关系到入住企业的办公成本及工作效率。如项目周边有银行、酒店、会议会展中心、商场等，能够更方便地进行商务活动，节约成本。

最后是物业管理。很多企业尤其是大企业在选择写字楼时第一个问题就是：物业公司是哪家？优秀的写字楼配优秀的物业公司已经是普遍的行业准则。写字楼物业管理的概念与住宅不可同日而语，要求复杂得多，涉及的环节也广得多。

2. 店面选址

和写字楼比起来，门店选址更重要。李嘉诚有句名言："地段，地段，还是地段。"这不仅是地产业的金科玉律，也是零售业、餐饮业以及各种服务业成败的关键。

店址选择要坚持"方便顾客"的原则，以节省顾客的购买时间，并最大限度满足顾客的需要，否则将失去顾客的信赖、支持，企业也就会失去生存的基础。那么，店面在选址方面应具备哪些条件呢？一般来讲，以下3个要素应是不可或缺的。

（1）商业圈。一般来说，商圈越大，表明潜在顾客越多，发展前景越好。商圈的大小，由门店类型、规模和名气决定，也与入口、交通及竞争者相关。

（2）商业区。一般的城市里，都有四类商业区。这些商业区都是人口密集、交通方便的地区，也都是开店的好地段，具体选择在哪个区域，要根据门店情况而定。

中心商业区：一般位于城市中心地带，是最主要、最繁华的商业区。

非中心商业区：一般位于城市的交通要道和交通枢纽地区，通常由房地产公司统一兴建，然后将各店铺租售给店主。

居民区商业街：以附近小区的居民为主要目标顾客。

边缘区商业街：一般坐落在火车站及重要公交车站附近，以流动人口为主要目标顾客。

（3）商业点。选点时，首先考察街道情况，比如街道的朝向、布局、宽度、设施等等，然后重点考察门店这一个点的情况。选点不可草率，因为即便是繁华的中心商业区，也有人迹罕至的"死角"。

你可以在选点之前，去观察一下麦当劳、肯德基等名店的位置有什么特征，然后再去找一找生意冷清的门店，比较分析一下，相信你会受到不少启发。

总之，门店选址要以便利顾客为第一原则，要详细分析目标顾客的分布和流动特点，充分利用"聚集效应"。同时还要具备长远的眼光兼顾到可持续发展的长远利益。也就是，创业者如果想在某个领域有所成就，一定要重视门店选址，即便是行业巨头，一旦选址错误，其他一切优势也都无法弥补。

办理营业执照的步骤

每一个公司在开业之前，都必须依照一定的程序办理企业法人营业执照，通常简称为营业执照。这是企业或组织合法经营权的凭证。营业执照分正本和副本，二者具有相同的法律效力。营业执照的登记事项包括：名称、地址、负责人、资金数额、经济成分、经营范围、经营方式、从业人数、经营期限等。

对一个创业者来说，了解办理营业执照的程序，可以减少不必要的时间与精力消耗，办理好营业执照，让公司顺利开业。创业者到工商局办理营业执照，需要经过下面几个步骤：

1. 文件、资料的准备

由于营业执照的办理，需要向工商局出示一些相关文件和资料，所以，创业者最好在办理营业执照之前就准备好相关资料。主要包括企业名称预先核准通知书；法人身份证、户口本或户籍证明；公司成立协议；租赁合同、房产证复印件；股东名册及股东联系电话、联系地址。

2. 拟定公司章程

到工商局网站下载"公司章程"样本，修改一下。章程要明确规定各股东的投资金额、所占股权比例及出资方式，最后由所有股东签名。章程除股东每人一份外，还要另行准备三份，给工商局、银行、会计师事务所各一份。

3. 刻法人私章

到工商局指定的刻章处刻一枚法人私章。

4. 领取银行询征函

联系一家会计师事务所，领取一张"银行询征函"，由会计师事务所在原件上盖章。如果你不知道怎么找会计师事务所，那么就去看报纸的分类广告，上面应该有不少会计师事务所的广告。

5. 开立验资账户

各股东带上公司章程、核名通知、法人私章、身份证、银行询征函，到银行开立验资户。各股东按自己的出资额向公司账户中缴存投资款。银行在询征函上盖章，并发给每位股东一份缴款单，"款项用途"栏填写"××（股东姓名）投资款"。

6. 办理验资报告

拿着银行出具的股东缴款单、银行盖章后的询征函，以及公司章程、核名通知、房租合同、房产证复印件，委托会计师事务所审验资金，并出具验资报告。

7. 办理营业执照

到工商局领取公司设立登记的各种表格，主要包括设立登记申请表、法人代表登记表、股东名单、董事经理监理情况、指定代表或委托代理人登记表。填好后，连同核名通知、公司章程、租房合同、房产证复印件、验资报告一起交给工商局。

工商局接到申请资料后，一般在一周内就可核发工商营业执照，正本、副本各一，并提供三份营业执照副本复印件，上面加盖"工商注册专用章"，分别用于办理刻章、国税登记和地税登记手续。

8. 刻公章和财务章

凭营业执照，到公安局特行科指定的刻章社刻公章、财务章。

9. 办组织机构代码证

凭营业执照和其他文件到技术监督局办理组织机构代码证正本、副本。由于这一环节大约需半个月，所以技术监督局会先发一个预先受理代码证明文件，凭该文件可以继续办理税务登记证、银行开户手续。

10. 去银行开基本户

凭营业执照、组织机构代码证，去银行开立基本账号。最好是在办理验资时银行原网点去办理，否则，会多收验资账户费用。

开基本户需要填很多表，最好把能带齐的东西全部带上，要不然会跑很多趟，包括营业执照正本原件、身份证、组织机构代码证、公司财务章、法人章等。

11. 备案

企业设立登记之日起 30 日内，务必将加盖企业公章的营业执照复印件反馈给企业名称核准机关备案。未备案的，企业名称核准机关将对预核准名称作为超过保留期、未登记的作废名称处理。

要有丰富的行业经验

经验，是我们取之不尽、用之不竭的智慧锦囊，积累丰富的行业经验，能够帮助创业者少走弯路，更快地取得成功。我们生活在一个经验的世界里，从小到大，我们看到的、听到的、感受到的、亲身经历过的各种各样的大小事件和现象，都成了我们人生的智慧和资本。常听人说："我吃的盐比你吃的米都多""我过的桥比你走的路都多"，人们常因经验多而自豪。在一般情况下，经验是我们处理日常问题的好帮手。只要具有某一方面的经验，那么在应付这一方面的问题时就能得心应手，特别是一些技术和管理方面的工作，非要有丰富的经验不可。老司机比新司机能更好地应付各种路况，老会计比新会计能更熟练地处理复杂的账目。所以，很多时候，经验成了我们行动所依靠的拐杖。

经验最便捷的获取途径无疑是自己从事的本行了。将一个行业做到极致远远比每个行业都涉足一点更容易取得成功。很多百年老店能够延续至今，在激烈的竞争中立于不败之地，就是专注于本行不断努力的结果。创业更是要专注于本行，不能三心二意。在本行业站稳脚跟，深挖本行业的发展潜力才是发展的长久之道。

在准备创业前，不妨先审视自己有什么专长。有很多人原本有稳定的工作，但是想要通过创业获取更大的成功。在选择经营什么样的生意时，相当一部分人认为，自己既然已经辞掉了原来的工作，就要彻底同这个行业脱离，如果创业也选择跟本行相关的，岂不是走了回头路了吗？这个想法实在是大错特错！本行的经验就如同基石，在打好地基的基础上盖房屋显然比起重新开凿地基要快得多。如果你曾经学过服装设计，懂得色彩搭配，经营服饰店一定比开家餐厅熟练得多了。顾客可能会称赞你"很懂得搭配"，"总能在他家找到漂亮的衣服"。而如果改为经营餐厅，很可能会被顾客埋怨"菜品不好，服务也不周到，老板一定是个门外汉"。

创业最大的资本就是专业知识，顾客不仅仅是购买商品，更是要享受专业的服务。在生意场上，如果一个创业者能对自己的商品了如指掌，对于商品的原料、产地、制作工艺了如指掌，能说出它跟其他同类产品相比独有的特点与优点，懂得如何使用如何维修，必然能赢得顾客的信任，在顾客心中树立起专业的印象。相反，对于客户的质疑回答不上来，不知道自己的商品与别人的商品有什么不同，必定给顾客留下不好的印象。哪里有人愿意从一个比自己还不专业的人手中购买产品呢？

很多人创业失败的原因在于盲目，没有充分进行创业前的准备。创业者应该时刻注意学习和积累行业经验。

首先，创业者可以从自己的老板身上学习经验。那些在某一个领域取得成就的人，在创业这条道路上先行一步，并且已经取得了成功的结果，他的身上一定有值得学习的地方。而自己的老板，是最容易接触到的"创业先行者"，所以借鉴老板的经验是方便有效的方法。

其次，可以通过书籍、网络积累专业知识。那些专业化的书籍和专业网站都可以丰富创业知识。创业者应该主动去寻找跟行业相关的书籍网站，随时更新专业知识。

最后也是最重要的一点是从创业实践中汲取经验。只有空洞的知识没有真正的实践也是积累不了经验的。积累创业知识的最好途径就是创业实践。

创业实践可通过兼职打工、进入相关行业求职、试办公司等方式。创业经验最有效的获取途径就是在不断的实践中总结。

在知识经济时代，拥有知识就是拥有财富，必须具备充足的行业经验，创业才会得心应手。因此创业者一定要随时补充专业知识，积累丰富的行业经验。

积聚你的人脉资源

创业者都渴望好的机遇降临，好的机遇可以改变个人命运，它能使人在短时间内发生翻天覆地的变化，也许昨天的你还是个无名小卒，今天却已经是闻名遐迩；也许昨天你还就着咸菜啃凉馒头，今天却坐在五星级酒店的餐桌前。但是机遇就像风一样，来无影、去无踪，它不是随处可见的。所以，我们好好珍惜，牢牢把握机遇。我们不但要学会抓住机遇，更要善于寻觅机遇、开发机遇、创造机遇。而这些，离不开个人的综合素质，更离不开人脉，曾经有人说："一个人70%的机遇来自人脉。"不善于经营人脉的创业者，即使遇到了迎面走来的机遇，也常常会视而不见，错失创业的良机。

俞敏洪想把新东方办成全国最好的英语培训机构之一，为了扩大自己的品牌，他跨出国门请回了徐小平、王强、包凡一等以前的同学，都是比自己"有出息"的大学同学。他们与俞敏洪有多年的老交情，一起共同生活或者工作过，最重要的是他们都颇有才华，经过在海外的多年打拼，身上都积聚了巨大的能量。俞敏洪希望他们把世界先进的理念、先进的文化、先进的教学方法带进新东方。

有人评价说俞敏洪的这种举动十分明智，因为在1995年，新东方年收入已经达到几百万元，学生已经达到两万人。新东方的摊子"越来越大"，俞敏洪如果只依靠自己个人的力量，新东方继续大跨步前进是很难的。所以，俞敏洪无疑是一个聪明人，他说："新东方之所以能从竞争激烈的英语培训市场脱颖而出，最成功的决策就是把这帮比我有出息的海外朋友请了回来。"

就这样，俞敏洪凭借着自己的努力和信念，赢得了众多的学生和老师的信赖与支持，也使新东方成为国内最大的培训机构，还在美国纳斯达克赢得了上市的机会。在前进的路上，我们可以没有背景，可以没有光环，但是，我们不能没有坚定的信念和经营人脉的理念。俞敏洪成功了，他成功的关键不但是善于经营市场还在于擅长经营自己的人脉，善于利用自己的人脉资源。每当遇到困难，他总能找到能够起关键作用的知心朋友，这就是人脉的力量。

人在商场中打拼，就如同侠客行走江湖。《射雕英雄传》中的黄药师独来独往，也照样需要朋友的帮助。我们不能随心所欲地选择命运，选择境遇，但是我们可以靠自己悉心经营的人脉来寻觅机遇，开发机遇，为自己创造机遇。掌握了人脉，就等于掌握了自己的命运，如果你的朋友本身就善于发现和创造机遇，许多这样的朋友在一起，你会发现：原本认为机遇就是一叶扁舟在水面划过的一道浅痕，但现在看来，却成了航空母舰后面泛起的浪花。

现在的社会，是一个交际的社会，一个人有了人脉，就拥有了开创新天地的本钱。不要抱着单打独斗、独自打天下的幻想，一个人的力量毕竟有限，众人的力量才可观。让朋友帮助你寻找机遇、发现机遇、创造机遇，并不代表你的能力不行；相反，这更说明你在经营人脉上做得非常出色，而经营人脉出色，也说明了你的工作能力超过常人。

那么如何才能积累自己的人脉资源呢？你如果能像蜘蛛那样获得神奇的力量，你的人生也因此变得更加精彩。那么，蜘蛛人是怎样"吐丝结网"的呢？

1. 确立目标

把目标定得具体的人，更容易把自己的关系网联结起来。比如将媒体上频频曝光的经济领域的人物树立为自己的职业偶像。将你的职业愿望用语言表达出来，然后确立你可以分步骤达到的中间目标。

2. 建立联系

每个活动都会为你提供扩大社交圈的机会。先思考一下，你希望认识哪些人，然后收集一些可以参与到与这些人交谈中去的信息。尽量适应环境，因为如果你要求自己至少要和3个以上的人攀谈的话，就算是无聊地站在那里应酬也会令你感到紧张。

3. 告诉别人

不管你在做什么，只要你并不知道谁能够帮助你，就应该广泛"撒网"，将你的愿望告诉你所有碰巧遇到的人。这种口头广告肯定会让你受益匪浅。

4. 参加集会

除了正式的派对，还要积极参加各种集会。活动前，讲座休息时，午餐时或是在飞机候机室里，你都不要置身事外。你可以结交一些你的同事、领导以及你对面的人。8小时之外也可获取事业的成功。

5. 收集信息

仔细而且积极地倾听，通过提问你可以让谈话朝你希望的方向发展。为了你的现在和将来，为了你自己和他人，应该收集一些联系方式和值得了解的信息。

我们是人类，因此比蜘蛛厉害。蜘蛛结网为了捕捉食物，而我们为了生存，一定要为自己编织一张无边的人际网，尽可能地积聚人脉资源，创业之路将会走得更顺畅。

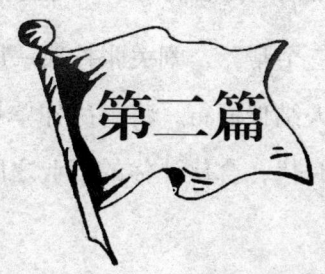

创业团队：一个好汉三个帮

寻找适合的合伙人

合伙经营，找准你的"黄金搭档"

俗话说："一个好汉三个帮"，刘关张拧成一股绳才有了三分天下。创业路上找一些志同道合的人结伴而行，将解决你单打独斗的许多麻烦，尤其是在这个竞争日趋激烈的时代，合伙让你的创业之路从不可能到可能，从小打小闹到大规模作战。

"武大七侠"周汉生、艾路明、张晓东、张小东、潘瑞军、贺锐、陈华是当代集团的创始人。艾路明从武大研究生毕业后，从家里拿出1000元，周汉生等人又凑了1000元，在洪山区注册成立当代生化技术研究所。"7个人中有4个是学生物的，大家觉得做生化技术比较有把握。"周汉生辞去水生所的工作，与艾路明一起彻底"下海"，其他几个人边教书，边经营这个企业。

在武大留校工作的张晓东到复旦大学做实验时，认识了一位做尿激酶项目的博士。该项目是从男性小便中提取尿激酶，出口日本。他得知这个信息后立即通知艾路明、周汉生等，几个人分头行动准备从武汉各大厕所里掘金。

经过考察，他们选中人口稠密的江汉区，在机场河租下一个废弃停车场作为加工车间。经江汉区环卫局同意，该区的厕所里出现许多白色的塑料大尿桶。尿液在4小时以内没有味道，物质活性也较高，利于加工。白天，周汉生与艾路明蹬着三轮车，到各个厕所将盛满尿液的塑料桶扛到三轮车上。晚上，他们将拖回的尿液倒进大缸里处理，并守在缸边，根据情况随时添加各种化学药品。

随着武汉东湖开发区成立，政府开始扶持高科技企业。当时，葛洲坝集团为了开拓新的产业领域，想利用武大生科院的技术，生产赤霉素（一种植物生长激素）。此时，武大正与国内数家公司合作开发这个项目，无力再派技术人员开发新"摊子"。

周汉生来到武大生科院深入实验室，向专家请教生产赤霉素的关键技术，直到全部掌握。然后以当代生化技术研究所的名义与葛洲坝集团进行技术转让与合作，组织生产。这个项目获得国家"火炬计划"100万元贷款。接着，他们又开发一个"原子灰"项目（生产油漆底层的泥子），再次得到国家"火炬计划"500万元的项目贷款。当代有了三个"摊子"：尿激酶、赤霉素、原子灰，资产已达数百万元，开始走上发展的快车道。

眼看公司有了规模，几个创业者都想按自己的想法试一试。一年后，各个公司的经营都开始萎缩，大伙意识到还是合在一起好！

在尿激酶生产中，公司从进口试剂中得到启发。"医院检测科需要一种检测致婴儿残疾的诊断试剂，这个市场很大。"艾路明与国家计生委协商合作，成立了一个公司；又用一年时间兼并了扬子江制药厂，取得了针剂生产的批号，诊断试剂和尿激酶临床针剂投入生产。这就是上市公司人福科技的前身。

当代公司开始参与国有企业的购并和重组，资产迅速扩张。到1996年，资产已达5000万元。同年6月，人福科技上市，成为东湖开发区第一家上市公司，资本扩充至1亿元。购并握有医药生产资源的企业，是快速增长的捷径。2000年，当代集团兼并了宜昌医药集团。如今当代集团所属的人福科技更在全国医药企业中排进了前50名。

当代集团初次创业小有成就后，"七侠"曾分道扬镳，但业务马上下滑，最后不得不强强联手。这说明合伙创业的确可以产生1+1>2的效果，它将合伙人的优势互补，产生强大的能动力，使创业之路左右逢源，一路高歌。

合伙创业让不能干的事成为能干的事，不过合伙人之间若是发生内讧等矛盾，也会使创业之路难以为继或将创下的基业毁于一旦，所以合伙创业要慎重，特别要处理好以下几个问题：

1. 理清选择合作的原因

当单个创业者没有足够的力量撑起创业大旗时，可以找一些人合作。合作可以使项目很好地发展实施，合作可以使合作双方资源共享，合作可以使自己变得更强大。合作方式有：项目与项目的合作；项目与人的合作；项目与技术的合作；项目与资金的合作；项目与社会资源的合作。

2. 合作目的与目标

创业合作要有相同的目的和目标，因为有了共同的创业目标，才能走到一起来，所以目标的正确与合作有很大的内因，也是能否找到合作伙伴的重点。利益的合理分配是合作伙伴选择你的主要原因，其中合作伙伴对你的项目的可操控性人的因素会略有差异。当你有了任何一种资源的时候，在选择合作者，看中的合作伙伴必然有很好的可合作资源，这种资源就是你的合作目的，目标是在行业上的定位，有了清楚的合作目的和目标，合作才会顺利。

3. 合作伙伴的职责

合作初期，创业合作者要明确合作伙伴的各自职责，不能模糊，要能拿出书面的职责分析。因为是长期的合作，明晰责任最重要，这样可以在之后的经营中不至于互相扯皮，推卸责任，好多的创业合作中出现问题，就是因为责任明晰不够。

4. 合伙投入比例利润分配

合作投入比例是合作开始双方根据各自的合作资源作价而产生。投入比例和分配利益成正比的关系，也要书面明细清楚；当然根据经营情况的变化，投入也要变化，在开始的时候，就要分析后期的资金或者资源的再进入情况。如果一方没有融资的实力，那另一方的投入会转换成相应的投资股，分配投入产出的利益。

5. 合伙人之间的信任

大多数合伙人初期都是重情意，直接导致一些合作细节模糊不清，这是创业中非常不利的因素。如果有问题出现，没有一个根本的办法解决，互相推诿，留下一堆乱摊子，无人收拾残局。创业中正确的做法是，将朋友和亲人之间的合作建立在商业的基础上，用商业的解决方法去解决合作纠纷，避免纠纷，一切的合作细节都及早预防，提前明晰！一切合同化！创造一个良好的合作平台！

怎样寻找最适合的创业伙伴

创业最宝贵的资源不是金钱，而是人。对内而言是优秀员工的引进，对外就是找到适合的创业伙伴。很多创业者抱怨茫茫人海中没有合适的创业伙伴，其实只是没有找到适合的方法而已。很多时候，适当的人选就在身边，只是创业者没有发现的眼光罢了。

合伙人是以信任为基础的，因此很多人选择从熟人圈子里找合伙人。像Google的创始人是同学关系，当当网的创始人是夫妻关系。然而家族式的弊端一直都成为创业者的顾虑，不知道该不该选择亲近的人合作。中国的民营企业为什么做不大，不少人把原因归结为实行家族制，如果把眼界放开，日本的松下集团、美国的杜邦等，都在证明着家族企业的成功。

中国目前尚未形成成熟的职业经理人阶层，法律也尚不健全，所以，大多数成长起来的家族企业不敢去冒险放心地使用职业经理人，这也是事实。让外人掌握企业的技术核心机密，会有一定的危险，如果他缺乏职业道德就会造成企业不稳定，而家族人背叛的可能性相对小很多。也因此，在家族企业中，财务、人事等要职多半仍由家族内部成员担任。

那么，家族企业用人是任人唯亲还是唯贤是举？有人说，任人唯亲，是为了稳定，也有人说，任人唯贤，可以谋求更大的发展。在家族企业中，用人重在如何贤亲并举。用人之道分上中下三策：下策是用人唯亲，因为这样的策略虽然强调了稳定，但发展很困难。中策是用人唯贤，但是贤人们缺少亲和力和凝聚力，要把他们组合成一个高效团队花的时间成本太大。所以用人之道的上策是贤亲并举，世界上所有的大企业无一不是这样。用人唯亲是为稳定，用人唯贤是为发展，而真正的智慧在于，如何将发展和稳定的关系更好地平衡。

好的企业人才结构应该是多样化的，如果能够去掉家族式企业的弊端，发挥家族式企业的精华，从熟人中找合作伙伴是最方便不过的了。但是如果熟人中没有合适的人选，依然有很多的方法寻找合作伙伴。

1. 刊登广告

针对自己需要的合伙人类型，刊登合作广告。这样合作意愿传播的速度快、覆盖面广、重复性好，合作的内容也可以清晰明确的公布出来。

2. 委托猎头

可以请专业的人士通过有偿的方式根据创业者的需求去收集信息。比起自己盲目的寻找，委托猎头更加有针对性。

3. 介绍寻找

就算熟人圈中没有适合的人选，还是可以通过熟人圈，请亲朋好友在自己的圈子内物色适当的人选。

4. 从客户中寻找

以前靠工作关系建立起来的客户，有不少可以作为创业的帮手。因此要跟客户保持良好的关系，留作以后创业的资源。

对一个企业来说，创业者就是一位知根知底的管家，他应该知道自己缺乏什么样的创业伙伴，以及怎样才能找到这类人。因此，选出什么样的合伙人是衡量创业者水平的一个重要标志。"用金银总有尽时，用人才坐拥天下"，找准创业伙伴是一门学问，创业者应用心揣摩，做出正确的决策。必须通过科学而严密的步骤，有效地挑选创业伙伴。

1. 确定合伙条件

关于合伙的具体标准，各个国家可能不同，但也有共性。如日本侧重学历、经历、能力、忠诚和健康5条。中国强调德、才、资。德，是指品质，即具有高尚的道德情操；才，是指才能，即具备能够胜任工作的能力；资，是指资历，包括学历、经历、经验和工作成绩。总之，要德才兼备。

2. 拟订选择方案

创业者应根据需要，制订选择方案。它包括确定合伙对象，规定合伙内容，采取的具体方式、方法，拟订具体的时间程序。

3. 选定对象

候选人必须有一定的数目，没有一定数目的考虑对象，就不会有充分的选择余地，所选的合伙人也不一定合格，更不用说合适了。

4. 跟踪考察

创业者要组织人员了解每个候选人的情况，并对候选人进行全面考察。通过考察，就可以大体了解候选人的智力、性格、技能、兴趣、动机、愿望等特性了。在此基础上，创业者还要亲自与候选人进行面谈，以便进一步考察验证。

5. 作出结论

创业者必须经过集体讨论，认真地研究这些候选人的优、缺点；同时从几名候选人中，进行反复比较推敲，优中择优，最后做出决策。

寻找同行合作，优势互补

俗话说"同行如敌国"，同行竞争甚至是恶性竞争的现象比比皆是。其实事实不一定总是如此，合适的同行合作反而能促进整个项目的良好发展，张全国和他的乡亲们就通过共同合作取得了成功。

进入湖北省境内，当离一个小镇还有很远的时候，就能从空气中闻见扑鼻而来的鸡汤香味，鸡汤的香味是从平林镇一家挨一家的鸡汤馆里飘出来的。平林镇位于湖北省广水、安路、随州三市的交界处，一条公路干线正好从这里穿过。闻到鸡汤味就能叫人想到家，想到普通百姓的生活，想到百姓生活的经济实惠和温馨怡人。所以，来来往往的司机和行人，都忍不住要在这里停下来，喝一碗声名远扬的鸡汤再走。这里有萝卜鸡汤、板栗鸡汤、枸杞鸡汤、人参鸡汤、老母鸡鸡汤、乌鸡鸡汤……总之，你想喝什么鸡汤这里都可以满足你的要求。

但在很早以前，这里的鸡汤并没有什么名气，甚至连一家鸡汤店都没有，不过饭馆酒家却多得是。但饭馆酒家一多生意就很不好，因为公路是穿过各个村落的，结果沿线一家挨一家的都是饭店，想想也知道，路途中的行人为什么偏偏要在你这里停下来呢？

刚开始生意不好大家就怪柜台，于是沿途一家又一家的饭店就都开始比装潢门面。然而一个叫张全国的饭店老板，却把心思动的更深。他一直是个喜欢动脑子的人，从穷得两手空空到拥有第一家饭馆、第一笔存款，这都是他善于动脑子的结果。因为他知道，动脑子比动手更重要，卖的东西能打动人的心思，比门面能够抓住人的眼睛更能让生意兴旺，这些都是他第一个琢磨出来的。

困惑了很久，终于有一天，他从"孔府家酒让人想家"的广告中得到灵感，因为出门在外的人都会想家，如果炖一锅在老远都能闻见香味的鸡汤，不是比酒更能让人想家、比酒更能养人么？于是很快，他就打出了"张记鸡汤馆"的招牌，那炖得香得馋人的鸡汤，也从"张记鸡汤馆"中飘出，飘得很远。

生意于是日益兴隆，生意一显起色，整个镇子的其他酒家饭馆也纷纷挂出了鸡汤馆的牌子，不到一年，整个镇子就形成了鸡汤馆林立的场面了，并且整个镇子的鸡汤味浸入了整个水乡。虽然竞争确实加剧了，但张老板反而笑了，因为这样一来，不仅鸡汤的香味会飘得更远，使鸡汤小镇产生更大的诱惑力和品牌力，形成了一个鸡汤商圈，而且更会带动整个小镇的乡亲们一起致富。

众所周知，创业之初，资金少，难题多，稍有不慎，便会亏本倒闭。因此，对于还未站稳脚跟的创业者来说，一味地和竞争对手搏杀显然不是明智之举，只有联合在一起，才能共享其利，共存共荣，皆大欢喜。

既然你是生意人，那么你就应该以和气生财、长远生财为主要目标，就应当遵循这样的原则：只要是有利可图的生意，即使你挣了100元，而别人挣了2000元，对于你来讲也是成功的。这个道理其实很简单，因为如果你不想让人家赚2000元，估计你的100元也挣不到。

但现实社会中绞尽脑汁相互拼杀，最后往往两败俱伤的例子屡见不鲜。曾经有两家对门的店铺，店主为了招揽顾客，相互展开一场低价大战，把自家商店的商品价格一降再降，斗到最后，竟然降低到低于进货价，结果自然是两败俱伤。而顾客呢，刚开始还挺踊跃的，而经过再三降价后，反而驻足不前开始观望，后来渐渐少了起来，原来因为价格太低，顾客反而觉得是假冒伪劣产品。

相反，如果能找到志同道合的同行共同合作创业，双方都能取得很好的收益，皆大欢喜。同行合作，由于对行业的了解，便能够充分发挥优势，弥补对方的缺陷和不足。对于创业者而言，是简单又稳妥的选择。

聚集有价值的人才

人才乃取胜之本

资产只是一个数字,人才是企业真正的财富。拥有庞大资产的企业,它的实力一定非常雄厚,但如果该企业缺乏各种人才,那么它的兴盛也是短暂的。与此相反,拥有较少资产但注重人才的企业也会拥有一个更好的发展前景。人才是一个企业成功与否的关键,这是国内外企业家所公认的。

美国惠普电子仪器公司从一个只有7名员工、538元资本的小作坊一跃而成为令人瞩目的国际集团,靠的就是对人才的重视。惠普公司非常注重人才的吸收,并且在员工的智力发展方面投入了大量资金。惠普规定,公司所有的员工,每周必须至少拿20小时学习业务知识。据统计,培养人才所花的资金占公司总销售额的1/10,所花的人力占公司人力的1/10。也许有人会质疑惠普的这种做法,但惠普公司却一直把"寻求最佳人选"作为公司发展的主要经验。惠普公司正是懂得了人才是企业真正的财富,所以才能实现从一个小作坊到一个跨国集团的华丽转变。

人才乃取胜之本,谁获得了优秀人才,谁就拥有了最大的竞争力,其潜力是不可估算的。所以创业者不要被庞大的资产所迷惑,一定要注重人才的培养,人才是企业真正的财富。

联想集团前总裁柳传志常挂在嘴边的一句话就是:"办企业就是办人"。他认为只有理解了人,才能把企业这个人群的能量充分发挥出来。在对人才充分认识的基础上,柳传志对人才的选拔、培养、使用都有自己独特的见解和做法。

1. 在做事中磨炼人才

磨炼就是在实践中的锻炼和培养,当联想集团的事业进入发展阶段,对于常规的"将才""帅才"的认识和培养就成为非常关键的问题。在柳传志看来，优秀的人才不是在脱离责任、脱离做事机会的静态条件下鉴别出来的，必须是对人才有了基本估计之后赋予其责任和机会，在实践过程中才可能获得客观和理性的认识。因此越是高级人才，越应该多挑重担，在不同的领域多进行磨炼。

郭为是联想集团的副总裁，才30多岁，许多人惊诧于他的升迁之快，但对于他的经历却并不了解。他在联想集团工作了8年，经历的岗位变迁近10次，每一次都是不同类型的工作内容。今天，联想集团各部门中已有30多位年轻的创业者，占总创业者人数的80%以上。这一切也正是联想在激烈的同行业竞争中生存下来，而且成为中国电脑业的龙头企业的主要原因。因为这支年轻的骨干力量，不仅对新技术反应敏锐，而且具有全新的、开放型的经营理念，从而保证联想始终走在同行业的前沿。

2. 给他人创造发展的机会

柳传志认为，对人的认识不仅包含对人才重要性的认识和能够培养与使用人才，也意味着对人才需求的尊重。促使一个人发挥最大潜能的最终动力在很大程度上是各种上进的欲望。因此，采取有效的方法来激励人才正确地实现积极欲望的过程就是调动人才积极性的过程。

柳传志的高明之处在于使人才有充分的成就感，并能获得足够的成长机会。这样做的目的固然在于满足心理需求，让人才感到受尊重，更重要的还在于避免出现"人在业兴，人去业亡"的这种事业上的断层现象，而这一点对于企业家的事业成功往往是至关重要的。

不会培养人的创业者绝不会是合格的创业者。作为联想集团的总裁，柳传志运营着几十亿元的企业资产，难免有"手痒"一下的时候。但是，每次产生了亲自出马的冲动，柳传志都能及时地提醒自己，约束自己，从而把机会留给下属。这样做的结果是，联想集团目前已经拥有了几十名能独当一面的"帅才"，以至于国外另有居心的电脑厂家放出风来：只要是联想集团的创业者级的人才能"跳槽"到他们公司工作，可以不经过考试，工资涨一倍。

但是，柳传志的用人之道使这些经理们觉得物质上的收获固然重要，但在联想更能施展自己的抱负。因此，联想集团的经理很少有跳槽的。的确，在知识经济时代，谁能树立以人为中心的思想，注重开发人的潜力、调动人的积极性和创造性，谁就能抢得先机，争取到最大的成功。柳传志深悟其中的道理。

在企业步入正轨后，柳传志更以企业家独有的战略远见放手培养帅才式的人物，频繁的岗位交流，使一些年轻人才迅速成长起来，成为联想发展的栋梁。给别人以机会，让人有成就感，是联想能培养人才、发展事业的关键。

柳传志以人为本的思想，拓宽了认识问题和解决问题的思路。创业者要时刻把人放在第一位，时刻了解下属的需求，倾听他们的呼声，善于引导和调动下属的积极性，尊重他们的创造性，为他们创造发展的空间和环境，就能够使创业者的企业走向成功。

有的创业者能够轻而易举地获得优秀人才的信任和追随，而有的创业者筑好金巢之后却引不来金凤凰，其差别就在于创业者自身是否具有才德。

创业者对待人才的品德包括：爱才之心，求才之渴，容才之量。

1. 爱才之心

人才是一种宝贵的财富，创业者必须爱惜人才，绝不能嫉贤妒能。即使创业者自身是一个非凡的人才，如果手下没有几个才华卓越的干将和一大批各类骨干，孤家寡人是很难成就大业的。而且创业者起用一个人才，他就会带来或吸引一批人才来，创业者的事业必然兴旺发达。因此，创业者首先必须有爱才之心。同时，爱才必须出于公心，从事业大局出发，做到用贤任能。这需要创业者有很高的精神境界和对事业高度的使命感和责任感。

2. 求才之渴

既有爱才之心，自有求才之渴。从群体看，人才难得，既是人才，必有出众之处，自然是不可多得。不多的人才又是淹没在广大的人群之中，这就需要创业者孜孜以求才能得到。从个体看，恃才自傲的现象是常有的。既然是人才，自有其独特的个性，不会轻易附和，更不会趋炎附势。人才是不会主动送上门的，需要创业者自己去发掘。创业者求才，不是过问所有员工的选用，主要是选用直接管理下一层的"将才"。至于再下层次的人员，那是"将才"自己去选用的事。如果创业者什么人才都选用，不仅容易模糊选求"将才"的视线，而且干扰了下一层次将才的职能。

3. 容才之量

用才不容易，容才就更难。人有所长，也必有所短，而且往往是优点越突出，其缺点也越突出。恃才自傲是人才的通病。大才者通常不拘小节，异才者甚至还有怪癖，人才与人才之间还常常有各种矛盾。因此，创业者既要善于用其所长，又要能容忍他的弱点。

"宰相肚里能撑船"，创业者必须有宽阔的胸怀，既能像磁铁那样把各种锋芒毕露的人才紧紧吸引在自己的周围，又能像润滑剂那样在人才之间周旋，使人才之间协同高效地运转。心胸狭窄的创业者往往耿耿于怀的并不是人才的缺点，而是人才的长处。既然是人才，必有自己的真知灼见，对自己的见解充满自信，不肯唯唯诺诺，对创业者的意见随声附和。如果创业者采取"顺我者用，逆我者除"的态度，到头来只能用奴才或庸才，而失去真正的人才。

既是人才，通常或忙于事业，无暇去搞人际关系；或缺少人情世故，毫无顾忌地秉公直言，也往往容易得罪创业者，而被一些创业者斥为"骄傲自满""目无领导"。这种创业者把个人尊严放在事业之上，表面上看是无容才之量，实质上看则是无爱才之心。当然，容才之量，也不是对人才的缺点一味迁就、放任不管，而是讲究方式，出自爱心，教育引导，启发其自知、自重、自我约束与自我完善。

清楚地知道自己所需要的人才

国外一家公司的主管在介绍该公司挑选人才的经验时说："在聘用员工方面需要记住的教训是'要当心熟面孔'。"这里的熟面孔指的是那些在一个行业里拥有一定声誉的人，千万不要因为某人在你们的行业里拥有较高的知名度就去聘用他，这么做的结果只会适得其反。例如，你公司要推销某种新发明的肥皂，最明智的做法是聘请一个神通广大的推销专家来替你做销售，而不是聘请发明肥皂的化学家来为你做推销。

此外，公司在聘用员工时还要考虑客户的想法。我们以一个高尔夫球俱乐部为例，如果该公司聘请了一个拥有较高知名度的高尔夫球手，其最初目的是想迎合大众的喜好，营造名人效应。但现实是你很难将比赛日程繁忙的高尔夫球星从巡回比赛的旅途中拉回来，让他在办公桌前兢兢业业地为你工作。更糟糕的是其他的高尔夫球员们可能会对他产生排斥感，因为他们觉得："他也不过是一个高尔夫球员，能懂什么呢？"

总而言之，我们在选择雇员的时候，一定要选择那些适合于公司的人，而不是那些拥有众多声誉和头衔的人。

众所周知，一个企业的发展离不开高素质的专业才人，特别是在科学技术迅速发展的今天，企业面临的专业技术人才短缺和技能短缺问题愈显突出，这种人才短缺的情况严重阻碍了企业的高速发展，使之在今天的市场竞争中处于不利地位。

许多创业者都在困扰，参加了多次人才招聘会，也在报纸和一些网站上刊登了招聘广告，但效果一直不佳，投递资料的应届毕业生很多，但真正有工作经验、专业水平较高的技术人才没有招到。面对企业对招聘专业技术人才的困扰，人力资源专家提出了以下建：

1. 分析需求，精准确定选人方向

在用人部门提出用人需求之后，人事部门需要根据用人部门的要求确定出选人方向，也就是确定出选择什么样的人。越早确定出选人方向，越能提高招聘效率，越能避免约来面试的人员与实际需要差之千里。

确定选人方向，首先要分析用人部门的需求原因。用人部门提出补员需求，无非是以下几种：工作量的增加、工作难度和专业化程度增加、工作内容的增加、员工离职。然后，与用人部门充分沟通招聘要求和岗位胜任条件，精准把握用人部门的核心要求和真正需求。最后，根据需求原因和需求要求，勾勒出人员招聘模型，并确立出招聘参照人员。

由于工作量的增加和员工离职而产生的人员需求，以公司现有的员工中业绩较好的人员为参照进行招聘，即可满足；由于工作内容的增加而产生的需求，应了解同行业该类职位的岗位胜任素质模型，参照进行招聘；由于工作难度和专业程度增加而产生的需求，需要招聘主管对工作难度和专业程度进行充分了解，可通过竞争对手的优秀人员或其他机构此类职位的优秀人员作为参照，并根据本公司的实际情况进行招聘。

2. 效率至上，合理选择招聘渠道

招聘专业技术人才，与招聘一般人才相比，需要更专业的招聘渠道。招聘渠道主要有现场招聘会、猎头、网站招聘、内部招聘和员工推荐等。就招聘专业技术人才而言，猎头和行业专场招聘会是需要重点考虑和主要使用的招聘渠道。

由于是处于同一个行业，并且处于同一竞争层次上，竞争对手的人员一般来说是比较适合公司需求的人选，所以，从竞争对手那里挖人是最便捷的招聘途径。如何去挖？这需要借助专业的"挖人"机构——猎头公司的力量。猎头公司能够"静悄悄"地将竞争对手的优秀人员请到自己公司来。即使不去竞争对手处挖人，使用猎头公司也有诸多好处——它能够在最短的时间内在尽可能大的范围内找到最合适的人选。如果以效率来评价的话，猎头渠道是首选。

行业专场招聘会是现场招聘会的一种，相对于综合性的招聘会，行业专场招聘会吸引的都是具有相关行业背景的企业和人才，针对性较强，招聘企业不必再从海量的简历中"海底捞针"，求职者也获得了尽可能多的就业机会，大大节省了招聘企业和求职者双方的时间和成本，能够达到事半功倍的效果。

3. 各司其职，分别把握品性、专业能力

在整个招聘过程中，人事部门和用人部门需要分工明确，各司其职。人事部门把握候选人的职业习惯、性格、品性、发展潜力，以及对公司企业文化的适应性。用人部门需要对候选人的专业能力把关。需要候选人具备什么

样的专业背景、专业经验、专业深度，以及胜任岗位的其他相关知识，用人部门最清楚。让用人部门把握专业能力，既是发挥其所长，也是理性的必然要求。人事部门需要从"软"的方面对候选人进行把握，也是人事部门的职责所在。

在招聘流程安排上，即可先由用人部门进行专业能力测试，后由人事部门进行品格测评；也可先由人事部门进行"软"条件把关，后由用人部门进行"硬"条件筛选。人力资源认为，对于急于招聘的岗位，可采用前一种；对于可以放缓招聘的岗位，可采用后一种。

总之，只有清楚地知道自己需要什么样的人才，才能够对症下药找到合适的人才，没有定位选人方向的创业者是无法凝聚起人才力量的。

充分发挥集体领导力

传统的领导观念认为，创业者就是站在队伍最前面，带领所有人前进的那个人，而集体领导的领导方式是对这种观念的直接挑战。与近年来大受企业欢迎的授权模式相比，集体领导的不同之处在于它以一种真正交互的模式，将领导的权力由一人独有转化为人人共享，从而重新定义了"领导力"。它不是仅提供一种咨询式的领导框架，在这种框架下，掌握权力的领导者允许"下属"参与到他们的领导实践中。

集体领导主要有4个特征，即允许多名领导同时存在于团队；所有重大决策都由集体作出；成员相互协作；领导者关怀他人。借助这4个特征，企业能够在更大的范围内完成其领导力培养进程，并且与传统的方法相比，成效更为显著。

楚汉之争刘邦胜，却不是靠自己的力量，而是通过授权，发挥集体领导的力量，使张良、萧何、韩信三人实现完美的组合，达到了超越三个人本身能力的效能，终于打败项羽，一统天下。

仔细分析楚汉之争中有关刘邦的那一段作战史，我们不难看出仅凭刘邦一个人的力量是无论如何都无法成功的。刘邦之所以能够战胜项羽而得天下，最主要的原因就是他清楚自己的不足，把各项工作都交由比自己更擅长的人去打理，从而形成一个集体领导层，他们各有所专，各司其职，发挥了巨大作用。

集体领导核心成员之一——谋士张良。张良是刘邦重要的谋臣，为刘邦建立汉王朝立下了奇世功勋。起义之初，刘邦虽有樊哙等武将，却缺乏一个谋士。义军之一的韩王谋臣张良，被刘邦看中，于是用借五万石粮食的借口借来张良。张良来到刘邦处一个月内就教会了刘邦三个道理。

其一，人心险诈，不可不防。刘邦交友广泛，但对他人缺乏提防心理。张良让刘邦拨三千兵并将沛县交由一个"朋友"雍齿管理，而雍齿却借机造反，挟持刘邦的亲眷。用张良的话就是刘邦应该意识到：冰霜薄，人情更薄；华山险，人心更险。

其二，攻城为下，攻心为上。张良知道雍齿是个爱贪便宜的小人，猜测他必定会在晚上出城偷粮。张良让刘邦在劫粮必经之处等候雍齿，将其抓获，没有费一兵一卒。这件事情教会了刘邦：攻城为下，攻心为上。带兵打仗应该尽力了解对方将帅的性格，所谓知己知彼才能百战百胜。

其三，仁义在口中，诡诈心中藏。刘邦宅心仁厚，想打开牢门让雍齿自己走掉。这时张良告诉刘邦：仁义在心中是没有用的，应该做出来，要学会假仁假义。于是，刘邦在集市上当众释放了雍齿，并说了一番慷慨激昂、反抗秦朝暴政的话。结果放了一个雍齿，又有两千人马来投。

这三个道理是每一个君王都应该学会的，张良在辅助刘邦成就大业的整个过程中，不知为刘邦出了多少点子，谋划了多少优秀的策略。

集体领导核心成员之二——相国萧何。相国萧何在辅助刘邦的整个过程中，有两个典故不得不提。由这两个典故中，我们也可以看出萧何对刘邦的辅助作用有多大。

典故一：安定汉中，借机东进。攻下关中后，项羽自封为西楚霸王，封刘邦为汉王，以偏僻的巴、蜀、汉中地区作为刘邦的封地。为了阻止刘邦向东发展势力，还把关中地区一分为三，分封给三个秦朝降将。刘邦看出了项羽的用心，气愤不过，准备同项羽决一死战，樊哙、周勃、灌婴等人也都摩拳擦掌，唯独萧何冷静地分析了当时的形势，劝刘邦不能逞一时意气，而应该休兵养士，广招人才，积聚实力，待条件具备后再东进将项羽拿下。刘邦欣然应允，全心全意地积聚起实力来。

典故二：月下追韩信，设坛拜大将。说起萧何，最脍炙人口的莫过于"月下追韩信"的佳话了，天下人莫不敬佩此公的伯乐眼力。韩信原是项羽的部下，他有勇有谋，是天下无双的军事家。但在项羽手下却得不到重用，就投到刘邦麾下。开始，刘邦对他也不重视，韩信一气之下就跑了。萧何得知后，马上放下没处理完的紧急公务，亲自去追回了韩信，并力劝刘邦设坛拜韩信为大将，为刘邦挽回了一个无人替代的良才。后来，韩信果然没有令刘邦失望，没有辜负萧何的良苦用心，在楚汉战争中，为刘邦消灭了项羽，平定了天下。所以，刘邦能够夺取天下，从一定程度上说，不可忽视萧何荐贤的作用。

集体领导核心成员之三——大将韩信。韩信是一位军事天才，他能够把弱小的军事力量的潜能发挥到极致，以至于最后在垓下设下十面埋伏将不可一世的项羽彻底击败，一举奠定了建立汉王朝的基础。可以说没有韩信的帮助，刘邦不可能冲出汉中大破项羽，最后做上皇帝，开启汉王朝，成为中国第一位平民天子。

对于这三个人的作用，刘邦也心知肚明："夫运筹帷幄之中，决胜于千里之外，吾不如子房；镇国家，抚百姓，给馈饷，不绝粮道，吾不如萧何；连百万之军，战必胜，攻必取，吾不如韩信。"所以，他才能够放心把各项工作交给他们去管理、去指挥，这其实就是我们所说的授权。

在20世纪，企业或许可以依靠某一个人的意志或某一个人的决策而攀上成功的巅峰，但在21世纪，那些企业领导者个人企图控制企业一切的时代已走向了死亡之旅。在一个越来越依赖集体智慧的时代中，与一位集权的创业者相比，会授权的创业者才能让企业走得更远，更辉煌。

适合比优秀更重要

作为一个创业者，一旦你对员工的才能、兴趣了然于胸，下一步要做的是针对某项特定的工作选择适合的人来做，或者为特定的员工安排适当的工作，做到"人得其位，位得其人"，追求人与事的协调。

福布斯集团的老板马孔·福布斯是一个十分善于用人的管理者。在福布斯集团工作，只要你有才干，你就能够被安排在合适的岗位上，让你大显身手。福布斯集团也正是因为用人有方而发展壮大的，有许多事例都说明了这一点。

大卫·梅克是一个才华出众的人，但他的管理风格让很多人无法接受。他对人冷漠，从来不留情面，而且非常严厉。比如，在下属们忙着组稿时，他总会传话说："在这期杂志出版之前，你们中有一个人将被解雇。"听到这话，大家都很紧张。

有一次，有一个员工实在紧张得受不了，就去问大卫·梅克："大卫，你要解雇的人是不是我？"没想到大卫·梅克竟说："我本来还没有考虑谁将被解雇，既然你找上门来，那就是你了。"就这样，那名员工被解雇了。

然而马孔·福布斯恰好看重大卫·梅克的才华和严厉，他将大卫·梅克放在总编辑的位置上。大卫·梅克在任总编辑期间，最大的贡献是树立了《福布斯》"报道真实"的美誉。而在那之前，《福布斯》曾多次被指责报道不真实。

为了保证报道的真实性，大卫·梅克专门让一批助理去核实材料。这些助理必须找出报道中的问题，否则就将被解雇，而且真的有3名助理因为没有找到记者报道中的问题而被他解雇。《福布斯》在20世纪60年代，就能够与《商业周刊》《财富》齐名，报道真实，正是其最大的竞争优势。

福布斯用人有方的第二个典型是对列尼·雅布龙的使用。列尼·雅布龙是一名理财专家，但他又是一个出名的"小气鬼"，诸如下班就要求关冷气，死皮赖脸拖欠他人的货款等。

可是马孔·福布斯要的就是他这种小气，理财嘛，不小气怎么行？事实证明，列尼·雅布龙在担任总裁期间，开源和节流都做得很好。

用最合适的人胜过用最好的人，精明的企业管理者对待人才要做的就是将合适的人才放在合适的位置，每个人的能力和每个地方的需要都是不同的，不同的工作需要不同能力的人，而不同的工作环境也可以培养不同能力的人。作为一个管理者，把任务授权给最合适的人是最重要的。让合适的人做合适的事，达到人事相宜，是创业者授权的一项重要原则。一个公司只有做到人尽其才，物尽其用，才能维持上下齐心，同舟共济，兴旺发达的局面。

物尽其用、人尽其才是每一个管理者都孜孜以求的，这涉及一个人才及岗位价值的最大化问题，与企业用人标准密切相关。蒙牛集团前老总牛根生在谈到这点时说："从人本管理的角度看，人人都是人才，就看放的是不是地方，这是一个人岗匹配的问题。这就像木头，粗的可以做梁，细的可以做椽，浑身疙瘩的还可以做柴禾……人也是这样，不同的岗位有不同的人才需求，不同的人才有不同的岗位适应性。"

管理学上一条著名的定理是"没有平庸的人，只有平庸的管理"。传统的管理把人看成一个样子，仅仅依照工作的制度安排人的位置，结果许多讷于言辞的员工被安排去组织展销会，许多头脑里新点子迭出的员工被安排做财务……作为一名成功的创业者应该知人善任，让自己的下属去做他们适合的事情，这样才能充分发挥他们的工作潜能，实现组织人力资源的有效利用。

创业者要在授权管理中做到人事相宜，就应当因人而异，为不同类型的下属安排不同的工作。一般而言，下属主要分为以下4种类型：

1. 上将

这类员工经验丰富，能力卓越，你可以尽管放手让他们完成工作。同时，因为这种人具有很强的能力，他们往往自视较高，甚至会近于自负。有效的授权者应给予这批人充分发挥的余地和空间，让他们感到被重视，获得自我价值的实现。

向这类下属授予的权力任务应该是与他们才能相适的,要具有挑战性,有较大的决策权和相应的责任,如组织一次展销会,拟订一个大型的公关宣传活动计划等,这些任务对上将型下属也会是具有吸引力的。

向上将型下属授权,需要注意的是切忌干涉他们的工作,要给予充分的信任,但当他们向你要求帮忙时,一定要认真对待,因为这种类型的下属除非遇到自己确实力所难及的困难,是不会开口求人的,因此,向他们提供帮助要态度诚恳,不能伤害他们的自尊心。

2. 良卒

良卒型下属是指有一定经验,能力较强,有一定的决策力,但需要不时地支持和鼓励的下属。向良卒型下属授权需要注意的是,应不时监察他们的工作进度,但要顾及他们较强的敏感心理,监察应不露痕迹地进行。创业者应重视鼓励表扬和期待的力量,要对良卒型下属进行正面的促进,尽量少用或不用负面的批评、惩戒。

授予良卒型下属的工作应具有一定的挑战性,需要一定的经验方能出色地完成,这类工作对于热衷于承担更大责任的良卒型下属来说,是再适合不过的了。

3. 健马

这类下属缺乏经验,需要学习怎么做,这类下属常常是刚入公司的年轻人,他们在你的公司中不占少数。作为一名创业者,你切不可忽视这批人的存在,因为他们中间必将出现一批优秀人才,支撑起公司的明天,你要做的正是发掘这批人,给他们机会,锻炼和选拔他们,而授权恰恰是最好的手段之一。

向健马型下属授权,需要从初级一步步做起,可以把"一定要授权的工作"交给他们去做,他们常常能有条不紊地去完成,并能从中得到训练和提高。创业者向健马型下属授权时需要注意,缺乏经验不等于缺乏能力,应该帮助他们树立信心,指导他们并对其行为做出适时的反应。

4. 边角料

这类下属让创业者十分头疼，在一般创业者眼中他们属于"边角料"类型的人才，用之不济，弃之可惜。其实，这样的员工对于企业也是财富。高明的创业者能通过有效的管理让这类下属充分展现自己的特殊才能。

边角料型的下属常常"身怀绝技"，他们常常少言寡语，不大合群，从来不主动找老板谈话，对于公司来说，他们近乎于局外人，但是当公司面临紧急任务、特殊任务时，往往正是他们大显身手之时，这常常使他们成为应急求援的好对象。正如孟尝君收留鸡鸣狗盗之徒，颇显企业管理的精髓。

让你的团队充满激情

组建一个强有力的创业团队

杰克·韦尔奇告诉创业者："优秀的领导者应当像教练一样，培育自己的员工，带领自己的团队，给他们提供机会去实现他们的梦想。"企业的成长是人才成长的一个集中体现，创业者能否走得更远，取决于创业者和创业团队的基本素质。

企业的成长是人才成长的一个集中体现，企业的成功也是人才的成功。搭建一支优秀的创业团队对任何创业者而言，都是一项至关重要的工作，它决定着创业的成败。优秀团队的标准是高度责任感，成功的行业经验，合作的心态。

在硅谷流传着这样一个"规则"，由两个哈佛 MBA 和 MIT 的博士组成的创业团队几乎就是获得风险投资人青睐的保证，当然这只是一个故事而已。但是从中创业者可以看到一个优势互补的创业团队对于创业成功的重要性，技术、市场、融资等各个方面都需要有一流的合作伙伴才能够成功。

为什么团队创业成功的概率要大大高于个人创业？原因很简单，因为没有人会拥有创立并运营企业所需的全部技能、经验、关系或者声誉。因此，从概念上来讲，如果想要创业成功，就必须组成一个核心团队。团队成员对创业者来说将发挥不同作用：他们或是合伙人，或是重要员工。他们不可或缺，有了他们，可以解决创业过程中可能出现的一些问题。

红花也需绿叶扶持。不管创业者在某个行业多么优秀，也不可能具备所有的经营管理经验，而借助团队就是拿来主义，他们可以拥有企业所需要的经验。例如顾客经验、产品经验和创业经验等。人际关系在创业中的比重也被放在一个很重要的位置，人际关系网络或多或少地能帮助创业者，是企业成功的因素之一。通过团队，人脉关系可以放得更大，可提高创业成功的概率。

一项针对创业者能力的研究报告也指出，组成团队与管理团队是成功创业者需要具备的主要能力之一。由于组成创业团队的基石在于创业远景与共同信念，因此创业者需要提出一套能够凝聚人心的愿景与经营理念，形成共同目标、语言、文化，作为互信与利益分享的基础。组成创业团队是一种结合愿景、理念、目标、文化、共同价值观的机制，使之成为一个生命与利益共同体的组织。

某位管理学专家曾经对国内众多企业家进行过一次问卷调查："未来的企业家应该具备哪些素质？"其中有这样几种回答：

UT斯达康前CEO吴鹰认为：第一，有宽广的心胸；第二，具有国际化的能力；第三，有亲和力和凝聚力（个人魅力）；第四，有眼光。摩克迪集团创始人兼董事长张醒生认为：现代企业家首先应该是有能体谅下属的胸怀和站在人前人后的修养，要先有信服才能有追随，这也是为什么人们常说做企业如同做人，企业家的素质赋予企业灵魂。

美国欧文斯科宁公司大中国区销售和工程总经理李雷认为：企业家应该具备3个素质，第一，他是一个预言家，他的愿景和信念是鼓励员工的源泉，是制定战略计划的蓝图；第二，他要有Leadership，也就是具有包括决策能力的领导力；第三，他勇于承诺与兑现，在资源分配、个人诚信与平等方面负起主要责任。

从上面我们可以看出：凡是成功创业的企业家，总拥有一个优秀的核心团队。虽然每个企业家关注的侧面不同，但都直接或间接地反映了一个组织核心团队建设中必须注意的要素，非常值得后来的创业者借鉴。

1. 志同道合

找创业搭档就跟找对象一样重要，对方是你事业上的另一半，在共同的创业过程中是否会与你福难同当、同舟共济是至关重要的。比如"拳头"，一个拳头由5个手指组成，如果5个指头握紧打出去，可以打碎一块砖，但分散开来，用每个手指去戳，是很难弄断的。团队的成员应该是一群认可团队价值观的人。团队的目标应该是每个加入到团队里的成员所认可的。否则的话，就没有必要加入。在明确了一个团队的目标时，作为团队的负责人，应该以这个共同的目标为出发点，来召集团队的成员。团队是不能以人数来衡量的。如果你有一群人，但没有共同的理想和目标，那这就不是一个团队，而是一群乌合之众。这样的团队是打不了胜仗的。所以，你和你的伙伴应是志同道合的，有共同的或相似的价值追求和人生观。

2. 包容性很重要

在这个世上，要想做一番事业，必须具有识人的眼光，这也是作为领导者整合人才资源的第一条件。但光会识人还不够，还要有敢于用人的魄力，容人的雅量。大行不顾细谨，成大事者历来都是心胸似海之人。不仅仅是企业创业需要包容，在我们人生慢慢走向开放的过程中，包容心也是非常珍贵的品质。

3. 不谋全局者不足谋一域

中信资本是由中信集团旗下的中信泰富和中信国际金融控股两家香港上市公司联合创建的。建立初期，恰逢9·11恐怖袭击，世界经济领头羊的美国经济低迷。受此影响，香港等地经济形势到2002年依然没有好转，一些著名的大投行不得不裁人。张懿宸却认为，大家都裁员，他反而打算借此聘请一批业务拔尖人才。

"凡事都要想得长远，"在组建中信资本的过程中，张懿宸说，"了解投行的人都知道，投行最大的成本是人力成本，做投行的前两年就要先投钱把人养活，然后再挣钱。在有人才的前提下，业务才能建起来。"

俗话说：三个臭皮匠，顶个诸葛亮。团队精神在企业管理中也占有重要地位。微软集团在用人的时候就非常注重团队精神，理由是即使你才华横溢，有超群的技术，可是如果你不懂得与人合作，那么就不能发挥出最好的成绩，只有把企业内部有着不同的文化背景和知识结构的各种人才有效地联合起来，创业者才能更好地成功创业。

创业团队5P模型

5P模型，即目标（Purpose）、计划（Plan）、人（People）、定位（Place）、权力（Power），这5个因素构成了优秀的团队。

1. 目标（Purpose）

在团队建设中，有人做过一个调查，问团队成员最需要团队领导做什么，70%以上的人回答——希望团队领导指明目标或方向；而问团队领导最需要团队成员做什么，几乎80%的人回答——希望团队成员朝着目标前进。从这里可以看出，目标在团队建设中的重要性，它是团队所有人都非常关心的问题。有人说："没有行动的远见只能是一种梦想，没有远见的行动只能是一种苦役，远见和行动才是世界的希望。"

团队目标是一个有意识地选择并能表达出来的方向，它运用团队成员的才能和能力，促进组织的发展，使团队成员有一种成就感。因此，团队目标表明了团队存在的理由，能够为团队运行过程中的决策提供参照物，同时能成为判断团队进步的可行标准，而且为团队成员提供一个合作和共担责任的焦点。

2. 计划（Plan）

对于一家新创企业来说，制定一套完善的计划更为重要。发展计划要远远高于解决聘用问题、设计控制系统、确定上下级关系或确定创始人的角色等事项。发展计划明确的公司能够经受组织的混乱和创业者无能所带来的考验，而再完善的控制系统和组织结构也无法弥补计划上的缺陷。

企业发展计划的最大使命就是保持企业行驶在正确的航道上。如果一个企业的发展计划出现了致命失误，最终会出现南辕北辙，即便是拥有强大执行力的组织队伍，也终会一无所获。检验企业发展计划是否出现偏颇的角度有：计划与企业的长期目标是否一致；计划与企业的竞争优势是否一致；计划是否突出了企业的目标市场和消费群体；计划目标是否为更多的子目标所分解。一般而言，企业发展计划会与企业的长期目标一致，能够发挥出企业的竞争优势，为企业确定出最容易获得利润的目标市场，并且被分解成阶段性目标和众多子目标。

3. 人（People）

在知识经济时代，人是企业最重要的资产，也是企业可持续发展最核心的生产力。松下幸之助认为，企业经营的基础是人，"要造物先造人"，如果企业缺少人才，企业就没有希望可言。可以毫不夸张地说，在竞争激烈的市场环境中，人才决定企业命运。因此，在一个组织中，任何决策都不会比人事决策更重要。德鲁克认为，人事决策是最根本的管理，因为人决定了企业的绩效能力，没有一个企业能比它的员工做得更好，人所产生的成果决定了整个企业的绩效。

而企业要用人，就必然要选人，要招聘人。然而很多进行人事决策的创业者，并不真正懂得选人。很多人都自认为自己是优秀的创业者，当创业者以此为前提选人时，就可能犯下严重的错误。卓有成效的创业者必然明白，不能凭自己的直觉和感悟来雇佣员工，必须建立一套考察和测试程序来选人。

4. 定位（Place）

选用人才，能力固然是首要考虑的，但一个人的能力必须与相应的职位相结合，这就是对人才的定位原则。用人不能只看能力大小，更要看其适不适合某一职位。最好能做到人尽其才，既不能大材小用，也不能小材大用。物尽其用、人尽其才是每一个创业者都孜孜以求的，这涉及一个人才及岗位价值的最大化问题，与企业用人标准密切相关。

5. 权力（Power）

创业者面临的各项事务纷繁复杂、千头万绪，任何管理者，即使是精力、智力超群的创业者也不可能独揽一切，授权是大势所趋，是明智之举。授权的目的是让被授权者拥有足够的职权能顺利地完成所托付的任务，因此，授权首先要考虑应实现的目标，然后决定为实现这一目标下属需要有多大的处理问题的权限。只有目标明确的授权，才能使下属明确自己所承担的责任，盲目授权必然带来混乱。要做好按预期成果授权的工作，必须先确定目标，编制计划，并且使大家了解它，然后为实现这些目标与计划而设置职位。

对于团队建立无从下手的创业者，大可以从这5个方面建立起自己的创业团队。

管理团队最需要的东西

狼群中老、幼、强、弱个体有较大区别，但一到团队围猎，常常就是老弱做掩护，强者进攻，团队成员各尽所能，各司其职，可以说，狼群是一个完美的互补型团队。管理团队最需要的就是优势互补，促进团队的综合实力。

哲人说："完美本是毒。"事事追求完美是一件"劳民伤财"的事情，尤其对于企业管理来说，这是执行中的大敌。很多创业者总是抱怨自己的手下能人太少，恨不得自己的下属个个都变成能杀能闯、能文能武、有勇有谋的"良将"。但中国有句古语：金无足赤，人无完人。世界上本就没有十全十美的人，又怎么能够要求拥有完美的员工？何况，完美型的员工属于"能人"，最终会增加数倍的管理成本，而结果极可能是得到了一个并不满意的结果。

其实在企业管理中，创业者应该关注的不应是某个人的力量，而是团队的综合实力。在一个团队中，每个人都有他的长处，作为创业者，如果你能很好地掌握他们的特点和优势，把他们放到最能发挥其作用的位置上，你就会发现，你得到了一个完美的"互补型"团队，并且，你的工作变得卓有成效，你的员工对你尊重并拥护。

在一次战役中,由于战争的需要,临时招募了许多各行各业的人参军打仗。战役的将领临时编制了一支小分队,命令其驻守在一个小岛上。他们当中有大学教师、机械工程师、政府机构的办事员,也有泥瓦匠、小饭馆老板、裁缝铺的学徒,还有消防队员、小提琴手、汽车修理工,等等。一到岛上,他们就行动起来了。有的用捡来的木条、干草搭起了简陋的帐篷,有的用自制的工具支起了炉灶,还有的忙着施展烹饪手艺,人人都施展自己的拿手戏,在各自擅长的方面尽情地发挥。一顿丰盛的晚餐过后,还举办了一场热闹的晚会,大家有说有笑,有唱有跳。

几天过后,小岛遭到敌人的攻击。在枪林弹雨的战场上,大学教师和小饭馆老板便显得手足无措,失去了用武之地,而消防队员和汽车修理工则能够临阵不乱,熟练地使用手中的武器,对敌人进行了狠狠地打击,完成了守护小岛的使命。

以上的例子中,大学教师虽然受过高等教育,掌握着最多也最权威的知识,但在打仗的时候,却毫无用武之地,而只念过几年书的消防队员却可以在抗敌中勇猛杀敌。这就是所谓未在其位,能力就不能得以施展。对于创业者来说,团队就好比上述的那个小分队,由各色各样的人组成,他们都有自己的特长优势,身为创业者,最大的职责就是对下属的特点、能力,甚至个人的性格做到了如指掌,做到唯才适所,使员工内在的潜力得到充分的发挥。

知名企业家马云认为:"现实中最完美的团队是《西游记》中的唐僧团队,他们的成员都非常普通。唐僧是一个好领导,他志向远大有很强的使命感和原则性。他要去西天取经,谁都改变不了,不该做的事情,他也坚决不做。

"而孙悟空这种员工比较像现代企业管理中定义的'野狗'。他们是公司最'爱'的也是最'讨厌'的人。他有极强的工作能力,却也多少有些'无组织,无纪律'的个人英雄主义,并且非常情绪化。

"在这个团队中,猪八戒的角色也很重要,他是这个团队的润滑剂,虽然他看上去'很反动',但是他非常幽默,没有笑脸的公司是很痛苦的公司。"

马云认为,唐僧团队中如果没有猪八戒,这个团队的精神风貌就会黯然失色。沙僧则是最常见的保守型员工,安稳踏实。另外,唐僧知道孙悟空太调皮,要管得紧,所以随时会念紧箍咒;猪八戒小毛病多,但不会犯大错,偶尔批评批评就可以;沙僧则需要经常鼓励一番。这样,一个明星团队就成形了。

对于任何企业而言,建设"互补型"团队,对企业的发展非常重要。很多企业过分重视个人素质、经验和成就,但是很少考虑到每一名员工都必须在团队中工作,他的能力、优势、性格能否与团队的其他成员构成一种互补关系。对于某一特定工作而言,是不可能找到最理想的人选的,因为这种人根本就不存在。那么次理想的人选是什么呢?那就是能充分发挥自身优势,并和别人的优势相互补充的人,这类型的人能最大化地实现目标。

激发员工的高昂斗志

激励员工要从结果均等转移到机会均等,努力为员工创造公平竞争的环境。对员工来说,能不能得到公平的机会,这才是激励的更高机会。下面我们通过吴士宏的成长经历来认识一下为员工创造均等机会的重要性,来感受和学习IBM优良的激励文化。

吴士宏是IT界的知名人士,非常有名。她之所以引人注目有这样两个方面的原因:首先,她是一位女性;其次,更突出的是她最初的专业素质不太好,而她后来却成为一名企业高层的执行者,这是很令人佩服的。

她原来是个护士,中专毕业。她是一个不甘心受命运摆布的人,在当护士的时候自学了一些英语口语,能够用英语说几句话。但她一心想进取,一心想进公司工作,恰逢IBM招聘清洁工,为了进入这家公司,她毅然去应聘了清洁工。成为IBM的清洁工之后,她踏踏实实地工作,非常努力,很快受到了大家的一致好评，大家都说："咱们这个清洁工真勤快，别人不干的活她都帮人家干。"

在做好清洁工的同时，她一直在寻找着新的机会。正好IBM在扩充销售人员，由于在做清洁工的时候就建立了很好的人缘，于是她向销售部的人员递了一份申请，在申请中她提出："能不能让我做一做，如果我做得不行，我还回来当清洁工；如果我做得好，希望能让我成为IBM正式的销售员。"

虽然IBM对销售人员的要求很高，但是IBM有很好的企业文化，即对自己的员工有学历培养的文化，因为她人缘比较好，于是主管销售的副总就给了她一个机会，让她先从兼职的销售开始做起。当时在别人没对她抱什么希望的情况下，吴士宏紧紧抓住了这次机会。她做兼职的销售做得不错，居然还卖出了几台设备，这使她名正言顺地进入了销售部门。

一般来说，要在企业里干出一番事业，销售是最好的途径，因为销售是全靠成绩来反映能力的，而吴士宏具有天然的亲和力，也就具备了天然的销售潜力。成为正式的销售人员后，她做得非常好，开始一路上升，从销售创业者做到了区域创业者。

吴士宏之所以能够获得成功，除了凭借她自身的天资以及她令人敬佩的学习精神之外，还有一点非常值得企业注意，即IBM这样优秀的企业栽培了吴士宏，给了她公平发展的机会，这很好地体现了员工激励的第一条重要原则——激励员工要从结果均等转到机会均等，努力为员工营造公平竞争的环境。

在IBM，不管你原来是打扫卫生的或是中专毕业的，只要你有成绩就会得到提拔，这就是他们的企业文化。吴士宏一路被提拔靠的是竞聘上岗，无论是销售人员还是区域管理者。同样的情况如果出现在其他众多的企业中，吴士宏很可能还是一个清洁工。所以，我们的企业一定要掌握员工激励的高级原则，要善于激发员工，为各种员工提供平等的展示自己才华的机会，这样才能不断培养出人才，才能留住人才。

第二条重要原则是激励要掌握时机，也就是该激励的时候激励，过期的激励就失去了意义和效果。比如，需要在目标任务下达前激励的，要提前激励；若是员工遇到困难，有强烈要求帮助的愿望时，要给予关怀，及时激励。这些都是激励的最佳时机，中层执行者一定要善于把握，千万不要错过。

大家都看过《水浒传》，宋江这个人为什么做了梁山的领袖呢？其实，宋江文韬武略都不算强，只是有个最大的优点，懂得关心帮助别人，所以得了一个外号"及时雨"，就凭此一点便能服众，所以得人心者得天下。

第三条重要原则是激励要有足够力度，主要表现在"两个重视"上。这两个重视是：对突出贡献要重视，对重大损失也要重视。也就是对突出的贡献要予以重奖，对造成巨大损失的要予以重罚，重奖可谓正激励，而重罚就是负激励。很多国有、民营企业做不到这两个重视，而做不到就意味着没有激励。所以，企业在激励员工中一定要做出力度来，一定要赏罚分明。

第四条重要原则是激励要民主。奖罚分明强调的是要健全、完善绩效考核制度，做到考核尺度相宜、公平合理。中层执行者在激励员工时，要克服有亲有疏的人情风；在提薪、晋级、评奖、评优等涉及员工切身利益的热点问题上务求民主。

某民营企业请人去给他们做咨询，该企业老板说："我们的产品较畅销，为什么就做不大？"咨询顾问在给他们进行完企业诊断后，发现问题并不复杂。原来，该企业内部任人唯亲，关系套关系，人情风十分严重。新招聘来的人才很快就走了，受不了这种氛围，尽管工资不低，但根本留不住人。事实上，在这家公司，奖惩根本做不到人人平等，更做不到民主立规了。

第五条重要原则是在员工激励中，大家不能因为倡导物质激励而忽视精神激励，精神激励一定要做物质激励的合理补充，因为精神激励有四两拨千斤的作用。就拿通用电气公司的韦尔奇来说，他就能将这两者统一得很好，所以他和员工的关系非常好。韦尔奇经常给普通员工写字条，他会在字条上说:"你最近表现很好,是对公司业绩的极大提升,我作为总裁谢谢你。"试想,一个员工收到这样的字条会何等的高兴?会受到怎样的激励?这就是精神激励的一种方式,企业中层执行者一定要好好地利用和发扬。

正负激励相结合主要强调的是该惩罚的要惩罚,虽然现在主要提倡教育为主、惩罚为辅,但是不敢惩罚绝对是错误的。所以,按条例该惩罚要惩罚,不然就不能弘扬正气,就会遍地歪风邪气。

第六条重要原则是员工激励还要构造员工分配的合理落差,在这里所谓的合理落差主要指的是鼓励拉大收入差距。

现今,我国大部分企业的分配差距还是比较小的,尤其是企业的高层和基层的收入差距还有很大的可拉开空间,只有落差大才能动力大,就像三峡之所以能发电就因为水的落差大。企业一定要学会在落差中去鼓励员工的进取心,而且巨大的落差能保持中层执行者的自尊,让每一个人都害怕失去自己的职务,都会加倍努力地工作,企业才能真正实现高效。

用高薪激发员工工作

人要生存,要发展,精神是支撑,物质是保障,所以薪酬相对于员工极为重要。它不仅是员工的一种谋生手段,还能满足员工的价值感。事实证明,当一个员工处于一个较低的岗位时,他会表现积极,工作努力,一方面提高自己的岗位绩效,另一方面争取更高的岗位级别。在这个过程中,他会体会到由晋升和加薪带来的价值和被尊重的喜悦,从而更加努力工作。

"当你给员工高薪时,你的企业成本是最低的!哪怕你只比第一、第二位的高出一点点,效果也会非常明显!"2008年1月15日,在《赢在中国》第三赛季36进12第三场节目现场,已连续两个赛季担任《赢在中国》36进12评委的史玉柱在点评11号选手时说出上述的话。史玉柱的一席话立即博得了现场一片热烈的掌声。事实上,他是这样说的,也是这样做的。

2007年11月1日,巨人网络挂牌上市,交易代码为"GA",开盘价高达 18.25 美元，超过发行价 17.7%。在 11 月 4 日举行的庆功宴上，史玉柱许诺给公司的员工每人派发一枚金币，另外是给公司所有员工加工资，一个不放过。

第二天，新民网从可靠渠道得到消息验证：史玉柱于该日兑现诺言，给所有员工派发金币，该金币由中国知名金饰品厂商龙凤祥定制，重量为 9.39 克，印有"纽约证券交易所成功上市巨人网络 2007 年 11 月 1 日"的字样。

史玉柱说："当你给员工高薪时，表面上看仿佛增加了企业成本，实际不然。我这些年试过了各种方法，高薪，低薪，但最后发现，高薪是最能激发员工工作热情的，也是企业成本最低的一种方式。"

自从进入珠海巨人集团时代，史玉柱一直实行军事化管理，后来他渐渐明白一个道理：大多数员工的使命是打工挣钱，养家糊口。虽然军人有对国家和民族效忠的义务，但员工没有对老板效忠的义务。

巨人前副总王建回忆道："20 世纪 90 年代中期，脑黄金战役第一阶段考核结束后，按照制度规定，对完成任务的经理兑现奖金，其中江苏和浙江分公司的两名经理个人奖金累计 40 万元，相当于当时广东市场一个月的回款。在集团办公会议上，面对奖金问题谁也不做声了，因为财务干脆把问题捅开了，若干个分公司存在回款作假，财务认为不能这么快发奖金。"

史玉柱被这种局面难倒了，非常尴尬。在士气与议论之间，在榜样与制度之间，他必须作出决定。最后，他还是力排众议，发奖金。当财务怀抱沉甸甸的现金进入表彰大会现场时，会议已经结束了，全体员工都在等，连保安都擅自离岗，拥至会场。财务一出现，史玉柱就说，你们看，财务都抱不动了。全场的目光由主席台转向财务身上，先是寂静，继而是雷鸣般的掌声。

这时史玉柱发话了，他说："能者多得，只要能为巨人做出贡献，不拒绝索取，要在巨人内部培养一批富翁。"

这样的激励方式，对员工的刺激相当大。在脑白金时期，员工们疯狂地工作、加班，史玉柱经常会在员工加班的时候动不动就发上几千元的奖金，让员工惊喜不已。此外，在脑白金时期，史玉柱在员工待遇方面的做法是：

重点技术人员不受公司级别制度限制，只要技术能力强，就不怕付出高额报酬。后来，做网游时，史玉柱将这套模式运用到了游戏团队中，他说："游戏团队的薪水我不管，由管理层定，工资是一事一议，开多少钱评估一下，值得就给，不受任何等级限制。"

史玉柱这样的做法，会让研发人员感觉到，巨人网络给他们的报酬绝对在整个行业居于前列。在《征途》开发过程中，史玉柱出手颇为大方，给整个研发团队开出了很高的工资。《征途》游戏某负责人承认，这个20人的研发团队在当时的薪水、所占期权与同行业相比是非常高的。

巨人网络上市后，史玉柱在接受媒体采访时说："刚做这家公司的时候，同行业对我们都看不起，到现在，我们已经成为这个行业内市值最大的公司了，大家精神上非常开心，然后待遇上，我们给所有的骨干、所有的研发人员发了期权，上市后他们马上就可以衡量出来他们期权的价值，我们现在一下子诞生了21个亿万富翁，还有近200个百万以上的富翁，大家可以改善自己的生活。"

对于《征途》在线超过百万的好成绩，有记者曾经问史玉柱会制定什么样的员工奖励政策？史玉柱回答道："我们每个季度或者每个项目都定了奖罚措施，只要取得大的成就我们内部一定会有一次发奖金的过程，该奖一定得奖，奖罚分明。所以你刚才说《征途》到152万元，一定会有奖金，我还会请他们喝一顿。如果没有达到具体的目标该罚也会罚，这就是我们管理的基本原则。所以我们的员工整体的待遇还是非常好的。"

美国哈佛大学教授威廉·詹姆士研究发现，在缺乏科学、有效激励的情况下，人的潜能只能发挥出20%~30%，科学有效的激励机制能够让员工把另外70%~80%的潜能也发挥出来，所以企业能否建立起完善的激励机制，将直接影响到企业的发展。

从史玉柱的做法中可以看出，将薪酬奖励与内在激励机制良好地结合起来，就会为企业带来更好的效益。尽管薪酬并非激励员工的唯一手段，也不是最好的方法，但它是一个非常重要、最容易被运用的手段。相对于内在激励，企业管理者更容易运用薪酬激励的方法，而且也较容易衡量其使用效果。

人才是企业的基石。在全球经济一体化的今天，人才问题被企业提到了更高的位置。怎样识别人才、留住人才，是摆在企业家面前的一个非常严峻的问题。放走一个人才，不仅事业受损，还有可能为自己增加一个竞争对手，这样的道理谁都懂，但要想很好地解决人才问题，很难找到一举多得的方法。如何让人才为企业打拼？他们凭什么会去打拼？最重要的方法就是涨薪，使薪水具有市场竞争力。

以晋升激励精英人才

创业者在人员使用方面，常常会为如何令精英人才最大限度地发挥作用而烦恼。解决它的最好办法，就是将表现优异的精英人才提拔上来，把他安排到重要的工作岗位上，这不仅使员工的自尊心得到满足，最大限度地调动他的工作积极性，企业也会因为人才的合理安置而获得更大的收益。

人才是企业的资本，能够善于利用员工对工作的热情，并且适时给予训练和晋升，即使是庸碌之才也有不少被造就成才的例子。在日本就有不胜枚举的企业家是因为被创业者适时提拔而跃居重要岗位，然后使自己的才华充分施展出来，把企业推向新的高峰的。

一般来说，获得晋升的人没有不欣喜若狂的。但有许多人常因难以适应突如其来的擢升，感受到无法承担的重大压力。所以，创业者也应先了解被晋升者是否有能力突破承受压力的时期。

为了确认被晋升者的心态，某位心理学家制定了一项心理测验。首先，让两个人共同办理一件事情，在事情完成后，给予其中一个大幅度晋升，而给另一个仅少许的报酬，尽管做同样的工作，却故意出现待遇的差别。

由最初的实验显示，得到晋升的人不但自觉"不踏实、有罪恶感"，而且对于创业者有不良的评价。但是，进一步由测谎器的实验却发现，得到晋升的人，不仅没有罪恶感，反而有强烈意识愿效力于管理者的心态。

总之，人们虽然在心理上对获得晋升有不平衡的感觉，但是，实际上却为自己能受到上司较高的肯定而有满足感，甚至对管理者抱有良好的评价。因此，适度的晋升可以得到对方的向心力。也就是说，给员工一个晋升的机会，不仅能够满足对方的自尊心，同时也能获得对方的尊重和爱戴。

所以，创业者应经常提拔人才，得到利益的人由于找到依靠之处和肯定自我，就会逐渐发挥潜力，努力效命于知遇者。

世界著名的施乐公司每年都保持很高的销售业绩，除了以质取胜之外，很大程度都依赖于他们给员工注入的最佳动力——晋升。

施乐公司晋升的标准是将员工分为3类：一类是工作模范，能胜任工作和监督工作。凡是被提升到公司最高层前50个管理者岗位上的人都必须完全是工作的典范，积极投入到质量管理中去。而要想成为较低层次上的管理者，则起码必须能胜任工作。至于需要别人督促工作的那一类员工则根本不可能被提升。这样，表现良好的员工就会感到自己能得到迅速的提拔，于是他们会以更高的热情投入到工作中。

谢尔比·卡特就是这样一名员工。他是施乐公司的销售人员，最初是一名推销人员，工作积极肯干并善于动脑筋。他每天不停地在外面奔波销售，他的妻子总是在他的车里放上一大罐柠檬，这样他可以吃上一整天，而不必吃午饭。

卡特以自己的聪明和勤奋为公司销售了大量的产品，于是他得到了逐步提拔，最终被提升为全国销售经理。事实证明，他的确是个称职的管理者。卡特最喜欢做的事情之一就是将镶在饰板上的长猎刀奖给那些真正表现杰出的员工。这些猎刀代表着一种晋升神话，得到它比得到奖金更有意义。得到奖励的员工会把猎刀挂在办公室的墙上，所以在施乐公司的办公室里常常会看到这些猎刀。

由于晋升的机会把握在自己的手中，所以施乐的员工充满着热情和干劲，即使在街道上散步，他们也会观察两旁的建筑群，思考如何使每一幢建筑里的单位都成为施乐复印机的用户。

就是这样充满趣味的竞争使每一个员工都竭尽全力去为公司打拼，每一个施乐的员工都深爱着自己的公司，公正的晋升制度使他们看到了自己的辛勤劳动付出是值得的，他们认为在这里确实可以实现自己的梦想。

千万不能总让员工原地踏步，特别是对那些能干的员工，而应更信任他们，适时提拔，如果对他们总是半信半疑，不放心，那么给他们的感觉是不信任他们，怀疑他们的能力，那么他们还能尽心竭力地工作吗？

每个人在某个岗位上，都有一个最佳状态时期。有的学者提出了人的能力饱和曲线问题，作为管理者，要经常加强"台阶"考察，研究员工在能力饱和曲线上已经发展到哪个位置了。

一方面，对在现有"台阶"上已经锻炼成熟的员工，要让他们承担难度更大的工作或及时提拔到上级"台阶"上来，为他们提供新的用武之地；对一些特别优秀的员工，要采取"小步快跑"和破格提拔的形式使他们施展才干。

另一方面，经过一段时间的实践后，不适应现有"台阶"锻炼的员工要及时调整到下一级"台阶"去"补课"。如果我们在"台阶"问题上，总是分不清谁优秀谁不称职，不能及时提升那些出色的员工，必然埋没甚至摧残人才。如果该提升的没有提升，不该提升的却提升了，那将为企业带来很大的损失。

对于提拔自己的人，几乎没有谁会不怀感激之心，因此，创业者若是能够将一个出色的员工提拔到重要的岗位上，他在自己的自尊心得到满足，体会到自己的重要性的同时，也必会对赏识他的主管心存好感，积极配合主管的工作。这样，人力资源管理必然会进行得很顺利。

因此，创业者一定要关心员工的成长，对他们的工作多鼓励、多支持，并及时给予肯定，使能力突出的人到更合适的位置上大胆发挥自己的长处，从而大大提升人才的使用价值。

让员工充满集体荣誉感

荣誉就是战斗力。对于一个团队来说,荣誉感是团队的旗帜和灵魂。一支有荣誉感的团队是有希望的团队,是伟大的团队,也许每个人都体会过集体荣誉感的神奇力量,它是一个集体凝聚力的来源,为了追求或捍卫某种荣誉,浑身上下会产生无穷的动力。

2009年5月12日,美国职业篮球联赛西部半决赛第四场如期举行,对阵双方是小牛队和活塞队。本场比赛十分激烈,此前三战,小牛队0:3落后。结果没有悬念而言,因为在美国职业篮球联赛几十年的发展历史上,还从没有哪支球队能在0:3落后的情况下扭转乾坤。

本场比赛之前,小牛队球员在接受采访时说:我们已经没有退路,要么赢下比赛,要么开始放假。虽然,胜败已经无法扭转,但是为了荣誉,小牛队依然冲劲十足!果然,在本场比赛中,小牛队全队上下同仇敌忾,为了小牛队的荣誉,队中的德国人诺维茨基用行动证明,他是小牛队当之无愧的领袖,他全场砍下44分,其中最后一节拿到19分,没有让球队颜面无存,扳回一局,避免了0:4被横扫的窘况。

每个人对荣誉的需求是精神需求,这种精神需求为人们输送精神力量,同时督促人们把精神力量转化为行动。在一个企业内部,荣誉感不仅能够规范企业和成员的行为,使组织的效率得到极大幅度的提高,还能够创造非凡的力量!

2007年的亚洲杯,留给亚洲球迷一份永久的回忆。这要归功于伊拉克队在本届赛事上的卓越表现。起初,几乎所有人都不看好伊拉克,直到半决赛,人们才改变了看法。

在半决赛中,伊拉克队通过点球大战以4:3战胜韩国队,历史上首次闯入亚洲杯决赛。这场比赛中，伊拉克队首发11人坚持了90分钟，而以体能著称的韩国队队员早已是气喘吁吁，伊拉克队员因此赢得了"钢铁战士"的称号。

然而，谁曾想到，伊拉克队员的体能竟然是在战争中练就的。2007年的伊拉克陷入战争的灾难之中，国内局势十分动荡，有时为了躲避军队，伊拉克队只能绕道赶往训练场。后来，坦克开进了巴格达体育场，足球场被毁，他们失去了唯一的训练基地。他们只能把草地稍作整理作为训练场，为了躲避战争还要不停的转移阵地。

如此艰苦的训练让人感叹伊拉克队员崇高的集体荣誉感。荣誉使他们克服了死亡的威胁——在当时的伊拉克，生命的危险时时存在。在他们征战亚洲杯期间，多名队员的亲人在战争中丧生，他们忍受着巨大的悲痛为国家的荣誉而战。荣誉感使他们创造了奇迹。

北京时间7月29日晚20点35分，决赛正式打响，伊拉克队迎战沙特阿拉伯队。第73分钟，尤尼斯头球攻门中的，帮助伊拉克首夺亚洲杯冠军。这场比赛已经超越了足球的意义，伊拉克的每一名队员都知道自己身上的使命——半决赛点球击败韩国后数小时，伊拉克国内连续爆发多起自杀性炸弹事件，造成近百名庆祝伊拉克胜利的群众死亡——伊拉克球员臂上都戴着黑袖标，主教练维埃拉也戴着黑袖标，他们发誓要用球场上的胜利来祭奠死去的同胞，用胜利为祖国赢得荣誉！

在战场上，在球场上，集体荣誉感是至关重要的，同样，在企业内部，如果员工对自己的工作有足够的荣誉感，对自己的职业和企业引以为荣，他必定会被激发出无与伦比的工作动力和热情。荣誉感是企业的灵魂，如果员工没有荣誉感，即便有最为完善的管理制度，也难以使其产生追求完美工作的动力。集体荣誉感就是人的一种自我约束和自我激励，即便没有外部的约束，也会带动整个企业的力量。

事实证明，荣誉感的力量是强大的。荣誉感不仅是一种感召力，更是一种弥足珍贵的工作热情。荣誉感不是与生俱来的,而是需要长期培养的一种珍贵品质。所以,创业者要想使成员具有强烈的荣誉感,就要加强对他们的培养。创业者不仅要帮助成员树立正确的荣誉观念,还要塑造出集体精神,让员工都为团体荣誉而战,相信这支团队一定会创造出奇迹!

创业关系网

人脉就是财脉

一个人能否成功，不在于你知道什么，而是在于你认识谁。社会上有这么一种创业者：他们能力超群，见解深刻，才华横溢，本来可以飞黄腾达，却偏偏成功不了。这是为什么呢？虽然这些人有才华，却也恃才傲物，认为自己比别人优秀，是不可或缺的人才，因狂妄自大，不能很好地与周围的人相处。就这样，他们因为没有人脉，最终都埋没了。

毫不夸张地说，人脉就是财脉。初次创业的人，资金技术上面的不足是肯定的，但是如果能拥有良好的人脉基础，那么将会有很多人可以提供帮助，成功的可能性和速度都会大大增加。相反，如果没有良好的人脉，创业的时候就会走很多弯路，付出比别人更多的劳动。所以说，人脉是最大的资源，不管做什么事情，都有人的因素。很多时候成功靠别人而不是靠自己，这个观点乍听起来是有点不可思议，但是仔细琢磨，其实是非常有道理的。因此明智的创业者，都会尽最大的努力去结识那些成功人士，向他们学习经验，也将他们作为自己重要的人脉资源。

生意场上会遇到形形色色的人，不可能所有人都是你的朋友，创业者应该做的是尽可能多的结交朋友，尽可能少的树立敌人。

对于喜欢的人，应该主动去交往亲近，将他们变成自己的朋友。而对于那些不喜欢的人，也不要本能的排斥，要让自己的眼光放在对方的优点上，用包容的心态对待其缺点，这样的人也能够成为朋友。而对于那些实在是无法容忍和包容的人，可以敬而远之不去招惹，不要和这类人发生不必要的冲突，不要将他们变成敌人。多了一个朋友，就多了一个援手；少了一个敌人，就少了一个成功路上的绊脚石。创业者不要认为有才华就能成功，没有人脉资源的从旁协助，光有才华也是不能发财的。要想财源广进、飞黄腾达，还是需要靠人脉取胜。

王永庆在刚开始做木材生意的时候，对客户的条件放得很宽，往往都是等到客户卖出木材之后再结账，而且从不需要客户做任何担保。不过没有一个客户曾拖欠和赖账，原因就在于王永庆不但了解每一个客户的为人，也理解他们做生意的难处。正因为有了这份信任，客户很快就跟王永庆建立起了深厚的友谊。

华夏海湾塑料有限公司董事长赵廷箴，曾经与王永庆合作过建筑生意。有一次，赵廷箴需要大量资金周转，于是向王永庆表明自己的困难。王永庆二话不说，立刻借给他十几根金条，还不收分文利息。这样的举动不仅帮助了赵廷箴，而且还使得两人成了好朋友。从此以后，赵廷箴营造的工程上所需要的木材全都向王永庆购买，成为王永庆最大的客户。

王永庆后来回忆这段往事的时候说道："正因为结识了木材界的众多朋友，我才能在木材业迅速崛起，站稳脚步。"后来，王永庆一直在建筑业发展，并且木材厂的生意非常兴隆。

所以，人脉是最大的资源，不管做什么事情，都有人的因素。邱永汉说："失去财产，仍有从头再做生意的机会，失去朋友，就没有第二次的机会了。"陈安之说："成功靠别人而不是靠自己。"这个观点乍听起来是有点不可思议，但是仔细琢磨，其实是非常有道理的。长久以来，人们的观念就被"吃得苦中苦，方为人上人"这样的思想束缚着。他们以为，成功是艰难的，必须踏踏实实、一步一个脚印地走，否则就不会有任何的收获。其实，并不是所有的成功之路都是"一分付出，一分收获"，有时候，懂得借助别人的力量，成功就可以抄近路。

英国人珍·古道尔是一位著名的动物行为学家，在谈到自己的成功之路时，她讲了一个故事。

鸟儿们争论谁能飞得最高，最后它们决定比赛。在所有的鸟中，鹰是最自信的，它肯定能飞得最高，所以它就越飞越高，越飞越高，一直到最后它不能再飞了。

这时候其他的鸟都已经飞回地上，只有鹰高高地飞在天上，没有回来。但是鹰没有想到在它的背上趴着另外一只很小的小鸟。当鹰已经飞不动、不能飞得更高的时候，这只小鸟从鹰的背上飞了起来，飞得比鹰还要高。

珍·古道尔总结说："我之所以喜欢这个故事，是因为这就像我们的生活，每个人都可以飞得更高一点。但我们能飞多高在很大程度上依靠我们下面的那只鹰。回想在我的生活中帮助过我的那些人，就像那只鹰，像鹰身上的羽毛，每一根羽毛都帮助过我。我在全世界旅行的时候遇到了许多许多的好朋友。如果没有他们，我不会飞得像现在这样高。"

我们凭着自身的能力无法飞到预期的高度，这时候把精力花在埋怨自己天资不够、资历不深上，就会白白地浪费时间。我们应该睁大眼睛去寻找一只可以一起高飞的鹰。掌握越多的人脉，就找到了更多通向成功的道路。善于借助别人的力量，顺风行船，才能最快地到达目的地。如果想让自己的财富之路走得更加的顺畅，就先积累人情，铺就人脉关系网吧！

做生意要会算人情账

我们生活在一个现实的社会，你无法改变环境的时候，就必须改变自己，努力让自己适应这个社会。如果不想处处碰壁，你就必须懂得一些人情世故。

人情，在中国的表现方式是多种多样的。与领导的关系、与同事的关系、与家人的关系、与朋友的关系、与亲戚的关系、与同学的关系、与老乡的关系……身边的每一个人都要用心维护，唯恐一个不小心，得罪了谁，给自己招来麻烦。

"人情"在社会生活中扮演重要角色。例如，孩子上学找个好学校，要靠人情；毕业了想找份好工作，有人推荐就要比自己硬闯更有成效；企业之间合作，想拉来大客户，要靠人情；就连推销、卖保险的人，都知道只有维护好了人情，才能在工作上顺风顺水。

人情可以从两个视角上理解：一是你对别人的"情分"，二是别人对你的"情分"。你对别人的"情"施与多了，从对方的角度看，他就欠了你的"情"；如果别人对你的"情"施与多了，从你的角度看你就欠了对方的"情"。一般来说，"人情"是以3种形式进行传递的。

一是以物质形式进行传递。比如给对方施与钱物，彼此礼尚往来，互助互益，时间长了，人情越来越重。

二是以精神形式互相传递。比如彼此交流思想，倾诉心肠，互通信息，相互学习，或者趣味相投，感受相近；或者彼此关爱，相互体贴，相互慰藉，这样沟通多了，也就自然而然产生了"人情"。

三是以互助形式相互传递。比如互相帮忙解决困难，或者为对方成就某种事业出过力，说过话，办过事，等等，都可以在彼此之间换取"人情"。

一个人，作为社会的一员，如果平时不注意人际关系的维护，就可能在自己需要的时候没有人帮助，还可能因为在一些事情上没有给足对方面子而得罪了对方，致使他们在你最需要的时候落井下石，破坏了你的机遇。

做生意要会算人情账，要在平时就做好"人情"的功课。只有这样，我们才能扫除自己在个人发展中的障碍，赢得更多的机会，才能在为人处事中游刃有余。

对待人情必须把握分寸，把握轻重，如果处理不当，你即便给别人施情，别人也不会接受；你向别人求情，别人也不会帮助你，更何况世上还有很多势利之徒，他们对待人情更是"看人下菜"，"人在人情在，人走茶就凉""树倒猢狲散"，于是有人慨叹"人情有冷暖，世态有炎凉"。人情必须建立在彼此需要的基础上，而且利用人情也要讲究分寸，失了分寸，人情会愈做愈小，路子会越走越窄；得了分寸，人情会愈做愈大，路子会愈走愈宽。所以，如何对待人情是每个人都应该把握的大学问。人都是一种情感型动物，人与人之间都需要一种情感的维护。重人情的人，才懂得去播种人情，也才能在关键时刻把人情作为我们获胜的筹码。

一个小渔村,由于地处偏僻,沿途人少,所以通往外界的公交只有两辆——101和102。开101的是一对夫妇,开102的也是一对夫妇。

坐车的大多是一些船民,由于他们长期在水上生活,因此,往往是一家老小一起进城。

101号的女主人为人很精明,她很少让船民给孩子买票,即使是一对夫妇带几个孩子,她也是熟视无睹,只要求船民买两张成人票。有的船民过意不去,执意要给大点的孩子买票,她就笑着对船民的孩子说:"下次给带个小河蚌来,好吗?这次让你免费坐车。"

而102号的女主人恰恰相反,只要有带孩子的,大一点的要全票,小一点的也得买半票。她总是说,这车是承包的,每月要向客运公司交多少多少钱,哪个月不交足,马上就干不下去了。

船民们也理解,几个人就掏几张票的钱,因此,每次也都相安无事。

不过,3个月后,门口的102号不见了,听说停开了。因为搭她车的人少,真应验了她之前的那句话:马上就干不下去了。

故事中,101号的女主人是把人情作为她获胜的筹码,利用感情投资在这场竞争中笑到最后。感情投资可能是投入产出比中最高的一种策略,这一点东汉末年的刘备是我们学习的楷模!

东汉末年的刘备,就非常注重对朋友的感情投资。当刘备还在私塾读书时,就非常讲义气,经常帮助同窗。即使后来大家分开了,刘备还与同窗常保持联系。其中有一个叫石全的朋友,为人真诚,但家中很贫苦。刘备不嫌石全家贫,常邀石全到自己家做客,谈论天下大势。

后来,刘备与群雄争夺天下时,在一次战役中,兵败受到敌人的追杀,就是石全冒着生命危险将刘备藏了起来,救了刘备一命。

刘备幸免于难，靠的不是运气，而是算好了人情这笔账。当然，感情投资是一种长远的投资，所以不必急于收获这种投资所得的产出，你所要做的就是不断投资和耐心等待。终有一天，你会得到数倍的回报。创业者打算好人情账才能让别人甘心为自己卖命，从而在与他人的博弈中取胜。

与老板保持良好的关系

老板之所以为老板，一定是有某方面的过人之处。创业者一定有身为员工的经历，如果能搞好与老板的关系，借助老板这棵大树，无疑对事业的发展有很大的帮助。那么如何与老板保持良好的关系呢？这就需要我们平时注意以下几个问题：

1. 了解和掌握老板的身世和社会关系网

任何一位老板都有自己的人情关系网。这个"网"的形成与他的身世和人生经历有直接的关系。要想与他保持良好的关系，可以先暗地里多留心和注意他的身世和社会关系网，包括他的同乡关系、亲属关系、朋友关系、同学关系、上下级关系，等等。掌握了这些关系之后，鉴于直接与某老板建立关系多有不便，则可曲线救国、另辟蹊径，设法同一两位与这位老板关系甚笃的人建立关系。这样，在必要时，便可以借助这些关系的力量拿住老板的面子，使老板碍于某些关系的面子，不能拒绝，不便拒绝。

2. 要循循善诱、动之以情

攀附关系不是生拉硬套，本来没有亲戚关系，偏偏七拐八绕，硬说有亲戚关系；或者本来与老板的某位朋友无甚关联，偏偏鼓吹自己与人家情深义重，如此这般，很容易引起老板厌恶和鄙视。所以，与老板拉关系，要循循善诱、顺理成章、委婉自然，让老板感受到虽是不经意地提起，却一语中的，牵动着老板的旧情，甚至让老板陷于对旧情、旧事的沉湎中。如果能把与老板的关系攀附到这份儿上，那么还何愁老板对你托办的事情袖手旁观吗？

3. 适时地使用一些方法

有经验的人告诉我们，必要时可以使用一些方法，因为任何一位老板都自觉或不自觉地处在错综复杂的社会矛盾中，这矛盾有的是对他有利的，有的是对他有害的；有的是他自己一目了然的，有的是他无从察觉的。那么，你就应该认真关注这些矛盾的风吹草动，一旦有什么特殊情况或特殊机遇，便可通过协调或委婉干预等手段随即成为老板的心腹之人，既成其心腹了，还何愁你有事他不帮忙吗？

所以，只要在攀附关系上下了工夫，就一定能在老板那里收获一些感情，凭借这种攀附出来的感情把自己的事情办成，也确实不失为一种追求成功的方法。

另外，求老板办事时如果能赢得他的理解，办事就更容易了。

那么，怎样获得老板的理解和支持呢？问题的答案当然不像问题的提出这么简单。要想得到老板对你请求办的事的理解，你必须遵守如下几点：

1. 把握好时间

要在老板闲暇的时候同其会面谈事。老板忙的时候，心情容易烦躁，不但对你提出的事不记挂在心上，甚至还会嗔怪你不识眉眼高低。如果在老板时间宽裕的情况下会谈，老板有一定耐心听，问题可能会得到重视，因而也就更有利于把事情办成。

2. 注意场所和环境

找老板谈事要考虑会谈的场所和环境。有的事要到老板的办公室里谈，有的事要到老板的住所里私下谈，有的事谈得越诡秘越有效果，而有的事越是有旁人听到越对成事有利。所以，这奥妙就在于你所要求办的事的分量和利害关系以及某位老板的脾气秉性。

3. 讲究话题的引入方式

找老板办事要讲究话题的引入方式。有的需要直来直去、开门见山地和盘托出；有的则需要循循善诱、娓娓道来或者渐入佳境，否则便让老板感到唐突、冒失、刺耳、烦心。

4. 适时地"吹"他一番

人性的弱点决定了人是最禁不住恭维的动物，对老板来说也是如此。你求他帮忙办事，恭维他是理所当然的，你恭维了他，他也反过来恭维你和重视你，得到恭维的人是不会放着对方的难题不管的。

只要你做到了以上几点，相信你要托老板办的事，很容易得到上级的理解和支持，那时，不管事情有多难，只要在老板那里能办，就多半不会让人失望。把辞职信摔在老板办公桌上，大摇大摆地创业去了，相信很多人有过这样的想法。但就算是对老板有诸多不满，也应该与其保持良好的关系，作为日后的人脉储备。就算老板不一定帮你，起码不会阻碍你创业的步伐。

找到你的创业"贵人"

常言道："七分努力，三分机运。"很多时候，机运对创业成功来说太重要了，它可以缩短你的奋斗时间，让你事半功倍。相信，你一定想知道这些机运来自何方？其实，想得到这些机运，就需要我们积极主动地攀附身边的贵人——那些能够提携、帮助我们的人。

这其中的道理应该很容易理解。每个人的身上，都有着走向成功的条件，而如何使这些条件发挥出来，却由你身边无数的贵人所控制。你接受了贵人的帮助，就好比一粒种子投入一块适合自己生长的土壤，充分得到土壤的滋养。从这个意义上讲，你的命运操纵在贵人的手中。

生活中，每个人都希望能够借贵人之势，为自己求得某种利益。但是，贵人分许多种，他可能是政界名人，也可能就是你身边的领导上司，而你的目标也有许多个，或许为名，或许为利，也或许是为了生活中迫切需要解决的问题。所以，当我们依靠贵人办事的时候，就必须讲究方式。

首先，要依附贵人，进入贵人的视线，引起他的注意。

在宋朝，有人假造韩国公韩琦的信去见蔡襄，蔡襄虽然有所怀疑，但是他性情豪放，就送给来者三千两银子，写了一封回信，派了四个亲兵护送他，并带了些礼物赠送给韩琦。这个人到京城后，拜见韩琦，承认了假冒的罪责。韩琦缓缓地说："君谟（蔡襄字）出手小，恐怕不能满足你的要求，夏太尉正在长安，你可以去见他。"当即为他写了封引荐信。韩琦的子弟对此举表示疑惑不解，觉得不追究伪造书信的事就已经很宽容了，引荐的信实在不该写，韩琦说："这个书生能假冒我的字，又能触动蔡君谟，就不是一般的才气呀！"这人到了长安后，夏太尉竟起用他做了官。

其次，要得到贵人的重视和关爱，就必须采取主动。有些人认为向领导要求利益，会影响自己在他心目中的形象，因此只会埋头苦干，而事实上，领导也会把手中的利益作为一个笼络人心、激发下属的手段。只要自己尽心尽职地做好本职工作，采用合适的方法主动争取领导的帮助，不但能解决自身的实际问题，还能够加深与领导的关系。

另外，和贵人攀关系，一定要掌握分寸，只有关系到你的切身利益，而又不影响对方面子的事才有可能得到帮助。在求贵人办事时，尤其是一些交情不太深厚的贵人，我们不妨先给他点甜头，让对方高兴或欠个人情，这样他就会全力帮我们了。如果你与对方关系很密切，求他帮忙时，他不会提出条件，你也要多为对方考虑，尽量多为对方解决一些实际困难。如果你求别人帮助的是一件名利双收的事，那对方也希望从中得到一些名或利。

要想求动贵人办成事，必须要学会相互帮忙。能领悟和运用这一点的人，就会成为无往不胜、所向披靡的办事高手，那么，在他的生命中"贵人"的作用也会发挥得淋漓尽致。要求贵人办事，先帮贵人一个忙，事情就好办多了。另外，求贵人办事要学会相互借光。

最后，要经常激励你的贵人，激发出他提拔你的积极性。而如果你现在的领导没有能力提拔你，你就必须绕道而行，以退为进寻求另一个贵人的帮助。

对待不同的人需要运用不同的方法，这与具体问题具体分析是同样的道理，利用贵人也要讲究方式，只有学会变通，灵活处理，才可以更好地依靠贵人。

学会和不喜欢的人相处

创业者身边总有各式各样的人,当然有自己喜欢的,也有自己不喜欢的,甚至讨厌的人。创业者该如何与他们相处呢?

柯克和小沃森是老对手,伯肯斯托克则是柯克的心腹下属,IBM的上上下下都知道这些。柯克刚刚去世,所有人都认为伯肯斯托克在劫难逃。伯肯斯托克本人也这么认为,因此他破罐破摔,心想与其被小沃森赶跑,不如自己先辞职,这样还能够走得体面些。

有一天,IBM的总裁小沃森正在办公室里,伯肯斯托克闯了进来,并大声嚷道:"我什么盼头都没有了!干着一份闲差,有什么意思?我不干了!"

现在的小沃森与当年的老沃森一样,脾气都非常暴躁,如果一个部门经理这样无礼闯入,按照平时的习惯,他一定会毫无顾忌地让伯肯斯托克出去。但令人意外的是,小沃森不但没有发火,反而笑脸相迎。

他知道,伯肯斯托克是一个难得的人才,比刚刚去世的柯克还要胜过一筹,留下来对公司有百利而无一害,虽然他是柯克的下属,是柯克的好友,并且性格桀骜不驯。从这一点来看,小沃森不愧是用人的专家,他知道什么时候该发火,什么时候不该发火,对伯肯斯托克就属于后一种情形。

小沃森对伯肯斯托克说:"如果你真的有能力,不仅在柯克手下能够很出色,在我和我父亲手下也照样能够成功。如果你认为我对你不公平,你可以走人,如果不是这样,那你就应该留下来,因为IBM需要你,这里有你发展的空间。"

伯肯斯托克扪心自问,觉得小沃森没有对他不公平的地方,并没有像别人想象的那样柯克一死就收拾他。于是,伯肯斯托克留了下来。

事实上,小沃森留下伯肯斯托克是极其正确的。小沃森在促使IBM从事计算机业务方面,曾受到公司高层的极力反对,只有伯肯斯托克全力支持他，正是有了伯肯斯托克与小沃森的共同努力，IBM才能渡过重重难关，有了今天的辉煌。小沃森后来在回忆录中说："挽留伯肯斯托克，是我最有成就的行动之一。"

小沃森不仅留下而且还重用伯肯斯托克，在他执掌IBM帅印期间，他还提拔了一大批他不喜欢但是具有真才实学的人。他后来回忆说："我总是毫不犹豫地提拔我不喜欢的人，那些讨人喜欢的人，可以成为我一道外出垂钓的好友，但在管理中却帮不了我的忙，甚至给我设下陷阱；相反，那些爱挑毛病、语言尖刻、几乎令人讨厌的人，却精明能干，在工作上对我推心置腹，能够实实在在地帮助我，如果我把这样的人安排在自己身边，经常听取他们的意见，对自己是十分有利的。"

管理者按照"由事到人"的思维轨迹去指导和制约用人抉择，能在用人实践中做到以下几点：

（1）根据目标管理的需要，掂量和筛选自己面临的各种事情。

（2）为各种必须办的事情，物色最合适的人选。

（3）经过因"事"制宜、因"事"用人之后，凡是本地区、本单位紧缺的人才，立即通过各种渠道，采用多种方式，从外地区、外单位（甚至从国外）大胆引进。

（4）凡是本地区、本单位"多余"的人才，在征得本人同意之后，应根据其专业特长和素质条件，及时交流到最能扬其所长的地区和单位去工作，绝不能照顾使用或养而不用。

动用多方力量，广建人脉网

蜘蛛结网不会只向着一个方向，想要拥有完善的人脉网，也要像蜘蛛一样选择不同方向动用多方力量来结成。

1. 多交朋友

拓展人脉的关键就是认识更多的人。人们大多都是生活在一个既定的生活圈子内,如果你接触的是同一群人,你的成长是有限的;如果将自己限在很小的社团内,只会让你觉得枯燥无味,沉闷寂寞。所以,参加新的社区活动,扩大你的社交圈,就可以结交各个阶层的朋友,不但让你的生活多姿多彩,而且能扩大你的视野与见识。

如果你能够不断扩大你的生活圈子,你的交友层次也就会不断提升;如果你能够勇于尝试新的事物,你就能突破内心种种的困难和障碍。

你必须借助"中间人"的力量跨出自己的生活圈子,必须接触不同类型的人,因为不同类型的人会带给你不同的刺激,不同的刺激会带给你不同的灵感,让你在你的领域里能够占有更大的优势。

2. 借助父母关系网

对于部分年轻人来说,也许父母的关系网可以帮助他们办成大事。一般来讲,年轻人涉世不深,很少有成熟的社会关系。然而,从另一方面讲,他们又面临着各种各样需要解决的问题,升学、就业、创业或者是婚姻大事。要解决这些问题,除了朋友有限的帮助之外,最好的办法莫过于使用父母的关系网了。

当然,也许有人对于使用父母的关系网不屑一顾,他们认为这样做就像依靠父母一样,有些不光彩。其实,抱有这种心理完全没有必要,因为没有人可以创造出自己所需要的一切资源,也没有人可以单枪匹马解决个人发展中的任何问题。既然自己的朋友关系可以使用,那么父母的朋友关系为什么就不能使用呢?

经验告诉我们一个真理:向专家和领导求教,比向一般人求教更容易;向长者求教,比向你的同龄人求教更有效。因为大多数的专家、领导,在被问及任何意见时,都会有一种责任感和荣誉感。甚至一般的长辈,被年轻人请教时,也非常愿意把自己的人生经验和收获得失与年青一代分享。

因此,要想靠父母的关系网办事,就先安排点时间去拜访"父母的老朋友"吧。平时多去拜访父母的老朋友,多与他们交流沟通,加深感情,关键的时候他们就会拉你一把。即便他们对你求助的事情无能为力,他们也会为你提供有效的建议，给你更多的鼓励和支持。

3. 依靠爱人的关系网

依靠爱人的关系网办事，在现代社会中也变得越来越突出了。所以，你有必要了解爱人的关系网，或帮爱人建立起个人的比较实用的关系网。当有事需要帮忙时，在双方的关系网中很容易就能找到目标对象，然后再采取各种策略，求其帮忙。

爱人之间要相互鼓励建立关系网，并且利用自己的智慧帮助对方更好地去建立关系网，这样才能更好地求人办事。

在中国这样一个重视人情礼仪的社会里，人脉关系起到的作用是相当大的。有人脉就好办事，有关系就好说话。因此，若要做事就要善于建立和利用人脉关系找靠山，这样创业就顺利得多了，即使是遇到困难也能寻求到帮助。

用客户"生产"客户

世界一流推销大师金克拉销售他的产品时，总是会准备好两张纸。就是这两张纸，却是金克拉成功的最大奥秘。

金克拉手上的一张纸上，满满当当地写着许多人的名字和别的东西；另一张纸则是一张完全的白纸。这样的两张纸有什么用呢？

原来，那张有字的纸是他曾经的顾客的推荐词或推荐信，当有顾客对他的产品不感兴趣或是拒绝接受时，他会说："××先生／女士，您认识杰克先生吧？您认识杰克先生的字迹吧？他也是我们的顾客，他用了我们的产品很满意，他希望他的朋友也享有到这份满意。您不会认为这些人购买我们的产品是件错误的事情，是吧？"

"您不会介意也把您的名字加入他们的行列中去吧？"

有了这个推荐词，金克拉一般会取得戏剧性的效果。

那么，另一张白纸是做什么用的呢？

当成功地销售一套产品之后，金克拉会拿出一张白纸，说："××先生/女士，您觉得在您的朋友当中，还有哪几位可能需要我的产品？"

"请您介绍几个您的朋友让我认识，以便使他们也享受到与您一样的优质服务。"然后把纸递过去。

85%的情况下，顾客会为金克拉推荐2~3个新顾客。而金克拉就通过这张纸上宝贵的"数据库"资源，获得这些人的联系电话，与他们取得联系，介绍自己的产品。

金克拉采用了很聪明的营销手段获得顾客。其实说白了，金克拉就是借助了某几个顾客的人脉影响力，从而扩散自己的顾客群。

市场就是一个又一个消费者构成的消费群体，而非一个又一个单个的人。这是因为，人与人之间存在着千丝万缕的联系，你和我是朋友，我和他是朋友，他又和她是朋友……所以，当你争取一个客户时，你不能认为只得到了一个客户，而是得到了一大片市场，因为在这个客户的影响下，会有很多人成为你的客户。因此，我们更应当重视每一个顾客身后的"潜在顾客"们。如果创业者想要扩大自己的品牌影响力，就不能不在意这几个因素：

1. 服务的品牌形象，具有群体传播的功能

优秀的文化，大多在群体的交流中得到传播与承载，同样，一个好的服务与良好的品牌形象，也大多在群体中得到传扬。忽视任何群体中的一个小小的分子，都有可能让你失去在整个群体中树立起来的形象。

2. 品牌即人，个人就是市场

品牌，代表的是一种集体的认同度。谁的服务做得好，谁就更容易建立顾客的品牌忠诚度，做品牌，说到底是做人的学问。每一个独立的个体都是某个群体的缩影，个人的背后，站着一片巨大的市场。

3. 重视每一个个体，意味着重视所有顾客

人常说，一个人是对的，整个世界就是对的。每个人的小世界和集体的大世界是息息相关的，服务好每一个个体，实质上是对整个消费群体的尊重和负责。

如果能做到这些，相信仅是通过口口相传就能"生产"出更多客户来。

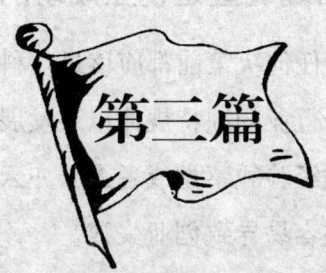

第三篇
捕捉商机：只要用心，无处不在

准确调研，认真评估项目

科学的市场调查是创业成功的关键

创业初期，创业者在做任何决策前都应该进行科学的市场调查，充分了解将要"一展拳脚"的这个行业的独特规律以及发展趋势。如果创业者不深入进行市场调查，而只是凭经验凭感觉或者人云亦云盲目跟风，这种不经过调查分析所做的决策，往往容易导致创业失败。

所谓市场调查，就是对某一产品或服务的消费者，以及市场营运的各阶段进行调查，有目的地、系统地搜集、记录、分析及整合相关资料，了解市场的现状及其发展趋势，为市场预测和营销决策提供客观的、正确的资料。

市场调查对创业起到什么样的作用？又会怎样影响企业经营呢？我们不妨来看一看这个例子：

享誉全球的大品牌可口可乐在20世纪80年代中期出现过一次极具毁灭性的"失误"。

1982年，老对手百事可乐对可口可乐发动了新一轮的市场攻势，这一回，百事可乐的销量一路上升，已经威胁到可口可乐的传统霸主地位。为了扭转劣势，可口可乐公司决定进行一次深入的市场调研，以便发现问题，找到对策，解决危机。

这一次的市场调研中，设计了诸如"你认为可口可乐现有的口感如何？""想不想尝试一下新的口感？""如果可口可乐的口感变得柔和一些，你是否能接受？"等一系列问题，公司希望通过这次市场调研，了解消费者对可口可乐口感的评价，以便开发新口味的可口可乐。根据市场调研的数据显示：大多数消费者表示接受新口味的可乐。

于是可口可乐公司以此为依据，开始研发新口味可口可乐。新口味可口可乐正式推向市场之前，可口可乐公司又进行了口味测试。结果让决策层更为放心。这次市场调查的数据显示：新可乐应该是一个成功产品。

1985年，可口可乐公司举行了盛大的新闻发布会，并在会上隆重宣布：新口味可口可乐取代老可口可乐上市。

然而，实际情况却是：在新口味可口可乐上市之后，可口可乐公司遭到了人们的严厉指责，人们认为新口味可口可乐是对美国的一个象征的背叛，甚至有人成立"美国老可口可乐饮用者"组织来威胁可口可乐公司，如果不按老配方生产，就要提出集体控告，有的消费者甚至扬言再也不买可口可乐。仅仅过了3个月，新口味可口可乐计划就以失败而告终。

市场调查是企业制定方针策略的依据，是非对错需要由市场来验证。这一次的市场调研中，可口可乐公司却忽略了最关键的一点：对于广大消费者来说，可口可乐背后所承载的传统的美国精神才是他们最主要的购买动机，新口味可口可乐的出现，无疑是对美国精神的一种背叛，这次市场调研失败的最主要原因就在于此。

市场调查是创业的前奏，是制订战略方针的基础，可供参考的调查方法主要有两种：一是委托专门的市场调查公司，二是由自己一手操办。但总体来说，不管是找人操办还是亲自操办，市场调查的实施方案大致相同：

1. 确定明确的市场调查目标

市场调查是为创业者做市场预测和经营决策提供科学可靠的依据。这就要求创业者首先要明确："我为什么要做市场调查？我要了解哪些情况？我要解决哪些问题？"不少创业者由于目标模糊，对市场调查的设想显得杂乱无章。这就要求创业者必须对症下药，在进行正式的市场调查之前，要先通过网络、各类报刊、统计部门、行业协会公布的信息等方式，有效地收集整理相关的二手资料。这样就能够在明确目标的指导下，为市场调查做足准备工作，而在具体调查中，消费者也乐于配合，创业者的市场调查设想也显得井然有序。

2. 设计具体的调查方案

创业者在制定明确的市场调查目标后，接下来的一个步骤就是将为实现这一目标设计一个具体的方案。一个切实可行的市场调查方案一般包括以下几个方面的内容：

（1）调查要求与目的。这是每次市场调查最基本也是最为关键的问题。不管准备从事哪一种创业项目，都应该将需要了解的相关信息具体落实到方案上。

（2）调查对象。通常情况下，市场调查的对象一般为消费者、零售商、批发商。

（3）调查内容。创业者可以根据市场调查的目的来拟定明确的调查内容。调查内容要求条理清晰、简洁明了。避免主次不分，内容烦琐。

（4）调查样本。

（5）调查的地区范围。

（6）样本的抽取。

（7）资料的收集和整理方法。

与企业在做决策前都该做市场调查一样，创业者在决定创业项目时，更应该进行科学的市场调查。科学的市场调查是创业成功的关键，决策正确与否，关系到创业的成败。不少创业者因为一个错误的决策导致全盘皆输，但愿更多的创业者能够认识到市场调查的重要性，认识到科学的市场调查是创业决策的好帮手，真正重视市场调查，在激烈的市场竞争中不断取得胜利。

市场调查的3个阶段

具体来说，创业者进行市场调查一般分为3个阶段，分别是：前期准备阶段、正式调查阶段、信息处理阶段。

1. 前期准备阶段

前期准备阶段又可分为明确调查主题、拟订调查计划、调查人员培训、试探性调查等阶段。

（1）明确调查主题。创业者在调查之前要在综合分析的基础上，确定好调查主题。调查主题一般要根据调查的目的，并经过初步情况分析后加以确定。初步情况分析主要是为了确定调查主题，使调查更具有针对性，并对与公司创建相关的内外部环境进行初步了解。

（2）拟订调查计划。调查计划包括：明确调查的目的；确定调查对象；选择调查和收集资料的方法；明确调查日期，特别是完成时间；做出调查经费预算及规定作业进度安排。

（3）调查人员培训。调查人员的素质对调查质量影响重大。因此，必须确定合适的人选并采取有效的方法进行培训。

（4）试探性调查。调查人员根据调查主题，应在小范围内作一些试探性调查，如访问有关专家、中间商和推销员，征求用户和销售人员的意见等。

2. 正式调查阶段

（1）设计样本计划。样本计划就是描述选择这个样本的过程与方法。一种方法是使用随机抽样。这里，总体里的每个组成部分都以一个已知且同样的概率被选在样本里。在要表明样本代表总体的程度时，一般使用随机抽样。另一种确定样本的方法是非随机抽样。在非随机抽样中，研究总体中每个组成部分被抽中的概率是不同的，而且也是未知的。样本设计还包括确定样本大小以及选择适当方法以确保样本结果的准确性等。

（2）组建调查机构。调查机构的组建可以由内部的专业人员来完成，也可以直接委托外部的专业组织来进行调研和分析。另外的选择就是，与外部的研究专家联合形成课题小组或请他们完成课题的某一部分，如进行抽样设计或提供特殊的资料分析手段等。

（3）调研资料的搜集。市场调查的各种资料，可分为原始资料和外部资料两大类。原始资料是从实地调查中所得到的第一手资料；外部资料是从他人或其他企业取得的、已经积累起来的第二手资料。使用二手资料的好处是可以借鉴其他公司的成功经验，同时也能节省经费，提高效率，应该作为主要的资料搜集手段。

（4）现场实地调查。即现场收集资料。现场调查要把调查人员分工，并掌握调查进度，保证调查质量。

（5）确定调研分析方式。在具体调查之前，调研者一定要预先考虑对每个数据将进行何种分析以及作何种检验，模拟问题答案，然后对模拟的答案进行分析。因此，调研者必须在开始收集资料之前判断将要收集什么类型的资料，或需要什么样的结果才能达到研究目标而且也适宜提出决策建议。一旦资料收集完毕，再补救就晚了。

（6）经费预算和时间安排。调查进行之前，还要事先对调研经费进行预算，并估计研究的价值，进行成本—效益分析。在做费用估计时，可以根据研究阶段或费用类型估计，如劳务费、问卷费、差旅费、设备使用费等。另外要考虑的是时间因素。调研组织者要对整个调研在时间上做周密的安排，规定每个阶段要达到的目标或任务。有效的时间安排可以使调研管理更方便，而且也便于调研资料的分类。

3. 信息处理阶段

（1）整理资料。市场调查获得的资料，大多数是散乱无序的，有时难免出现虚假、差错、短缺、冗余等现象，甚至包括调查人员的偏见，难以反映调查问题的特征和本质。因此，必须对资料进行整理加工，使之真实、准确、完整、统一。整理资料，就是运用科学方法，对调查资料进行编校和分类，使之系统化、条理化。这一过程十分重要。

（2）提出调查报告。资料的整理和分析是提出调查报告的基础，而提出调查报告则是市场调查的必然过程和结果。调查报告由以下几个主要部分组成：

①前言。主要说明调查的目的，调查过程及采用的方法。

②正文。根据搜集的资料，进行准确的分析，做出结论与工作建议。

③附件。主要是报告正文引用过的重要数据和资料，必要时可以把详细的统计图表和调查资料作为附件。

创业者需要注意的是，调查报告应力求客观、简明，用资料、数字说明问题，切忌主观臆断，并且要及时准确地完成，以指导实际工作。

预测未来市场需求的5种方法

由于市场环境的不同，情报资料来源、可靠性和类型的多样性，以及预测的差异，产生了多种不同的市场需求预测方法。常用的预测方法包括以下5种，创业者可以借鉴一下。

1. 经营者意见法

经营者意见法是利用群体讨论的方式，首先组成专家小组，然后定期集会共同讨论、共同作预测，希望能从讨论中得到一致的看法。使用经营者意见法时，通常将财务、采购和销售等部门的管理人员聚集在一起举行会议，共同对预测事项进行讨论。有些公司在开会之前会准备一些相关的背景资料供与会者事前参考，这样可以使讨论更深入地进行，也往往能取得极佳的效果。

2. 购买者意向调查法

购买者意向调查法是通过直接询问潜在购买者的购买倾向和意见，据以判断销售量的一种预测方法。此法由于能够直接了解潜在购买者的意向，而他们又最清楚自己未来的购买量，因此，如能获得完整资料，预测的准确性就比较高，所以多用于需求较稳定的生产资料市场的预测。

对以下3类顾客而言，购买者意向调查法比较有效：购买意向明确清晰的购买者；意向会转化为购买行动的购买者；愿意把其意向告诉调查者的购买者。

对于产业用品，创业者可以自行从事顾客购买意向调查。对于耐用消费品，如汽车、家具、家用电器等的购买者，创业者一般要定期进行抽样调查。另外，还要调查消费者目前和未来个人财力情况以及他对未来经济发展的看法。通过统计抽样选取一定数量的潜在购买者，访问一些购买者的有关部门负责人，以此获得第一手资料和一些相关资料，创业者通过综合分析，就可以对其商品的市场需求有一定程度的了解。

3. 时间序列分析法

对于一个已经经营了一段时期的公司而言，可以根据前段时期的销售状况来预测未来的销售发展趋势。这首先要通过统计分析方法，证明历史的销售数据确实具有连续性的因果关系，然后才可以此为基础来预测未来。

来润公司是一家专营销售电视机的公司。2009年，该公司售出20000台电视机，其想根据时间序列分析法计算出2010年3月的预计销售量。其已知销售量的长期趋势是每年递增6%，因此，2010年的总销售量估计为212000台。但是由于经济周期的影响，预计2010年经济形势将进一步好转，销售量达到正常情况下的120%，即254400台。如果每月的销售量相等，那么，月平均销售量应为21200台。然而，3月通常是销售淡季，季节指数为0.9，因此，预计3月的销售量为21200×0.9=19080台。

4. 销售人员意见法

调查本公司销售人员的意见不失为一种可行的预测方法。因为处于第一线的销售人员经常接触顾客，对市场行情有深入的了解，他们对未来的市场需求走向和销售量的起伏，往往可以提出宝贵的意见。

采用这种调查方式，可以根据具体情况的不同，采取个别判断、群体讨论或问卷调查的方式；调查对象也可依情况分别调查销售员、销售主管或经销商。

5. 专家意见法

专家意见法是以专家的经验和判断进行预测，此法又名德尔菲法。其具体做法是向选择的预测专家分别发函或调查表，提出问题，并提供进行预料的各种资料，要求专家背靠背地按照自己的想法提出预测意见，由预测组织者把专家们的意见汇集、整理后，再把不同的意见及其理由反馈给每位专家，这样多次反复整理，逐步缩小各种不同意见的差距，得到基本上趋于一致的预测结果。

进行有效的市场分析

对产品的市场现状调查分析是准确定位的一个重要步骤,一个全面、有效的市场分析主要包括对于市场现有状况调查、产品与竞争者、顾客消费能力及市场未来消费变化趋势等多方面的认识与解析。

1. 市场发展现状调查分析

商场如战场,孙子曰:"夫未战而庙算胜者,得算多也;未战而庙算不胜者,得算少也。"意思是,凡是在未开战前,就以预计获胜的,是由于筹划周密的缘故;未开战就预计不能取胜的,是由于筹划不周的缘故。

对于初创业者,首先应进行市场调查,主要包括地理环境、商业业态、交通、人口、当地政策环境、各方面法规等。然后按照调查、分析、筹划3个步骤进行整合,来确定一个切实可行的商业计划书。这份书面报告对于坚定投资者信心,后面的筹集资金都是有利的书面证据,所以应特别重视。

在区域市场的选择上,一旦确定,就要对区域市场现有规模、市场饱和程度、现从业者的市场营业额等情况进行预估。对于刚刚进入行业的人来说,可以向一些业界人士求教,然后进行小范围内的市场调查,尤其对所在城市的市场必须作为重点研究。对于具有多年开店经验的人来说,则可以省去前面的环节。

2. 产品与竞争者分析

孙子曰:"知己知彼,百战不殆。"在商业竞争中,只有了解自己的情况,又能知道竞争对手的情况,才不会有危险。要了解你所主打产品的品牌信息,这样才能够准确把握市场需求。

可口可乐和百事可乐是世界上两大生产可乐的饮料公司。但随着一些新型饮料在各地市场上的出现,两大巨人开始面临来自行业内竞争对手的挑战。这些规模不大的饮料公司生产的产品,品种多、口味全,从矿泉水、饮料、啤酒,到水果、蔬菜类营养汁和原汁饮料,应有尽有,已经开始侵占两大可乐公司的市场了。

这些小饮料公司生产出了上千个品种的各类饮料，其花色品种可使消费者尽情选购和品尝，满足了消费者的多种需求。仅1991年一年间，消费者喝掉的不同类别、品牌的饮料价值达13亿美元，其中包括瓶装冰镇茶、咖啡、矿泉水、汽水、果味水、果汁及运动型饮料。

在可乐市场上，1991年的全球可乐消费量是122亿加仑。但是，从相对于各类其他饮料销售量10%的增长来看，可乐这一年的消费增长率却减少了1.5%，可乐公司的软饮料帝国形象出现了衰退的迹象。

为了重新挽回可乐公司在饮料王国的地位，可口可乐公司决定对一种采用了二三十年的泪珠形瓶子进行重新包装，以便能更好地与其他公司竞争。他们还充分利用小公司的优势，比如与耐斯特尔公司一起开发一种方便饮料。

百事可乐公司也采取了相应的策略，在市场上销售阿佤伦牌矿泉水、冰镇茶（与利普顿公司合作）和果汁（与奥西恩·斯普瑞公司合作）。百事可乐的斯书特曾说，公司的长期战略目标的一个重要组成部分是开发出各种可供消费者选择的饮料，从而打败那些小饮料公司的竞争。

无论是行业中的领跑者，还是挑战者，他们都随时可能面临着竞争——既包括对方的竞争，还包括来自其他小企业的竞争。市场竞争激烈，创业者必须时刻处于竞争态势，充分分析行业竞争环境与竞争者的竞争行为。调查分析竞争对手的目的是了解竞争对手在市场中的战略和策略，洞悉竞争对手的变化如各种营销政策，促销方案，总结和感悟出竞争对手在市场中的经营规律，分析如何战胜竞争对手，及自己的经营策略。

3. 顾客消费能力与消费习惯分析

创业者创业前要认真研究区域内的核心顾客群，研究他们的消费能力、购物习惯等。目标顾客消费能力的高低，很大程度上影响你的经营定位。另外当地消费习惯很重要，如经常到夜市、普通市场的顾客，一定是想买到便宜、打折的商品，多习惯砍价。而到一些知名品牌店的顾客，多是注重品牌，而非价格因素。

4. 对未来发展趋势的分析

在了解市场现状的同时，也应当对未来的创业策略做未来市场的趋势调查分析。通过对未来市场发展的规模发展趋势的分析，为未来企业的发展速度、布点及网络扩展提供重要的参考。

因此，对于创业者而言，应该对通信市场未来5年的发展趋势进行预估，并且做出相应的策略调整。如果市场即将进入稳定高成长阶段，快速而全面的经营策略应当是较好的选择；相反，如果市场即将进入萎缩阶段，那么对于创业者来说，采取较为稳妥的扩展计划则是最佳选择。

创业前要斟酌哪些市场要素

21世纪是流行创业的世纪，自己当老板成了许多人实现创业梦想的重要手段之一。然而，你能经营什么项目？涉足什么领域？在创业之前需要考虑哪些市场要素？对于一个创业新手来说，熟悉了解市场要素是必备的功课，不打无准备之战乃是一条普遍法则。下面我们从大的方面来看看需要注意的市场要素有哪些：

1. 市场环境要素

市场环境要素包括国家相关政策以及法律法规。主要是调查你所经营的产品有无相关限制，了解所经营项目所属行业的现有状况和发展趋势以及行业规则。比如，创业者要开一个足疗店，就应该了解该行业国内及本地区的发展状况，流行趋势和先进的足疗产品，该行业的经营手段和管理体系怎样。进入一个新行当，要应充分了解和掌握该行业信息，这样，才能有助于让创业者尽快实现从外行到内行的转变。

2. 市场需求要素

对于创业者的创业项目，要了解它的市场需求状况，要清楚它的市场饱和程度。比如创业者要开一家美容美发店，就要调查一下当地市场对美容美发的需求量，了解消费者的需求水平。同时，也要看当地有无相同或相类似的产品，是否市场已经饱和。

3. 消费者情况要素

顾客是上帝，因此消费者是最重要的市场要素。关于消费者情况调查包括两个方面内容：一是需求调查，例如购买某种产品的顾客大都是些什么人，他们喜欢的种类和能够接受的价位等。二是消费者的分类调查，重点了解顾客的数量、特点及分布，明确目标顾客，了解他们的购买习惯和特征（目标顾客的大致年龄范围、性别、用钱标准等），以及购买动机、购买心理等。

4. 市场竞争要素

在开放的市场经济条件下，竞争日益激烈。不管创业者的创业项目是全新的还是有人早已经营，竞争对手都是少不了的。因此在创业前，一定要了解竞争对手的情况，包括竞争对手的数量、规模，以及分布与构成，只有充分了解竞争对手的相关情况，才能有的放矢采取一些竞争策略，确保创业成功。

充分了解这些比较宏观的市场要素之后，下一步应该详细分析一下创业前应该考虑的一些具体事宜。

1. 了解创业的成功率，做好心理准备

每天都会有雄心勃勃的创业者加入创业大军，然而很多人早早就败下阵来。创业的成功之道，"技术"是基本生存条件：真正能够在激烈的竞争中站稳脚跟，充足的竞争力是不可或缺的；留意市场讯息，关注新形态消费文化及特性，才能在消费者偏向理性思考的情形下取得创业的成功。

2. 结合自身情况，采用合适的创业方式

是单枪匹马、独自一人创业？还是与人合伙？抑或是入主加盟体系，借助总部的模式创业？专家认为，如果所进行的项目，与过去工作经验有关，并曾担任销售管理职务，可考虑独立创业。如果没有经验，那么选择合适的加盟体系，从中学习管理技巧，也不失为一种创业的好方法。

3. 做好市场要素调查，确保创业成功

俗话说：没有调查就没有发言权。创业前一定要认真进行市场要素调查。有的人一看见某某项目有利可图，便贸然加入，殊不知真正创业之后才发现目标市场太小，难以赢利。

创业者一定要避免盲目自大，不要以为自己什么项目都能做，要在对自身资源客观评估的基础上，"有把握"地去做。在创业过程中，创业者们在认真进行市场调查，充分全面地了解市场要素的基础上，应该具体情况具体分析，把握好自己的创业项目的特点，用心经营，将创业之路走得风生水起。

确定你的客户源

确定客户源是创业过程中极其重要的任务之一。所谓客户源，简而言之：你要服务的对象是谁？你准备把你的产品卖给谁？也就是说，创业之前，你必须详细分析消费者的年龄性别、职业收入以及文化背景等，随即根据这些调查结果确定你的客户源。很多创业者在找到合适的项目后就立马开发产品，一门心思等着发财，压根不去了解市场形势和竞争对手，也不去调查自己具体的客户群，还妄想着能够把所有人当作是自己的客户源。例如，你想开家女性鞋店，目标顾客或许是白领丽人、或许是家庭主妇，也有可能是时尚少女，由于受众的不同，则鞋子的款式、店铺的格调等肯定是有所不同的。要确定客户源，就必须对顾客进行细分。不同的标准，有不同的分法。按职业特点可分为：学生、普通上班族、政府工作人员、自由职业者等。按年龄可分为：老、中、青。不同的产品，有不同的受众群，对顾客进行了细分以后，就要根据自己的创业项目来确定主要的目标顾客。任何创业项目在经营时都要细分客户群、找准定位，这也是创业成功的重要因素之一。

林静开了一家颇具藏族文化特色的民族服装店，店里的每一件民族服装都是纯手工成品，都是她亲自走访村寨联络定制的，因此每件衣服的价格自然不便宜，而且还只此一件。这样一来，她把自己店里的客户源确定为对民

族服装有很大兴趣并且具备一定购买能力的人。确定了目标受众后，林静着重向每一位去过西藏或对民族文化有深厚感情的客人宣传当地的服饰文化，并向顾客展示手工刺绣的精妙与灿烂，以及向他们传授如何将民族服饰与现代服装结合穿着的诀窍，等等。

由于小店的货源不完全稳定，客源又十分有限，因此，林静觉得一定要与顾客保持频繁的联系。林静对于光顾小店两次以上的顾客都作了认真记录，留下了他们的联系方式，还细心留意每个顾客购买的服装风格。由于服装店的定位非常准确，加之服务热情周到，所以小店的生意一直红红火火。

故事中的林静，之所以可以将小店经营得风生水起，主要是因为她找准了小店的定位，确定了有效的客户源，并在经营过程中牢牢抓住了这些目标受众。

寻找客户源，确定目标受众，说起来容易做起来难，下面介绍几种行之有效的寻找客户源的方法，以供参考：

1. 介绍寻找法

介绍寻找法是指通过他人的直接介绍或者提供的信息寻找顾客的一种方法。主要方式有电话介绍、名片介绍、信函介绍、口碑效应等。介绍寻找法由于有他人的介绍或者成功案例作为依据，成功的可能性非常大，又加之可以降低销售成本，因而是一种很好的寻找客源的方法。

2. 广告寻找法

广告寻找法的特点是向目标顾客发送广告，以此吸引顾客上门展开业务活动。例如，通过媒体发送某个美白产品的广告，介绍其功能、价格、购买方式等，然后在目标受众群内展开活动。

3. 查阅资料寻找法

查阅资料寻找法即通过查阅资料寻找有效客户，既能减小工作量、提高工作效率，同时也可以最大限度减少寻找的盲目性和客户的抵触情绪，更重要的是，还可以展开先期的客户研究，了解客户的特点，适时提出客户活动针对性策略等。

不过需要注意的是，一定要确保资料的时效性和可靠性。

4. 咨询寻找法

一些组织，譬如技术服务组织、行业组织、咨询单位等，他们手中往往拥有大量的客户资料和资源，通过咨询的方式寻找客户不仅是一个有效的途径，有时还能够获得这些组织的服务和帮助。

5. 交易会寻找法

交易会寻找法是指利用各种交易会寻找准顾客的方法。国际国内每年都有不少交易会，如广交会、高交会、中小企业博览会，等等。充分利用交易会寻找准顾客、与准顾客联络感情、沟通了解，是一种很好的获得准顾客的方法。

6. 各类活动寻找法

企业通过各种活动，比如市场调研活动、促销活动、技术支持和售后服务活动等，一般都会接触到很多客户，在活动过程中对客户的了解会比较深入，这也是一个寻找客户的好方法。

7. 地毯式寻找法

地毯式寻找法又称逐户寻找法或者普遍寻找法。其特点是，在特定的市场区域范围内，针对特定的目标客户群体，用上门、邮件或者电话、电子邮件等方式对该区域内的组织、家庭或者个人无遗漏地进行寻找的方法。

创业过程中，寻找客户、确定目标客户群是非常关键的一步，这是一个随时随地的过程，创业者要在生活中处处留心，多多寻找有效的客户，按照一般信息处理的方法：所有目标对象——接触和信息处理——初选——精选——重点潜在客户——客户活动计划，确立起自己的客户源。

选择最适合自己的商机

挑选项目要认真考量

李孟大学毕业后从事过很多工作，但都因为不太喜欢而放弃。经过一番冷静思考，李孟决定创业。创业的前提是要选择一个好项目，李孟为此颇费脑筋。

经过长时间的调研，李孟决定搞园艺开发。一则因为他喜欢伺候花儿草儿，对园艺有着相当浓厚的兴趣，更重要的是他对此有着丰富的经验，因为他之前工作之余也曾搞过绿化种植和绿化装饰设计。于是，他和同厂下岗职工自筹资金，选择在浦东新区杨思租了6亩土地，办起了园艺场。到目前为止，他们种植了包括7个大棚，2间暖房在内的6亩地的盆花和观赏植物，花卉品种达百余种，拥有30多家固定客户，资产近200万元。

现在的市场竞争愈发激烈，就业形势也越来越严峻，有很多人选择自主创业，但创业并不是一件简单易行的事情，譬如说创业项目的选择，就是一件令人颇为头疼的事情。而创业成功与否与项目的选择休戚相关，要想创业取得成功，挑选一个好的项目是必不可少的首要任务，创业者在项目的选择上要针对所在地域的消费人群，他们的消费观念和消费水平来挑选创业项目。

下面将简单地向大家介绍选择创业项目需要注意的3大绝招、5大原则以及5条标准，虽然是创业项目的选择最终是要由创业者自己决定的，但是创业者也可以广泛听取专家、成功企业家的建议，这样可以少走弯路，使自己的决策更具可行性。

1. 选择创业项目3大绝招

（1）选择创业项目时不要跟在别人后面走。

小本经营者，求稳心理较重，往往喜欢跟着别人的套路走，总是走在别人后面的创业者，很难取得成功。

（2）巧占市场盲点。

经济愈发达，社会愈进步，人们的需求就愈细化，因此，创业者应该独辟蹊径，致力于经营人无我有的商品和服务，巧占市场盲点。

（3）眼明手快抢占先机。

经营环境瞬息万变，市场行情经常此一时彼一时。因此要时刻保持清醒，及时对市场变化作出灵敏快捷的反应，抢占先机。

2. 选择创业项目5大原则

（1）选择国家政策鼓励和支持、并有发展前景的行业。

想创业，首先必须要知道哪些行业是国家政策鼓励和支持的，哪些是允许的，哪些是限制的，等等。我们要选择国家政策鼓励和支持，并有发展前景的行业，这样实施起来会比较顺利，而且有时国家还会出台一些优惠政策。

（2）做好筹备工作，进行科学的市场调研。

多数创业者认为，创业是为了赚钱，什么行业赚钱，就搞什么项目，这种想法是极其错误的。创业者必须树立正确的观点，即"企业是为解决顾客的问题而存在的"。因此项目的选择必须以市场为导向，通过进行科学的市场调研，寻找最合适的项目。

（3）做自己擅长的事。

创业需要我们发挥自己的长处，去做自己最擅长的事情，在选择创业项目时，一定要考虑自身的情况，千万不可人云亦云，盲目跟风，要充分发挥自己的优势，只有这样创业才有可能取得成功。

（4）量力而行，从小事做起。

创业是一种有风险的投资，尤其对于初创业者而言，应该尽量避免风险大的项目，遵循量力而行的原则，从小项目做起，先赚小钱，再赚大钱，一步一个脚印。

（5）要坚持创新。

创新也是创业成功的关键。管理大师汤姆·彼得斯认为"商业世界变化无常，持续创新才是唯一的生存策略"。在选择项目上，要做到"人无我有，人有我新，人新我优"。只有这样，创业之路才会走得更远。

3. 选择创业项目的5条标准

（1）挑选自己感兴趣的。

兴趣是最好的老师，创业者只有对某项事物感兴趣，才会更容易做好，并且会事半功倍。因此，正在艰难选择项目的创业者们，最好选择自己感兴趣的行业和项目。

（2）挑选不违法的。

创业项目要选择国家允许准入的行业和领域。国家对于有些领域是明令禁止的，如制毒贩毒、军火的生产和经营、非法传销，等等；有些领域是有限制条件准入的，如制药、烟草等；有些行业是有资质限制准入的，如大型的建筑安装工程、矿山的开采等。自己所选择的项目及经营要符合法律的规定，否则创业也是要失败的。

（3）挑选现有条件能够赚钱的。

创业的途径有很多，赚钱的门路更是不少。但是，并不是所有的创业项目都能够挣钱。所以，作为一名创业者，在选择创业项目时，一定要看准，根据自己的条件选择最赚钱的项目，这样才能达到专心致志，确保创业成功。

（4）挑选具有可行性的。

项目本身是否可行是创业成败的关键所在。如果一个项目非常好，但是在实际操作中如果不可行的话，那么即使你付出再大的努力最终可能还是要失败。所以，在选择创业项目的时候一定要进行调查分析，对项目的可行性进行预估。

（5）挑存在广阔市场的。

一个项目如果具备了以上几个关键条件，但是如果生产出来的产品没有市场，这样的项目也不是好项目。通常情况下，一个项目的产品没有市场的原因是：产品的质次价高；产品的安全性能不达标；产品的质量不符合标准。所以，创业者们在选择创业项目时，切记要选择物美价廉、安全可靠、产品质量达标的项目。

找最适合自己的而不是最赚钱的

创业是一门大学问，看似热门赚钱的行业未必人人都可以做得来，创业项目本身并没有好坏之分，关键就在于适不适合。以股票市场为例，如果你是一个资深股票投资者，你应该知道，在股票市场上，除非出现一些比较大的意外情况，股票的交易屏上每天都有飘红的股票，甚至涨幅在5%以上的股票几乎在每个交易日都有。面对如此"令人欣喜"的场景，有个初涉股市的青年说："挣钱比捡钱还要容易。"其实，真正了解股市的老股民都清楚，在股票市场上赚钱的永远都是少数真正懂股票投资的人。国外有位投资理论家说过，在股票市场上，10%的人在赚钱，20%左右的人能打个平手，到最后能全身而退，而70%的人都在赔钱。所以，即使是股市上的老手，也有可能赔得一塌糊涂，更何况初涉股票市场的新手呢？

股票市场如此，创业其实也是如此。经商创业需要发挥自己的优点，需要扬己之长避己之短。选择创业项目时，一定要仔细斟酌自身的优劣势所在，切忌看到某个项目最赚钱，就头脑发热扎进自己不擅长的领域而不能自拔。如果对餐饮业比较擅长，就踏踏实实地做餐饮业，而不要去经营汽车配件；熟悉建材业，那就将建材业作为主要发展目标，而不要看到眼下经营化妆品的生意很赚钱就去经营化妆品。在进行创业设想的阶段搞清了这一点，对创业者以后的创业会大有好处。

总之，作为一名创业者，你需要一心一意、全心全意地去做你熟悉、你懂行的行业，千万不要人云亦云，盲目跟风，不要好高骛远，也不要打一枪换一个地方。如果能做到这一点，你创业就很可能会赚到钱。否则，只有站着观看的份儿，弄不好"海"没有下成，反而喝了一肚子"海水"。

实践中，要想寻找到适合自己的创业项目就得靠创业者自己。因为，良好的创业项目，不是到街上走一趟回来就能够发现的，而是要经过长期的考察，加上系统的分析才能够发现的。在寻找适合自己的创业项目时，切记关注以下几点：

1. 搞清楚你面临的市场是什么

寻找适合自己的创业项目，首先需要搞清楚你面临的市场是什么？然后就是你所做的项目在市场中的价值链的哪一端？只有提前确定好自己的市场位置，才能比较出是谁在和你竞争，你的机遇在哪里。

2. 对市场做出精确的分析

确定好你的市场位置之后，接下来你就要开始分析该市场了。你首先应该分析这个市场的环境因素是什么？哪些因素是抑制的，哪些因素是驱动的。此外还要找出哪些因素是长期的？哪些因素是短期的？如果这个抑制因素是长期的，那就要考虑这个市场还要不要做？还要考虑这个抑制因素是强还是弱？只有经过对市场的正确分析，你才能进一步做出更好的选择。

3. 找出市场的需求点

经过一番细致的对市场的分析，你就很容易找出该市场的需求点在哪里，然后对该需求点进行分析、定位，对客户进行分类，了解每一类客户的增长趋势。如中国的房屋消费市场增长很快，但有些房屋消费市场却增长很慢。这就要对哪段价位的房屋市场增长快，哪段价位的房屋市场增长慢做出分析，哪个阶层的人是在买这一价位的，它的驱动因素在哪里？要在需求分析中把它弄清楚，要了解客户的关键购买因素。

4. 及时了解市场的供应情况

在了解了市场需求后，应该及时地了解市场的供应情况，即多少人在为这一市场提供服务？在这些服务提供者中，有哪些是你的合作伙伴，有哪些是你的竞争对手？不仅如此，作为一名创业者，你还要结合对市场需求的分析，找出供应伙伴在供应市场中的优劣势。

5. 寻找如何在市场份额中挖到商机的方法

作为一名创业者，在了解了市场需求和供应后，所应该做的下一步是研究如何去覆盖市场中的每一块，如何从市场份额中挖到商机。对市场空间进行分析的最大好处是，在关键购买因素增长极快的情况下，供应商却不能满足其需求。而新的创业模式正好能补充它，填补这一空白，这也就是创业机会。这一点对创业公司和大公司是同样适用的，对一些大公司的成功的退出也是适用的。对新创公司来讲，这一点就是要集中火力攻克的一点，这也是能吸引风险投资商的一点。

作为一名创业者，若想在市场上获得成功，不但应该知道市场中需要什么，还要了解关键购买因素是什么，以及市场竞争中的优劣势，只有这样你才能找出新创公司竞争需要具备的优势是什么，并可以根据要做成这一优势所需条件来设计商业模式。

总的来说，创业者应该找准适合自己的行业项目，千万不可人云亦云，盲目跟风，否则面临的可能就是创业失败。

标新立异，永远不做大多数

关于经商，日本企业界曾提出这样一句口号："做别人不做的事。"这个观点道出了创业的诀窍所在，那就是：标新立异，永远不做大多数。

旧报纸在常人眼中没有什么价值，而法国人贝利却用自己独特的想法改变了旧报纸的命运。在贝利看来，每个人对自己的生日都很敏感，希望收到特别的礼物，而鲜花、蛋糕等传统礼物，由于其短暂性和普遍性，无法很好地体现生日的特殊性。于是，他创立了一家"历史报纸档案公司"，把旧报纸当成礼品，出售给生日日期与报纸出版日期相同者。从表面上看，贝利卖的只是一个"日子"，却抓住人们追求个性化的心理，同时也抓住了独特的商机。如今，贝利每年可卖出25万份旧报纸。

当今时代是个充满竞争与挑战的时代，几乎所有的创业者们都感觉到创业的艰难。但凡事都有两面，对有些人来说，却是生意越难做，就越有钱赚，因为他们总能棋高一着，靠自己独具匠心的产品和服务吸引顾客的眼球。

"仁者乐山，智者乐水"，登高山如履平地，没有大智慧、大勇气是做不到的。而登山训练出来的大智慧、大勇气使登山者突破了心理障碍，站在了生命的顶峰。"山登绝顶我为峰"，这就是他们的个人品牌主张。

汤姆·克鲁斯演一部电影可获得2000万美元的报酬，因为他有明星效应。畅销书、流行音乐……都依赖明星因素，他们太独特了，不能被复制。

在房地产行业，最重要的3个要素是：地段！地段！地段！在建立个人品牌时，最重要的3个要素是：与众不同！与众不同！与众不同！所以，建立完美个人品牌的第一个要点就是：另类！

有句老话叫作："夫唯大雅，卓尔不群。"什么意思呢？其实就是在告诫我们，无论是做人还是做事，都不应该做大多数。

在许多人的眼里，成功者往往是上帝的宠儿，被赋予了许许多多的成功机遇。然而，殊不知，成功者并非如人想象得是天赐良福，他们的成功大多源自于他们身上总会在不经意间所透露出来的某种另类和禅机。面对事业，他们总是在以一种独辟蹊径的方式，演绎着独一无二的传奇。就像潘石屹那样，凭借着非凡的能力、敏锐的观察力，以及独特的思维方式，义无反顾地踏上了一条"人迹罕至"的人生之路，并留下了一串串坚实的脚印，留给了大多数人去羡慕。

所谓标新立异，不做大多数，就是要凭着你自己对社会的理解和看法去解读世界、塑造生命。这是一种成功的捷径，也许会在你猝不及防的时候给你以惊喜，帮助你成就别样的人生，活出独特的自己。

标新立异，不做大多数，是创业者成功的前提。因为，在看似特立独行的行为轨迹中，我们生命的潜力会得到最大限度的挖掘，而只有我们生命的潜力得到最大限度的挖掘，我们才能拥有更多获得成功的机会。

记得有这样一句俗语讲得非常形象化，叫作"蟹子过河随大流"。不过仔细想来，在生活中，我们是否也曾做过这样过河随大流的蟹子？是否也常常做事缺乏独创性，或是安于现状、无所作为。如果是这样，那么就要多一些敢于尝试的勇气，标新立异，不跟大多数人一样随波逐流，这样就有机会实现卓越的自我、书写精彩的创业传奇。

在自己熟悉的行业中发展

25岁的丹麦青年李曦独自来到上海淘金。这位复旦大学的留学生折腾了大半年后仍一无所获，走投无路之际，老同学提醒他："你不是擅长吹萨克斯吗？干吗不先用它糊口呢？"当天下午，李曦就在上海卡门夜总会找到了工作，每晚演出收入300元。

温饱无忧之后，他开始反思自己商场折戟的原因，觉得就像眼前只能靠吹萨克斯吃饭一样，应当从自己熟悉的行业入手。他想起刚毕业时曾到非洲采访过一个很有名气的木材商，对方曾拍胸脯说非洲的木材不比北欧的差，但非洲的木材价格就是卖不上去。他迅速查到那个木材商的地址，向对方发出传真，对方很快有了反馈。然后，他又打电话给上海几乎所有的木材厂，终于落实了一笔200万美元的合同。一个月后，生意成功，他赚了个钵满盆满。

此后，李曦又将目光瞄向了家乡丹麦的著名产品。他发现，随着上海的进一步开放，越来越多的外国人入住上海，同时许多家庭搬迁新居，如果把高品质的丹麦家具打入中国百姓的家庭，定能填补市场的空白。不久，一组名为"北欧风情"的系列家具迅速占领了上海乃至北京、深圳、大连等地市场。至2000年底，李曦已经创出9亿元的资产。

对创业者来说，可做的项目有很多，但是，真正适合自己的不一定有很多，更何况，由于知识和时间、经历有限，况且又没有太多的时间和条件去学习和实践。基于这个因素，即使我们的活动领域再怎么变动，还是脱离不了原有工作的窠臼。譬如从事销售业的，变来变去还是在销售业里兜转，搞财务的，搞来搞去还是搞财务，所不同的只是从这个圈圈跳到那个圈圈而已。所以，从这个意义上来说，创业者要想脱离打工生涯，走上个人创业之路，应该先从自己原先工作的也就是自己熟悉的行业范围内寻求发展。

初次创业，若选择以前一点认识都没有的行业，或许风险性是大了一点，所以最好还是先从自己能力范围内的行业去发展较为妥当。三五年内能够成功的事业，都值得大家去尝试。但是，大部分的事业在开始时，都是很艰苦的。以开餐馆来说，起先靠的都是亲友的捧场，但如果没有更进一步的改善，不多久，可能就要闲得没事捉苍蝇。因此无论从事任何事业，都要像水泥匠一样，把砖头一块一块地砌起来，如此才会成功。

另外，一定要选择自己感兴趣的项目来做。如果对目前的领域不感兴趣，那么不妨尽早脱离那个领域去追求自己的理想，或者是对于某项事业很有兴趣，也不妨进入类似这种事业的领域去工作，等待时机成熟后，再做自己创业的打算。

总的来说，对于一名创业者，寻找合适的创业机会，一般应该先从自己熟悉的行业着手。想要创立事业，须缜密地做个计划，估测未来的发展前景，看看是否在自己能力范围所及，这样才有成功的希望。

一位成功人士曾这么说过："你一定要做自己喜欢做的事情，才会有所成就。"这句话对创业者们来说可能会有一定的启发性。创业者在创业初期要选择自己熟悉又精通的行业。初期可以小本经营或与股东合作，按照创业计划逐步拓展。企业的发展，"稳健"永远比"成长"重要，刚开始要有马拉松式的耐力及准备，按部就班，不可存有短期化的投机心理。这个时候，企业应先求生存再求发展，打好根基，不可好高骛远。贪图业绩，不屑风险，必然不会经营长久。重视经营，步步为营，打好根基，再求创造利润，进而扩大经营，才是创业发展的长计。

因为行业选择是一项艰难而必须慎重的过程，一旦开始创业投入就是开弓没有回头箭，所以在选择行业时一定要慎之又慎，千万不可执意跟风或追涨杀跌。最好是下点工夫，结合自身的实际情况，眼光放得远一点，这样可能成功的把握就大一些，生命周期长一些。

结合自身条件，成功选择项目

作为一名创业者，选择项目是一件可能会决定其创业成败的关键环节。尤其是对一名初次创业者来说，所选项目的合适与否至关重要。

在面对众多的创业项目信息时，创业者要从自身实际条件出发进行选择。很多项目确实很好，但是其对投资者自身的要求已经超过了投资者的能力范围。这样的选择就得不偿失了。在进行创业项目选择时要根据自身条件，结合性格、兴趣、专长、实力、环境等多方面综合考虑。

1. 根据自身的资本进行项目选择

资本少的创业者可以选择一些最简单的贩卖式的创业方法。如在大城市批发些服装、杂货等去比较小的城市出售。一般情况下对于特色类的东西市场虽小，但是利润还是很不错的。

资本中等的创业者可以选择依靠或者依托别人的现有资本、生产材料等方式创业。如现在很多的国有企业效益不是很好，你可以租赁他们的车间，或者在他们的企业附近生产制造同类产品。只要你的成本低些，自然价格比他们的便宜，这样顾客很有可能会选择购买你的产品或者会选择你为他们的生产提供辅料、配件等。

资本雄厚者可以选择那些同类产品少的、远期前景很好的项目。如环保行业、保健行业、妇幼行业等。这些行业市场的需求很大，但是产品很少或者不够完善，存在很大的发展空间。

2. 根据性格进行项目选择

创业者的性格是创业者是否成功的关键因素。如果创业者的性格是急躁型的，并且一时半会儿修正不了的话，适合做贸易型的项目。一般不要选择生产型的项目，因为生产的项目需要很长时间的市场适应期，需要具有坚强的耐力，需要一个市场对创业者品牌的认知过程。为了确保项目的生存和可持续发展，需要不断地扩大创业者的规模，创业者可能等不了那么长的时间，一旦创业者撑不住的时候，创业者的设备、半成品就一文不值了，创业者必然陷入累累纠纷的泥潭之中了；也不能选择娱乐服务型的项目，因为现在的客户是越来越挑剔了，有时候刁钻的客人会让创业者暴跳如雷，那样客户将越来越少，最终的结果必然是关门大吉。以上两类项目适合温柔耐力型性格的人。当然，创业者如果有合伙人，并且他们的性格能够互补也是可以选择自己性格不允许的项目的。

3. 根据专长进行项目选择

创业者的特长、专业、才智、阅历在某种情况下会成为选择项目的主要根据。这有利于创业者一开始就进入娴熟的工作状态，使创业者的初始创业成功率高出很多；当然，创业者如果具备较高的才智和较丰富的阅历，确认自己能力非凡，哪怕没有什么学历，也可以选择很好地适应创业者的初创项目，也不一定要选择自己熟悉的项目，事在人为，因为创业者在短期内就会熟悉那个行业，这样的成功案例也很多。不主张一个人抛弃自己的专业特长来选择创业项目，要知道具备专业特长且不失才智和阅历的人比比皆是，他们在业内才是真正容易的成功者。

所以，对创业者来说，项目的选择直接或间接地决定着其所创事业的将来，所以，在进行选择时，一定要仔细斟酌，结合自身条件，选择一个适合自己创业的项目。

捕捉信息，在信息中把握机遇

现代经济社会，市场就是战场。谁占据信息优势，提前占领了市场谁就得以生存；谁失去了市场，谁就意味着灭亡。对创业者来说商业信息的作用是举足轻重的，甚至是决定性的。一条重要信息带来巨大效益或救活一家企业的报道曾多次见诸报端，这就证明：信息就是金钱，信息决定成败。

好的产品和营销计划都是从对顾客需求的彻底了解开始的。因此，公司为了生产优异的产品并让顾客满意就需要可靠充足的信息。公司也需要有关竞争者、转售商和市场中其他角色与力量的信息。越来越多的营销人员不仅将信息视为一种对做出较好决策的投入，而且也是一种重要的战略资产和营销工具。

温州人是一群最会创业的中国人,这一点是毋庸置疑的。有个夸张的说法是这样的,温州人往大街上一站,用鼻子左闻闻、右嗅嗅,就能找到赚钱的机会。虽然有的温州人当初创业的时候,是盲目地跟着感觉走,走到哪里算哪里。那是因为改革开放之后的中国到处都充满商机。

1983年前后,温州农民卢毕泽和卢毕良兄弟俩在内蒙古包头经营服装亏了本,回家途中路过北京。兄弟俩走南闯北就是没有进过京城,于是便在北京站下了火车,想第二天看一眼天安门也算到过北京了。走在大街上,兄弟俩发现北京城竟没有他们想象中管治得那么严,街头巷尾到处可见敞着嗓子叫卖的商贩,于是两人索性把打好包的上百件服装打开,也摆起摊来,谁知这一堆在包头卖不掉的衣服却在北京成了抢手货,转眼间就一件不剩了。

"北京的生意好做。"卢家兄弟凭直觉得出了这样的结论。第二天,他们东摸西拐地到了南面的丰台区,租了间农民房,买了一台缝纫机,搭起了裁剪台,就这样开起了一个专门生产时髦温州服装的小作坊。很快,消息一传十、十传百,越来越多的温州老乡尾随而来。

谁善于收集信息、谁善于开发有价值的信息,谁就掌握了商战主动权。作为创业者应该具有眼观六路、耳听八方、审时度势、灵活善变的本领,才能成为商战中的常胜将军。

信息就好像空气一样铺天盖地,无处不在,无处不有,对于创业者来说,这真是一个难题:如何才能从这些多如牛毛又真假难辨的信息中找到真正的商机呢?信息是为决策服务的,也只有当创业者利用信息做出了更好的决策时,营销信息才具有价值。在现代企业中,营销经理们或其他营销决策人员,需要定期的业绩报告、最新情报、有关调查结果的报告,甚至一些针对特殊场合和现场决策的非日常信息来做出营销决策。同时,信息技术的迅速发展,也为营销信息的获取带来了革命性的进步。例如,现在的营销经理可以在任何时间、从任何实际场所直接接触到信息系统，能从公司数据库或外部信息服务公司获得信息。

作为一个创业者，既要善于收集信息，更要善于对来自不同渠道、不同方法获取的信息进行加工、整理、合理保存、有效使用，才能使信息发挥应有的作用。能够对来自各方面的信息资料进行"去伪存真，去粗取精"的处理。去掉虚假的、不确切的成分，留下真实可靠、有用的信息。对信息如此消化、吸收之后，自然就容易发现商机了。在当今这个信息爆炸的时代，对信息的处理也提出了更高的要求。面对海量的信息，企业的处理效率也往往不尽如人意，以至于营销人员经常抱怨缺少足够的合适信息，或者得到太多无用的信息。然而有时更糟糕的是，我们对于营销信息的处理总是不够精细，从而会做出一些偏颇的决策。营销信息处理的精细与否，决定了营销决策的正确与否。

有好多普通的信息人们司空见惯，当然一般的人对此也会视而不见，但如果仔细分析其中蕴藏的商机，也会成为一个赚钱的机会。

有位大学生就利用别人不在意的身边信息，做了一桩漂亮的生意。收购大学生军训后的衣服和鞋子，卖到农村去，消费品市场需求的差异性及层次性决定了他这桩买卖肯定能赚钱。

大学生军训后的军训服和鞋子通常是闲置的，这是大家都知道的信息，没人会细细研究其中蕴藏的商机。但该大学生分析到：军训的服装对经济条件稍好的学生均无用处，而在农村却有广阔的市场，这物美价廉的军装和鞋子做劳动服还是受欢迎的。这种买卖既有供应者大学生又有顾客农民，而且几乎没有竞争者。于是，他以平均单价10元收回来几百套军训服，以21~25元的价格卖给家乡的村民，仅用了两个月的时间就把军训服全部卖完了。

法无定法，万法归宗，创业者要广辟信息渠道，善于发掘获取最有价值的信息。因为有时候，一句闲话、一丝灵感、一个点子就会改变一个创业者的命运。

只要用心发现，商机无处不在

在生活中寻找机会，从细节中挖掘财富

"泰山不拒细壤，故能成其高；江海不择细流，故能就其深。"想成就大事的创业者很多，但能够把小事做细的人很少。我们不缺少雄韬伟略的战略家，缺少的是精益求精的执行者；我们不缺少各类管理的规章制度，缺少的是规章条款不折不扣地执行。所以创业者要想创业成功，应该改掉心浮气躁、浅尝辄止的毛病，提倡注重细节，把握细节，做好细节。

要说创业的成功是由许多细节累积而成的，有的创业者或许不以为然。事实上，只要对你周围的人与事稍加注意，你就会发现细节是多么重要。

对于个人而言，无论是说话、办事，还是做人，任何一个小细节都可能产生巨大的影响。一个不经意的细节，往往能够反映出一个人深层次的修养。展示完美的自己很难，需要每一个细节都完美；但毁坏自己很容易，只要一个细节没注意到，就会给你带来难以挽回的影响。

无论是生活还是工作中，每个人都离不开细节，细节是成败的基础，是成功的引导者。在创业上，细节的重要性也是非常大的。一些成功的创业者就是从细节中挖掘到一笔笔财富的。

阅读是李嘉诚的习惯，特别是塑胶行业类的杂志，他一定不肯放过。1957年初的一个晚上，李嘉诚正埋头在灯下阅读新一期的英文版《塑胶》杂志，突然，一小段消息让他兴奋起来：意大利某公司利用塑胶原料制造塑胶花，全面倾销欧美市场。这给了李嘉诚极大的灵感，他敏锐地意识到，人们在物质生活有了一定保障之后，必定在精神生活上有更高的追求。而种植

花卉等植物，不但每天需要浇水、除草，而且很快会凋谢，这与当时快节奏的生活和工作方式很不协调。如果大量生产塑胶花，完全可解决以上的问题。于是李嘉诚预测塑胶花肯定会在香港流行，马上亲自带人赴意大利的塑胶厂去"学艺"。

回来之后，李嘉诚不仅牢牢占据了香港的塑胶花市场，他还开拓并逐步稳固了欧洲市场。趁着这股风靡全球的塑胶花浪潮，还将眼光转向北美地区。塑胶花为他赚得了人生的第一桶金，他也因此赢得了"塑胶花大王"的美誉。

杂志上的一小条消息，却催生出了上千万的大生意，这是常人发掘不了的。凡事做有心人，不放过细节，是李嘉诚教给创业者的又一条生意经。

现实中的一个个实践都是由细节积累起来的，创业者们只有注重细节，把一点一滴都注意到了，自然而然，也较容易获得大的成功机会，正所谓"细节决定成败"。所以，对于一名创业者来说，无论从事什么项目，都应该从点滴入手，从细节入手，拥有一双善于从细节中挖掘财富的眼睛。

市场并不缺少机会，而是缺少发现。没有一个市场是天衣无缝的，因为新需求不断在产生，市场是不断变化的，总会存在机会。如果创业者能够抓住别人没有发现的细节，就能赚取别人赚不到的财富。

在20世纪60年代末，米勒啤酒公司在美国啤酒行业排名仅仅处在第八位，市场份额仅为8%，与百威、蓝带等知名品牌相比，差距十分明显。为了改变这种现状，米勒公司的领导决定进行严谨的市场调查，进行市场细分，从而找出战胜对手的机会。通过调查发现，若按使用率对啤酒市场进行细分，啤酒饮用者可细分为轻度饮用者和重度饮用者，而前者人数虽多，但饮用量却只有后者的1/8。

随着进一步调查，他们还发现，重度饮用者有着以下特征：多是蓝领阶层；每天看电视3个小时以上；爱好体育运动。米勒公司决定把目标市场定在重度使用者身上，并果断决定对米勒的"海雷夫"牌啤酒进行重新定位和包装，改变宣传策略，加大宣传力度。到了 1978 年，这个牌子的啤酒年销售达 2000 万箱，仅次于百威啤酒，在美国名列第二。

创业者如果能够先于竞争对手捕捉到有价值的细节，通常就可以抢先获得持久的竞争优势，就可以比竞争对手更好地适应买方真实的需求。因此，创业者需要做的就是瞄准用户需求，挖掘新的市场机会。寻找潜在的机会，可以从以下几个问题着手：是否存在顾客需求但是目前市场上仍然没有的产品；改进的产品能否完成附加的功能；是否存在将服务和产品整合出售。市场无处不在，细节之处有商机。成功的创业者要善于抓住市场细节，从而为企业创造竞争优势。

从新闻事件中嗅到商机

当今时代是一个信息时代，创业者只要留心，报纸、杂志、广播、电视、网络等媒体每天发布的大量新闻信息中往往蕴涵着一定的商机。

新闻是对客观事实的报道，创业者如果能练就一双"新闻眼"，能从新闻中看出"门道"来，对报道的事件的发展趋势有个比较准确的判断和预测，做到未雨绸缪，就能抓住商机捷足先登，成功创业。

2003 年，关于"非典"的报道成为几乎中国所有城市的新闻焦点，其强热度甚至一度超过了对美国与伊拉克的战争事态的报道。就在全国人民为之动容之时，国内一些企业纷纷抓住这个"非典"具有强烈感染力的社会时事，迅速推出了新型产品和与之配套的宣传战略。

作为保健品业界策划水平一流的养生堂公司就是其中的一个。它于 2003 年 4 月 23 日率先向国家卫生部捐赠价值 500 万元具有提高免疫力的新产品——成人维生素；同时向一些隔离区的医护人员大批量赠送其代表产品——龟鳖丸。同时，电视、报纸等媒体在每次的广告宣传中，养生堂都紧扣这张公益牌，争取社会各方面的支援和信任，在全国上下的媒体进行消费教育和消费观念引导后，短短几天之内，其提高免疫力的产品龟鳖丸曾一度卖断货，其新产品成人维生素也取得较大的市场份额，同时，也真正拉开了国内维生素市场大战的序幕。经过这一次事件以后，国内消费者日常保健意识逐渐增强，健康习惯慢慢养成，尤其对维生素的认识更加增强，为养生堂新产品成人维生素进入市场无疑节省了一大笔广告费用。

养生堂之所以得到了长足的发展，就是因为它们嗅到了新闻时事中可以捕捉的机会，并开展了各式各样的公益活动来进行宣传，通过宣传战略巩固了企业的形象，并笼络了消费者的心。

"非典"时期，很多企业都利用这一突发的新闻事件抢先迈出了一步，既为抗击"非典"做出了贡献，自身又得到了品牌提升。然而有些企业却麻木迟缓，最典型的当属北京一家生产"生活源免疫调节口服液"的企业，其产品功能是卫生部批准的免疫调节类保健食品，在一家家产品都往提高免疫力上胡靠乱靠时，这家企业连产品名字都带"免疫调节"却一直默默无声，这家公司董事长对此解释："我已是上了年纪的人，60岁的人反应还能不迟缓，谁见过这种场面？我一贯做事小心谨慎，也就在黑夜当中打了个盹。这个盹打得堂堂正正的，合法的免疫调节的姓名都没有去提，好端端的一个产品没有卖好，以致失去机会。"

"非典"是一个非常事件，如果创业者能够把握住其中的商机，必然会对自己产生"非常"的影响。所以，在面对偶尔发生的社会危机时，创业者不要一味地唉声叹气，感叹时运不济，须知道如若处理得当，很可能成为自身企业迅速发展的一个拐点。可以肯定的是，"非典"过后，有的企业得到了迅速崛起，有的企业则死于"非典"！二者之间之所以会有如此大的差别，就在于面对这种新闻事件，各个企业在市场运作上的不同，即是积极地应对，还是消极地观望等待？也就是说，在重大新闻事件中倒下去的企业，往往不是被新闻事件所打败，而是被自己所打败！

有远见的人不但能赚今天的钱，并且能赚到明天的钱。在信息如此便利的今天，新闻事件摆在那里，人人都可以看到，而大多数人在看清事实之后却没有估量将来会发生什么情况，而只顾眼前，这是短视。短视者最多看到黄灿灿的金币一样的太阳，有远见者却能看见无限星空。在现实生活中，多想几步，远见卓识将会给我们的生活带来极大的价值。思路决定出路。很多创业者思维僵化，对新闻事件不敏感，不仅不能有效利用信息，而且还对已经发生的未来做出应对之策。应需而变是企业适应市场的要求，企业组织只有在商海中做到应需而变，才能使企业完全融入市场经济的运作机制，在各种环境下都能游刃有余。

李嘉诚说过："精明的商家可以将商业意识渗透到生活的每一件事中去，甚至是一举手一投足。充满商业细胞的商人，赚钱可以是无处不在、无时不在。"当某种事物或潮流将要来临的时候，聪明的创业者就已经提前预知到了，并且做好一切准备等着它的到来。这是一种积极的赚钱方法，能够让创业者在波涛汹涌的商海中始终立于不败之地。

女人是天生的财源

如果说女人是天生的财源，可能许多人一时摸不着头脑。如果问男士们，每个月的钱都交到哪里去了，许多人就会恍然大悟了。有一种说法：一个女人和一个男人吃饭，两人都付钱，说明他们是朋友；男人付钱，说明他们在热恋中；女人付钱，说明他们是夫妻。可是无论他们是什么关系，男人赚钱女人花钱，这是社会通行的规则。

犹太人遍布世界，他们被誉为最会做生意的人。《犹太法典》里说"金钱的实际拥有者是女人"，"男人就是在不停地大把大把赚钱，女人一辈子就是大把大把地花男人赚来的钱"。做讨好女人的生意，会使创业者财源不断。

有调查显示，社会购买力70%以上都是由女人掌握的。做生意盯紧女人口袋能够得到可观的利润。在商家看来，女人身上有挖不完的资源，女人往往掌管家中的财政大权，消费上也比较感性。从个人的化妆品、服装、首饰，到家庭的卫生用品、日常杂货，基本上都是女人来添置的。任何一种产品对女人来说都有着相当程度的吸引力，现代女性所追求的高品质的生活方式和消费方式，更为中外商家们提供了充满诱惑的无限商机。可以说吸引了女人的目光，就创造了无限的购买潜力。爱美是女人的天性，对于能增加自身魅力的产品，女人往往不惜代价购买。商人如果选择女人作为主要客户，一定能够赚得盆满钵满，"赚女人的钱"无形之中便成了生意场上的圣经。

吉列公司是一家知名的大公司，该公司在新型刀片开发方面不遗余力，在新产品开发上有过"不可思议"的得意之作，就是推出了女用吉列刀片，使"吉列"成为女性的知音。

吉列公司通过市场调研发现：英国多数30岁以上的职业妇女为了自己的形象更美丽，要定期使用"吉列"刮胡刀刮除腿毛和腋毛，每年此项消费的资金高这7500万美元。得知这一信息后，吉列公司便快速推出专供妇女使用的"刮毛器"。这种新型产品在握柄上印有女士喜欢的各种图案，造型与色彩都符合女性的心理。

这种女士专用的"刮毛器"上市后，吉列公司销售额急速增加，原来羞怯地躲着使用男士刀片的女士们，从此可以大胆地在市场上挑选供自己使用的刀片。专攻男士市场的吉列公司在女人身上淘到了金。

要想赚取女人的钱，首先要抓住女性消费的心理。只要真正掌握了女人的消费心理，就可以使创业者轻而易举地赚到女人的钱。

1. 追赶潮流的心理

女人是善变的，她们的欣赏眼光总是随着潮流的发展不断改变，只要创业者赶在潮流的前面，就抓住了最大的商机。

2. 爱慕虚荣的心理

在别人看不到的地方，女人宁愿让自己做一个不修边幅的黄脸婆；一旦出门，却总是不惜花费更多时间把自己装扮得光鲜亮丽。从女人的衣着打扮入手，是个创业的好方向。

3. 恋爱期的消费心理

俗话说："女为悦己者容。"处于恋爱期的女性，最喜欢打扮自己。而且恋爱期的女人一般都会表现出小鸟依人的样子，所以恋爱期的女人有更大的魅力让男人为自己掏腰包。

4."视觉第一"的心理

女人大都凭感性消费，一旦看上某一件东西，不惜重金也要拥有。因此在经营女性产品时，要注重产品的视觉和美感，哪怕仅仅是因为欣赏，很多女人也会心甘情愿地掏腰包购买。

社会购买力70%以上是掌握在女人手中，要想激活消费市场，赚到钱财，必先洞察时代女性的消费心理，把准女性的消费脉搏。那么，怎样才能搭上女性消费者的快车呢？

首先创业者要有做女性生意必备的经营常识，学会以女性的心理为先导，因为女人很感性，在消费的时候，除了关注商品的质量、价格等硬性指数，还容易被许多能影响其情感的软性因素所左右。所以，在做女性生意的时候，如果能关注女性的情感需求，从人性化、人情味的角度出发，拉近与消费者的距离，生意就已经成功了一半。其次要以生活气息渲染殿堂文化，热爱生活的女性是最美的，因此，热爱生活是大多数女性不变的追求。如果一个经营者具备了这项素质，也就基本上具备了与消费者交流、沟通的条件。

值得创业者投资的女性项目有以下几个：

1. 发饰

开一家经营发饰、梳子的小店，定会赢得女人的心。经营者可按少女、青年、中老年等年龄段陈列发饰，便于顾客对号入座。开店不需太大的门面，可一人经营，选取一间临街店面，投入房屋租赁费每年4万~5万元，装修费1万元左右，货物采购费用2万~3万元，流动资金1万元，就可开店。

2. 彩妆店

上海"彩妆吧"的出现，已将"店"的消费内涵从吃、喝、玩延伸到"用"

的范畴。全透明的开架式立橱,近百种色调的各种唇膏,数十种粉底、香水及应有尽有的护肤霜,无不醒目地向爱美的消费者展示诱人的风采。来到这里,你可以毫无顾忌地问这问那,从从容容地把唇膏涂在手背上比色,直到满意为止。

3. 绳结工艺作坊

绳结就是用细绳编结成的各类工艺品,如吉祥结、福字结、双喜结、项链、手链、耳坠、胸花、戒指,等等。绳结工艺简便易学,原材料便宜易得,老人小孩均可制作。绳结是中国古老的民间艺术,随着北京申奥成功及旅游业日益兴旺,其市场会越来越大,且投资少,风险小。

在聪明的创业者的眼中,女人就是一座宝藏,在她们身上存在着永远挖不尽的创业机会。所以,创业的时候如果能从女人身上入手,肯定能增加创业成功的概率。

但话又说回来,女人的钱并不是想赚就一定能赚到。难道只有聪明的商家,就没有聪明的女人吗?事实上并不是。创业者不要忽略,女人都有一个共性:上一次当后可以自认倒霉,但绝不会再上第二次当。小苏是一个特别爱购物的女孩子,一天,她在熟人那里花了150元买了一双鞋子,后发觉在其他的店里只需100元就能买到,在痛呼上当后,她就再也没有"旧地重游"过了,并且还将这种"口碑"四处"推广"。

因此,聪明的创业者要想让女人掏腰包,而且长期在你这里消费,决不能使用拙劣手段,要从高层次上满足女性的需求,使她们心甘情愿地解囊。否则,做一个,少一个,最后只有关门大吉。只有认真研究女性对商品品味的需求,并在质量、款式、价格上真正地去迎合女性,才是赚女人钱的"正道",女人才会成为你的"财源"。

政策嗅觉发现商机

对很多创业者来说,政策似乎很枯燥乏味,往往忽略了这样一个道理:如果政策嗅觉灵敏,可能会从中抓到难得的商机。有心的创业者勤于思考并抓住它,或许就能改变自己的创业命运。

李宏杰刚到重庆创业时,身上仅有3000元钱。由于资金少,李宏杰选择了炒干货生意。

"那时重庆的干货都是散卖,味道品种少,如果能把味道弄丰富一点,品种好一点,肯定有生意。"虽然李宏杰瓜子卖得比别人贵,但销售火暴。关键原因就是李宏杰在瓜子上做了点"手脚",他买了一台小型的包装机,按照一斤、半斤等类型,把瓜子进行简单包装。"这样看起来上档次,市民情愿每斤多花2毛钱,扣掉5分钱的包装成本,同样的瓜子,我的利润是别人的两倍。"后来,积累了一定的资金,李宏杰决定自己办炒货厂。由于资金不够,李宏杰借了几万元的高利息款,在家乡租了一间300平方米的厂房做加工厂,买了机械设备开始干。由于李宏杰特别能吃苦,而且消息灵通,善于跟着政策走,他的厂子很快就发展起来了。

随着市场一天一天扩大,300平方米的厂房已经不能满足产品的发展需要,第二年李宏杰又购置了4亩土地修建标准厂房,其中一半出租给了别人,获取了更大的收益。也就是这次出租厂房的经历,周少华又看到了新的商机。"重庆市直辖以后,经济肯定会大举发展,随着市场发展的速度,特别是一些中小企业,往往来不及自建厂房。"李宏杰也认真分析了重庆直辖以后的快速发展形势,立即抓住这一发展机遇,决定在修建厂房出租经营上大干一番。

说干就干,正好一个朋友告诉他说当时的沙坪坝双碑有土地转让,他听见消息当天就去考察,立即敲定并办理了一切手续,在双碑共投资上百万元买了10亩土地,修建了4000平方米厂房,自己安装了变压器等。厂房还没有修好,就有企业主动找上门来求租。

就在出租厂房的同时,李宏杰根据当时的政策做了一件事情——转手网吧牌照。"当时手头有些闲钱,不知道投什么,恰好看报纸得到消息,说国家可能会停止审批网吧牌照。"李宏杰觉得其中隐藏着巨大的商机,于是他就开始四处收购网吧,卖掉废旧设备只保留牌照。从中,李宏杰获得了极大利润。

从李宏杰的创业经历上,创业者可以得到这样的启发:创业要保持灵敏的政策嗅觉,懂得看清形势。创业生涯上的得与失,让李宏杰看到了政策的重要性:"现在我不看市场形势分析报告,一分钱都不会投,只有顺应了经济发展政策,才能赚到钱。"

"政为名高,贾为利厚"是国人的传统观念,所以很多人一直认为政、商所追求的目标不一,两者界限黑白分明,不可兼容并蓄。然而事实并非如此。历史上有名望的商家总是热情而主动地参加政府和主管部门组织的有关活动,仔细听取他们对商界各项工作的意见和建议。在有些情况下,也可以反映自己在经营中取得的成绩和存在的困难及要求。一般来说,由政府提供的有利于社会公益事业的活动,那些商界名人总是会积极主动地参加。

市场经济时代,创业的机会无处不在。一个产业的淘汰就是另一个产业兴起的商机。当前,中央提出科学发展观,始终把环境与生态保护作为一种可持续发展的战略,这对一些有害于环保的产业来说可能是"灭顶之灾",但对另一些保护环境的绿色产业来说却又是一次难得的机遇。因此,在经济发展中,创业者应始终关注国家有关政策,把握住国家宏观经济的脉搏,这样,才能觅得更多的创业机遇。

第四篇

融资有道：获得投资人的青睐

融资的主要途径

风险投资

对创业者来说,能否快速、高效地筹集资金,是创业企业站稳脚跟的关键。对于创业者来说,取得融资的渠道很多,如风险投资、民间资本、银行贷款、融资租赁等,这些都是不错的创业融资渠道。而风险投资,对创业者可以起到"维生素C"的作用。

风险投资是一种股本投资,风险投资家以参股的形式进入创业企业;这是一种长期投资,一般要与创业企业相伴5~7年;这是高风险高回报的投资,它很可能血本无归,而一旦成功则大把大把地收钱,这是在实现增值目的后一般要退出的投资。

风险资本最大的特性是对高风险的承担能力很强,与此相应,它对高回报的要求也非同寻常。很多有融资经验的创业者会说:"风险资本对创业企业的帮助相比其他的资本来说是最高效的,但是想让风险投资人掏出钱来也是很难的。"在这种情况下,创业者的任何想法和打算,都会被风险投资家反复考虑和权衡。

3G门户网的创始人邓裕强和张向东是北京大学信息管理系的同班同学。两个人在大学的时候就是很好的朋友,大二的时候还曾一起倒卖过羽绒服。大学毕业后的邓裕强回到广州,在东莞当地的一家移动和电信部门任职,并创办了一家SP公司。

到2003年,邓裕强的那家SP每月有着10多万元的收入,但是他感觉越来越做不下去,空间越来越小。他开始考虑去做网络游戏,但最后发现自己并没有优势。在对无线增值业务领域的现状和未来发展做出判断后,邓裕强在9月成立了一家新公司,张向东也在这个时候加入。公司的名字就叫"久邦数码科技有限公司"。

那时候几乎没有人看好他们的生意，大家共同的结论就是"烧包"。在媒体待过的张向东想到了风险投资，他动用在媒体工作时认识的一些朋友开始寻找风险投资公司，但是所有的投资商几乎都不愿意听他们的介绍，和风投公司谈了十几次无果后，他们渐渐失望了。仅凭着一份热爱，他们勉强将"3G门户网站"维持下去。

因为是自己的网站，也没想着赚钱，两个人随心所欲的发展网站。他们的"3G门户网站"，免费向用户提供新闻阅读、图片下载、铃声下载、手机游戏下载、手机电子图书下载……他们还在网站上为用户建了庞大的虚拟社区，用户可以在这个模拟世界里聊天交友，请客吃饭，甚至结婚生子。

不循常规的营销带来了意想不到的结果，有一天，两个人突然发现他们的"3G门户网站"同时在线的人数超过了10000人。就在两个人沉迷于自娱自乐，不再想着怎么赚钱，怎么融资，能撑一天是一天，撑不下去再说的时候，风险投资商却不请自来。先是一个两个，然后越来越多，最后IDG（即美国国际数据集团）出面了。

IDG是国内目前最活跃，同时也是经验最丰富，对项目最为挑剔的风险投资商之一。IDG在详细考察了他们的项目之后，立即给邓裕强打电话，商定融资计划。随后，IDG与久邦签订了投资协议，这是IDG对广州久邦的第一笔投资，金额折合人民币是1000多万元，而且IDG表示随时愿意增加投资，金额可以由邓裕强他们定。

好的项目、优秀的商业模式再配合良好的创业团队，风投公司自然会投来关注的目光。对创业者来说，寻找风投是一件艰难的事，一般创业者有两条途径可以争取风险投资的支持：一是直接向风险投资商递交商业计划书，二是通过融资顾问获得风险资本的资助。像王先生就选择了后者。他并没有直接去找风险投资者，而是找了一个融资顾问。

王先生在融资成立自己的公司前，对创业已经有了一些了解。在上大学期间，他利用自己的课余时间奔走市场，了解当时的技术动向和创业情况，也与一些风险投资商打过交道，因此，当他创业的时候，首先就想到向风险投资公司融资。

对于一项创业计划来说，时间的紧迫性可想而知。王先生考虑到公司刚成立，各方面的事情很多，在技术成熟的情况下，王先生决定和融资公司合作，让融资公司帮助自己融资。融资公司很快对王先生的公司进行了具体的服务，对其管理机制、赢利模式、财务计划等进行了可操作性鉴定，然后提出一些修改建议，并提供相关的一些服务，帮助王先生积极联系投资方，顺利地融到资本。

对于初创企业来说，从种子期到成长期直至上市，是一个复杂又漫长的过程，融资顾问会给创业者搭桥引线，使得创业者与风险投资人达成初步的意向。接下来，三方会就融资进行细节的谈判。另外融资公司提供的全面解决方案，可以帮助创业者从种种困难与瓶颈中解放出来，为创业企业与风险投资双方构建了一个有效沟通的平台，对于不知融资过程的创业者来说有全程帮助作用。

对于某些正在寻找风险投资的创业者来说，寻找投资天使也是一个不错的融资渠道。天使投资是自由投资者或非正式风险投资机构，对处于构思状态的原创项目或小型初创企业进行的一次性的前期投资。天使投资人通常是创业企业家的朋友、亲戚或商业伙伴，由于他们对该企业家的能力和创意深信不疑，因而愿意在业务远未开展之前就向该企业家投入大笔资金，一笔典型的天使投资往往只是区区几十万美元，是风险资本家随后可能投入资金的零头。

牛根生在伊利期间因为订制包装制品时与谢秋旭成为好友，当牛根生自立门户之时，谢秋旭作为一个印刷商人，慷慨地掏出现金注入初创期的蒙牛，并将其中大部分的股权以"谢氏信托"的方式"无偿"赠与蒙牛的管理层、雇员及其他受益人,而不参与蒙牛的任何管理和发展安排。最终谢秋旭也收获不菲,380万元的投入如今已变成10亿元。

下围棋的人都讲势,投资、融资亦讲"势"。顺势而为,可以事半功倍,逆势而作,很可能徒劳无功。现在,风险投资的"势"就是这样:投入长性而不投可能性。因此,如果创业者在寻找风投失败的情况下,而又认为自己的项目是一个好项目,不妨先将项目做起来。如果公司真的发展状况和市场前景良好,风险投资自然会来找你。行动胜于言语,这样融资成功的可能性会更大一些。

民间借贷

创业者多是一切从零开始,甚至看不清楚以后的发展前景。在前途不明朗的情况下,处于早期创业阶段的公司很难从银行及其他金融机构得到资金,这时,就只能靠创业者自身通过各种方式来寻找投资了。

由于创业者与家人、朋友等彼此了解,关系亲近,因此,从家人或朋友处筹得的资金就成为优先选择的方式,而且这种方式显得较为容易。许多创业者在起步阶段,都依靠的是亲戚、朋友或熟人的财力。这些资金可以采取借款和产权资本的形式。不仅是个人之间,企业之间也会有资金充裕者将钱借给短缺者进行周转,收取一定的利息,这种资金融通方式,即民间借贷。

一位从事快餐行业的黄先生,从刚开始创业至今,十几年来从没向银行贷过款,做生意全靠自有资金和向朋友临时借,或者企业之间相互拆借。在他看来,民间借贷一般他写张私人借据即可,利率由双方自行协商,期限很灵活。如果向银行贷款的话,还需要审查财务报表,还要按时结算本利息。对于经营快餐行业的他来说,多道审批下来,实在很浪费时间和精力。而且由于黄先生的快餐店规模并不大,一般的金融机构无法满足中小企业短期、灵活、便捷的资金需求，后者只好"望贷兴叹"，转而寻求民间资金的支持。

向亲戚朋友借一些钱作为初始资金投入，是许多创业者的起点。目前国内的绝大多数民营企业，包括那些已经做大的企业，很多都是靠民间借贷发展起来的。当企业发展到一定规模后，创业者才利用扩股等其他形式筹集资金。

创业者从家人、朋友处获得的资金最好是以借贷的方式，这样创业者才能拥有更多股份，有利于创建和完善公司的经营决策。从这个方面考虑，创业者最好不要接受家人或朋友以权益资金入股的形式。当家人或朋友的资金是以权益资金形式注入，家人或朋友就是公司的股东，如果他们既不懂公司的经营管理，又要干预公司的日常经营行动，就会对公司的发展带来不利影响。

生活中常常出现这样一些情况：在公司初创时期，有些创业者与家人或朋友的关系并没有清晰明确下来，以致在后来的发展过程中双方关系闹得很僵，影响到公司的生产经营。

小王在某美容店做了3年的学徒工，她的技术得到顾客的一致好评。为此，她决定自己开一个美容店。由于开店的资金严重短缺，小王四处借钱却无果。就在这时，她的一个亲戚看到这个行业有发展前景，决定为小王提供大部分资金，其条件是以入股的形式投资。

小王正为资金一筹莫展，一口答应了下来。美容店开业了，由于店址选择适宜，加上小王的技术水平高，服务态度好，生意还真不错。刚开始，只是小王一个人在忙，她的亲戚由于不懂技术，只是偶尔到店里看看。

后来，小王一个人实在忙不过来，就又请了两个帮手。小王对两个员工也非常好，员工更是把小王当成唯一的老板。这时，小王的亲戚就不满意了，自己出资最多，才是最大的老板，而员工好像完全漠视了自己的身份。于是，这个亲戚开始经常出入美容店，对小王和两个员工指手画脚来显示自己的权威。员工不满意这样的"瞎指挥",常常向小王抱怨,而小王自己也很无奈。后来,员工陆续离开。

由于人员的流动性大,店内的顾客也开始流失,美容店的生意日渐惨淡,只得关了门。

上述案例中的小王就是因为在筹备资金时没有考虑到投资人是亲戚关系,而对方投资数额又多,不懂技术却经常干预经营管理,而造成员工、顾客流失的恶性循环。为避免出现这种状况,双方应在投入资金时就明确彼此的关系,以书面的形式达成协议明确双方的权利与义务。

为避免一些潜在问题的出现,创业者应当全面考虑投资所带来的正面和负面影响及风险性。创业者严格按照公司管理规范创业公司,以公事公办的态度将家人和朋友的借款或投资与投资者贷款或投资同等对待。

另外,任何贷款都要明确规定利率以及本金和利息的偿还计划、对权益投资者未来的红利必须按时发放,就能减少或降低融资带来的负面影响及风险。对于借贷形式的资金投入,还要在协议中明确规定利率及本利偿还计划。

尽管求助于亲人和朋友融通的资金有限,但仍不失为创业之初非常重要的融资渠道。但是又因为资金需求的增大和借贷范围的扩大,使钱和这种融资方式一道变得不安全。于是,人们借入钱创业和借出钱令财富增值的梦想,连同亲戚朋友熟人彼此的信赖、信用关系,一同经受煎熬、经受考验。

民间借贷的基础是信用。关于如何建立信任,曾国藩对家人有一个很好的交代,可以供我们学习。

曾国藩总是叮嘱他的家人在不需要借钱的时候向人借钱,每年都要借几次,然后按时还上。家人都很吃惊,说我们家里又不缺钱,而且以大人在朝中受器重的程度来看,一时半会儿也不可能家道中落,为什么要去向人借钱呢?曾国藩说正是因为如此,我才让你们要不时地去向人家借点钱,因为你们这样想,人家也是这样想,到时候我们家里要是万一出了点事,接济不上,需要借钱，人家都不会相信我们的话，自然也就借不到钱。如果我们在不需要借钱的时候就不时地向人家借钱，就会给别人留下一个印象，原来曾家也是经常要借钱的，这样的话，我们的面子虽然损失了一点，但是真正到了我们需要借钱的时候，人家就不会因为怀疑我们家不需要借钱，而不将钱借给我们，这是第一点。第二点，如果我们不时地向人家借点钱，然后又总是按约定及时将钱还给人家，这样就会在别人心目中形成一种我们曾家人有信用的印象，这样，人家才肯放心地把钱借给我们。

曾国藩为子孙后代深谋远虑，值得所有创业者学习，记住那句老话："天晴不晒，下雨哪里会有收？"

银行贷款

银行贷款被誉为创业融资的"蓄水池"，由于银行财力雄厚，而且大多具有政府背景，因此在创业者中有很好的"群众基础"。

相对于其他融资方式，向银行贷款是一种比较正式的融资方式。但事实上，创业者要想获得银行贷款的确不容易，但也不是完全不可能。综观大部分创业失败的原因，无论失败的根源在哪里，最后都会体现在"差钱"上，资金链断裂又筹措不到钱。因此对于创业者来说，无论你是创业初期需要融资，还是在创业中期扩大生产需要银行的资金援助，与银行搞好关系都是非常重要的。而且，创业者要想顺利得到银行的贷款，还必须对银行借贷的形势和流程有所了解。

北京市的王女士从2000年下岗后一直给别人打工，收入低不说，还要整天看老板脸色行事，后来她产生了自己创业的想法。结合北京市外来人口不断增多和房价日益上涨的形势，单身公寓一度受到北漂族的青睐。在经过一番市场调查和综合衡量之后，她决定开家单身公寓。她准备先在劳务市场附近租赁5套旧房，进行改造和装修，然后分别租给单身打工人员或外地求学者。按照初步预算，装修以及购置简单家具的开支为6万元；房主要求一次预交1年房租，3套房子需预付2万元，这样总体的创业启动资金是8万元。王女士家里并没有很多的积蓄，所以这8万元钱像大山一样挡在面前。她犹豫了很久，甚至一度想放弃，但单身公寓的良好市场前景又确实让她动心。

犹豫之际，她向一位在银行专门从事信贷工作的朋友求教，这位朋友向她推荐了银行刚刚推出的一项叫作创业贷款的新业务。在朋友的指点下，她以自住的房作抵押，到银行办理了创业贷款。依靠这笔创业贷款，王女士的单身公寓很快开了张，并且生意非常红火，扣除贷款利息等开支，每月的房租净收益在2000元左右。

创业热情与资金"瓶颈"是共存的，不过从王女士依靠银行贷款成功创业的例子可以看出，如今银行的贷款种类越来越多，贷款要求也不断放松，如果根据自己的情况科学选择适合自己的贷款品种，个人创业将会变得更加轻松。

对于创业者来说，银行提供的贷款主要有以下类型：

1. 创业贷款

创业贷款是指具有一定生产经营能力或已经从事生产经营活动的个人，因创业或再创业提出资金需求申请，经银行认可有效担保后而发放的一种专项贷款。

符合条件的借款人，根据个人的资源状况和偿还能力，最高可获得单笔50万元的贷款支持；对创业达到一定规模的，还可给予更高额度的贷款申请。创业贷款的期限一般为1年，最长不超过3年；为了支持下岗职工创业，创业贷款的利率可以按照人民银行规定的同档次利率下浮20%，许多地区推出的下岗失业人员创业贷款还可以享受60%的政府贴息。

2. 抵押贷款

目前银行对外办理的许多个人贷款，只要抵押手续符合要求，只要借款人不违法，银行不问贷款用途。

对于需要创业的人来说，可以灵活地将个人消费贷款用于创业。抵押贷款金额一般不超过抵押物评估价的70%，贷款最高限额为30万元。如果创业需要购置沿街商业房，可以以拟购房子作抵押，向银行申请商用房贷款，贷款金额一般不超过拟购商业用房评估价值的60%，贷款期限最长不超过10年。适合于创业者的有：不动产抵押贷款、动产抵押贷款、无形资产低压贷款等。

创业者可以土地、房屋等不动产做抵押，还可以用股票、国债、企业债券等获银行承认的有价证券，以及金银珠宝首饰等动产做抵押，向银行获取贷款。

3. 质押贷款

近年来，银行为了营销贷款、提高效益，在考虑贷款风险的同时，对贷款质押物的要求不断放宽。

除了存单可以质押外，以国库券、保险公司保单等凭证也可以轻松得到个人贷款。存单质押贷款可以贷存单金额的80%；国债质押贷款可贷国债面额的90%；保险公司推出的保单质押贷款的金额不超过保险单当时现金价值的80%。存单、国债质押贷款的期限最长不超过质押品到期日，银行办理的个人保单质押贷款期限最长不能超过质押保单的缴费期限。

从质押范围上看，范围是比较广的，像存款单、国库券、提货单、商标权、工业产权等都可以作质押。创业者只要能找到属于自己的东西，以这些权利为质押物，就可以申请获取银行的贷款。

4. 保证贷款

如果你没有存单、国债，也没有保单，但你的配偶或父母有一份较好的工作，有稳定的收入，这也是绝好的信贷资源。

当前银行对高收入阶层情有独钟，律师、医生、公务员、事业单位员工以及金融行业人员均被列为信用贷款的优待对象，这些行业的从业人员只需找一至两个同事担保就可以在工行、建行等金融机构获得10万元左右的保证贷款，在准备好各种材料的情况下，当天即能获得批准，从而较快地获取创业资金。

中小企业要想获得银行贷款，首先要学会建立良好的银企关系，讲究信誉。其次还要写好投资项目可行性研究报告，突出项目特点。另外，要选择好贷款时期，尽量取得中小企业担保机构的支持。

总之，创业公司应重视银行贷款融资的多种方式，不断加强和银行的合作关系，给公司提供一个更大的融资想象空间，这也是考验创业公司融资创新能力的一个大舞台。

融资租赁

融资租赁，又称设备租赁，或现代租赁，是指实质上转移与资产所有权有关的全部或绝大部分风险和报酬的租赁。资产的所有权最终可以转移，也可以不转移。

融资租赁适合资源类、公共设施类、制造加工类企业，如遇到资金困难，可将工厂设施卖给金融租赁公司，后者通过返租给企业获得收益，而银行则贷款给金融租赁公司提供购买资金。制造企业可通过该项资金偿还债务或投资，盘活资金链条。

从国际租赁业的情况来看，绝大多数租赁公司都是以中小企业为服务对象的。由于中小企业一般不能提供银行满意的财务报表，只有通过其他途径来实现融资，金融租赁公司就提供了这样的平台，通过融物实现融资。

南京孚嘉印刷有限公司原是一家年销售额不足700万元的小型印刷企业，由于没有资金和设备，生产能力不足，订单大量积压。江苏金融租赁有限公司先后4次向其提供融资租赁服务，购买印刷设备，使南京孚嘉印刷有限公司一跃成为南京印刷市场上的后起之秀。

江苏金融租赁有限公司的主要服务对象就是中小企业，包括一些刚刚创立的微型企业。南京恒顺达船务有限公司是一家主要从事国内沿海及长江中下游散、杂货以及油品运输，承接煤炭、钢材、建材、粮食、矿砂、成品油等运输服务的综合性航运公司。刚开始，恒顺达只有三四条运输船只，业务量极小，且难以与大企业竞争。一筹莫展之下，恒顺达找到了江苏金融租赁有限公司。通过与租赁公司的合作，目前公司的自有运输能力已经达到20多万吨，包括其管理的其他业务，总运力已有30多万吨，资产规模从1亿元增加到如今的十几亿元。

江苏金融租赁有限公司主要从3个方面破解中小企业融资瓶颈。首先是科学筛选融资项目。根据选择标的物的价值稳定情况，结合客户的现金流状况和股权结构，租赁公司可以综合判断其治理状况和资本实力。

其次是开拓多种营销方式。江苏租赁十分注重与厂商、代理商和供货商的紧密合作，及时掌握小企业的资金需求情况，帮助中小企业解决设备售后服务中遇到的问题，提高客户对其的信任感。

再次是优化租赁业务流程。江苏金融租赁有限公司根据客户的具体情况，量身定制个性化的租赁方案，对一些成长性好、信誉度高的客户还提供一些优惠方案。

金融租赁还要求对风险有很强的掌控能力。金融租赁公司主要从事的项目都是3年及以上的中长期融资，融资时间长，通常风险比银行要大。江苏金融租赁有限公司在和企业合作的时候，一般都会对企业有一个全面的了解，对承租人自身经营状况和企业的信誉状况等进行深入的调查和了解，以便于将风险控制在最低。

由于租赁物件的所有权只是出租人为了控制承租人偿还租金的风险而采取的一种形式所有权，在合同结束时最终有可能转移给承租人，因此租赁物件的购买由承租人选择，维修保养也由承租人负责，出租人只提供金融服务。

在租金计算原则方面，出租人以租赁物件的购买价格为基础，按承租人占用出租人资金的时间为计算依据，根据双方商定的利率计算租金。它实质是依附于传统租赁上的金融交易，是一种特殊的金融工具。

创业者在进行融资租赁时，其主要的流程如下：

（1）企业向××中心提出融资租赁申请，填写项目申请表。

（2）××中心根据企业提供的资料对其资信、资产及负债状况、经营状况、偿债能力、项目可行性等方面进行调查。

（3）××中心调查认为具备可行性的，其项目资料报送金融租赁公司审查。

（4）金融租赁公司要求项目提供抵押、质押或履约担保的，企业应提供抵押或质押物清单、权属证明或有处分权的同意抵押、质押的证明，并与担保方就履约保函的出具达成合作协议。

（5）经金融租赁公司初步审查未通过的项目，企业应根据金融租赁公司要求及时补充相关资料。补充资料后仍不能满足金融租赁公司要求的，该项目撤销，项目资料退回企业。

（6）融资租赁项目经金融租赁公司审批通过的，相关各方应签订合同。

（7）办理抵押、质押登记、冻结、止付等手续。

（8）承租方在交付保证金、服务费、保函费及设备发票后，金融租赁公司开始投放资金。

（9）××中心监管项目运行情况，督促承租方按期支付租金。

（10）租期结束时，承租方以低价回购。

金融租赁不仅可以使企业获得资本融资，节省资本性投入，无须额外的抵押和担保品，而且可以降低企业的现金流量的压力，并可用作长期贷款的一个替代品，已经成为成熟资本市场国家与银行和上市融资并重的一种非常通用的融资工具，成为大量企业实现融资的一个重要和有效的手段，并在一定程度上降低了中小企业融资的难度。

同时，金融租赁和其他债权、股权以及信托等金融工具的结合，产生了大量的金融创新。目前全球近1/3的投资是通过金融租赁方式完成的，是发达国家设备流通的主要资金渠道之一。

但是由于我国金融租赁业还处于初期阶段，市场活跃程度不高，业绩不大，加上租赁企业资金严重不足，根本不能满足这些庞大的需求，目前我国金融租赁市场严重供不应求。因此，创业者在寻找金融租赁的时候，也要根据租赁公司的实际情况，尽量挑选那些实力强、资信度高的租赁公司，且租赁形式越灵活越好。

股权融资

企业一刻都离不开资金，资金之于企业有如血液之于人体。企业没有资金，将无法经营，组建公司的首要任务就是筹集资金。公司成立后，如因扩大经营规模等需要，也要筹集资金。因此融资不再是上市公司或大型企业的专利。对于中小企业来说，选择一种较为现实和便捷的方式进行融资是其成长壮大的必由之路。

股权融资属于直接融资的一种。长期以来，人们都认为股权融资是大企业的事，与中小投资者、小本创业者不相干，其实情况并非如此。股权融资是指企业的股东愿意让出部分企业所有权，通过企业增资的方式引进新的股东的融资方式。股权融资所获得的资金，企业无须还本付息，但新股东将与老股东同样分享企业的赢利与增长。这种融资方式对于创业者来说，也是一种较为现实和便捷的融资方式。

方兴未艾的股权融资，能在短时间内得到越来越多的认可，成功案例不断出现。对于创业者来说，来自股权融资的资本不仅仅意味着获取资金，同时，新股东的进入也意味着新合作伙伴的进入。但是在进行股权融资时，创业者需要注意的是对企业控制权的把握。

因为忙于融入资金，就没有过多地考虑企业的控制权，结果自己创办的公司拱手让人。中国企业网创始人张冀光就是一个例子。

1998年，张冀光创办中国企业网，1999年9月被当时的中国数码收购了80%的股份。融资后，张冀光担任总经理，对方另派一人担任董事长。2003年8月，中国企业网更名为中企动力科技股份有限公司，进入上市辅导期。而2004年春节以后，一直与该董事长保持良好合作关系的张冀光发现双方的矛盾越来越大。对方所派董事长"要求公司发展更快、赢利能力更强，但我们认为企业的发展速度已经比较快了"。2004年3月29日，该董事长签发了一纸董事会决议，宣布罢免董事、总经理张冀光的职务。事情发生后，张冀光认为该董事长要自己离开的方式是不合法的，称当天并没有召开任何会议并且某董事签名系伪造，该董事会决议也是伪造的，并为此与之"对簿公堂"。结果，张冀光后来还是不得不离开了自己一手创办的中国企业网。

张冀光在总结自己的经验教训后表示，自己如果再次融资，"一定要制定科学的、符合法律的文件，把合作伙伴、小股东的利益都固定下来，公司中的每张纸都是珍贵的"。

因此，初创企业尽可能不要丧失对企业的控股权。在融资时一定要把握住企业的控股权，而且在开始时最好是绝对控股，而不是相对控股。做不到这一点，则宁可放弃这次融资，或者以一个较好的价钱将现有企业全部转让，自己重敲锣鼓另开张，再找一个事业做。这是一个原则性的问题。

创业者也可以选择分段融资的方式，将股权逐步摊薄。这样做有两方面的益处。首先是融资数额较少，比较容易融资成功。其次，可以保证创业者对公司绝对的控股权，而且在每一次融资的过程中，都可以实现一次股权的溢价和升值。但是，这对创业者的企业和项目要求很高，必须是优质的企业和项目才能为创业者争取到发言权。

股权融资的另一个结果就是投资者以股东的身份加入公司，因此创业者还要妥善处理好和投资者的关系，尽可能选择好合作伙伴。投资者和创业者的根本目的不同，以及对企业的理解程度不同，导致在看问题时，角度和出发点容易产生根本的不同，容易引起和激化矛盾。因此选择一个好的合作伙伴对创业者是至关重要的，可以起到如虎添翼的作用。创业者在决定采用股权融资的时候，建议最好选择对本行业有一定的了解，或者与本企业同处于上下游产业链中可以降低交易成本的战略投资者。

任何一种股权融资方式的成功运用，都首先要求企业具备清晰的股权结构、完善的管理制度和优秀的管理团队等各项管理能力。所以企业自身管理能力的提高将是各项融资准备工作的首要任务。

一个企业一旦决定要进行股权融资，创业者也可以尽早让一些专业的中介机构参与进来，帮助创业者包装项目和企业。除要进行一些必要的尽职调查外，还要根据本企业的实际情况，设计相应的财务结构及股权结构，同时在股权的选择上如是选择普通股还是优先权均要仔细推敲，创业者切忌采取拍脑袋的方式来代替科学决策。而且融资是一个复杂的过程，这个过程涵盖企业运营的方方面面，为了避免走弯路，减少不必要的法律风险，创业者要借助专业的中介机构。

在进行股权融资时，为了达到各方都满意的股权投资协议，就需要根据投资性质确定不同的运作方式。另外还要发掘对手财务信息中的隐藏债务，设计出符合双方利益的担保机制，设计科学的法人治理结构等，都需要有专业机构的意见。如果企业想通过股份制改造进而上市，更是一项纷繁浩大的系统工程，需要企业提前一到两年时间（甚至更长）做各项准备工作，而这些具体操作都需要专业人士指导，那么券商、律师事务所、会计事务所、评估事务所的提早介入就显得异常重要。

自从创业板诞生以来，造富速度大大加快，股权融资也随之风生水起。有关专家认为，相比过去，中小企业股权融资正在被社会接受、认可，一方面得益于相关政策的支持，另一方面，创业板开放后，财富效应也引起了不少创投企业的重视。

随着我国投资市场日趋火暴，一些极具市场潜力的优质中小企业也成了投资方四处争抢的"香饽饽"。以股权融资为代表的融资模式，将为中小企业的创业者融资助一臂之力。

开动脑筋，寻找融资新途径

每一个创业者都知道，创业必须要有足够的资金，没有足够的资金是无法创业的。可是，当你拿出全部积蓄还不够，向亲友借钱亲友却没有多余的钱,向银行贷款又没有抵押物品的时候,你怎么办呢?办法总比困难多,天无绝人之路,只要开动脑筋,善于学习,广开思路,你就能够找到许多巧妙而非常有效的融资方法,从而实现自己创业的梦想。

下面的一些巧妙的方法或许会让你顺利达到融资的目的。

方法一:用良好的信用说服别人

良好的信用和经营信誉是创业者的无价之宝,凭着它,可以有效地说服别人为你的创业提供各种方便条件。

位于某市内商业闹区的一家开业近两年的某理发店,由于其高超的理发技艺和良好的客户服务,吸引了一大批稳定的客户。每天店内生意不断,理发师傅难得休息,加上理发店老板经营有方,每月收入颇丰,利润可观。

平时的熟客一般都享受着打折、优惠等活动,因此理发店老板良好的信誉成为顾客不断登门的重要原因。但由于经营场地的限制和理发店资金的短缺,理发店始终无法扩大经营。该店老板苦思开分店的启动资金时,灵机一动,不如推出10次卡和20次卡,一次性预收客户10次理发的钱,对购买10次卡的客户给予8折优惠;一次性预收客户20次的钱,给予7折优惠。

对于客户来讲,如果不购理发卡,一次剪发要40元,如果购买10次卡,平均每次只要32元,可省下80元;如果购买20次卡,平均每次理发只要28元,可省下240元。

该店通过这种优惠让利活动,吸引了许多新、老客户购买理发卡,为店里共收到预付款达7万元,解决了开办分店的资金缺口,同时稳定了一批固定的客源。凭借着良好的信用,该理发店先后又开办了几家理发分店。

方法二:争取免费创业场所

创业离不开理想的场所,而创业之初的很大一笔投资就是用来支付房租的。因此,只要你能转换一下脑筋,想办法获得一处免费的创业场所,那就相当于得到了一笔可观的创业资金。

刚从农大园艺系毕业的小林想开一家花店，但是店面房租是小林面对的第一个难题。小林刚毕业，基本上是白手起家，怎样才能获得第一笔启动资金呢？小林陷入僵局。

一个偶然的机会，小林看到当地的报纸上刊登着一条招商广告，广告上承诺第一批进场设摊者均可享受免收半年租金的优惠。这真是天大的喜讯！小林毫不犹豫地申请了一个摊位，开始办起了花店。由于小林是园艺系的学生，他的不少同学也在花卉生产单位工作，所以货源充足，质量上乘，自然生意很红火。

方法三：加盟大公司的连锁经营

俗话说，背靠大树好乘凉。有许多创业者在刚开始起步的时候，为了扩大市场份额，纷纷选择连锁经营的方式来扩充自己。而一些大的公司，为了有效而快速地扩大连锁经营的覆盖面，也常常推出一些优惠措施如免收加盟费、赠送设备、帮忙选址等，广泛吸收个体业主加盟经营。对于缺乏资金的创业者来说，虽然不是直接的资金扶持，但是这些优惠措施无疑等于给创业者一笔难得的资金。

郑伟下岗之后闲着没事，一直想在附近的市场上开一个小店赚钱养家。经过一段时间的观察，他发现自己家附近有一家快餐店生意非常红火，便打算开快餐店。但是，要开一家自做自卖的快餐店不仅投资大，还要顾及采购、加工、销售等方方面面，况且自己又不懂快餐的制作技术。于是他通过朋友的介绍，和那家快餐店联系，以加盟的方式开办了一家的连锁店。因为加盟连锁经营，实行的是货物配给制度，郑伟为此不仅省下了7万多元设备费用，又省下了数千元的成本周转资金，公司考虑到他是下岗人员，还免去了他近万元的加盟费用。实际上，郑伟等于获得了8万多元的资金扶持，他自己只花了1万多元就开起了一家别人要投资近10万元才开起来的快餐店。

方法四：接手亏损企业变现

在经营活动中，经常会出现一些亏损企业，这些亏损企业创业者可以接手过来，然后作为抵押物向银行贷款变现而获得创业资金。当然，这种融资方法风险比较大，获得创业资金的代价是要承担一大笔债务。但是，创业本来就是风险和机遇并存的，如果你有足够的胆识和能力，那么，这种融资的办法将能帮助你在更短的时间内更快地走向成功。

田静做了几年的外贸服装批发生意，积累了一定的业务渠道，便打算自己办一家服装厂。她仔细算了算，办个中等规模的服装厂需要近百万元的设备和周转资金，外加一处不小于200平方米的厂房。田静通过朋友在近郊物色了一家负债累累、濒临倒闭的板箱厂，以"零转让"的形式接手了这家工厂，也就是以资债相抵的办法，将工厂所有的动产不动产以及工厂的债务全部一齐转让给田静。

厂房的问题解决了，但是近百万元的资金从哪里来呢？田静考虑到银行贷款，负责信贷的人要她提供担保，可是上哪儿去找担保人呢？正在田静焦急万分时，她的一位朋友一语提醒了她：板箱厂的资产就是抵押物。就这样，田静解决了资金和厂房的问题。

对于创业者来说，善用自我积累，进行滚动发展也是一个不错的方式，虽然发展速度可能会相对慢一些，但是没有包袱，做事可以更加从容，保持一种良好心态。创业者还可以通过参加各种创业比赛，媒体炒作，吸引投资方注意力，从而获得融资；通过第三方牵线搭桥获得项目融资或创业融资，如2003年，通过《科学投资》牵线搭桥获得项目融资的读者就有十几位。

小企业融资难是一个世界性的问题。中小企业的资金问题在我国表现得更为复杂，不同类型的中小企业融资特点不同，当然对融资渠道和条件的要求也不同。创业融资的方法多种多样，创业者需要灵活性，做任何事情都不能拘泥于一个定式。

获取风险资本

寻找适合自己的投资者

在创业期的企业都希望找到一个合适的投资者，可并不是每个企业都能如愿以偿。有的企业能拿到投资者上千万美元的投资，有的只能望"钱"兴叹了。寻找到一个适合的投资者，对于创业者来说，最重要的是要看他是不是一个优秀的投资者，适合不适合做你的投资者，这应该是创业者最关心的问题。

对于创业者来说，好的投资者可以给企业带来很多的价值。无论是本土的投资者还是国际上的投资者，他们对创业项目、团队的衡量标准应该都是一致的。

一般意义上来讲，优秀的投资者可以帮助创业者完善企业的商业模式，使其赢利模式更加的清晰、可持续。当然还可以帮助完善创业团队。有些创业者在刚开始创业的时候，存在团队成员的分工不明以及团队整体的凝聚力不强等问题，投资者可以帮助创业者优化团队建设。而且投资者还可以通过其人脉关系，为创业者团队扩充优秀人员。如天使投资人邓锋在正式投资"红孩子"后，北极光为"红孩子"聘请了一位沃尔玛卸任的全球副总裁担任独立董事。

优秀的投资者还会促进创业者发展和拓展业务。投资者可以起到敲门砖的作用，由于投资者见多识广，人脉资源非常丰富，创业者在发展过程中，如果觉得和一些大的公司合作会对企业的价值有很大的提升的话，就可以借助投资者的敲门砖，获得和该企业高层对话的机会。

优秀的投资者体现价值的另一方面在于，他可以带来一些具有品牌效应的东西，如红杉资本、IDG投资者等，由于这些投资者机构有自己的品牌优势，并为大多数企业所认同，所以创业者在获得这些投资机构的融资时，也同时享有了这些品牌所带来的价值。

从总体上来说，优秀的投资者可以给创业者带来的帮助在于商业模式、团队建设、业务拓展、品牌提升4个方面。创业者在确定好优秀投资者的同时，也要明确这个投资者适合不适合做你的投资者。

对于创业企业来说，了解风险投资公司的投资趋向很重要。"现在各种投资机构很多，不同的机构有不同的风格和能力。你一个10万元的项目不可能去找做1000万元的投资人，反过来，你1000万元的项目找到只能投几十万的投资人也是没用的"，倪正东说，利用各种专门的研究资料是了解风险投资公司投资趋向的一个有效办法。另外就是参加些投资论坛会议，在论坛上企业创业者可以直接与风险投资人面对面的沟通。

利用第三方的"外脑"对于创业企业来说也相当重要。企业家的专长毕竟是做企业，而不是擅长于资本运作。创业者找一家创业投资服务公司来打理比自己做要省时省力，更能够找到适合企业的投资者。这种服务公司有自己的专业优势，他们做长期的研究，时时地关注最新动态，更为有利的是有很多投资人的资源。

通常，投资者加入创业企业后，能够从多个方面如资本运作、战略把握、改善管理、拓展业务、平衡关系等对公司施加影响，但并非所有的创业企业牵手风投资本都能成功。

当风投和创业者的蜜月期过后，矛盾重重乃至撕破脸也不在少数。造成问题的原因主要有：一是变革的压力。风投资本介入，最终目的是通过企业的成长实现资本的增值，因此企业变革是其中必不可少的一步棋。管理团队的调整、架构的重组，都会给创业者造成冲击。二是目标冲突。无论如何，风投公司和创业企业的目标不可能完全一致，有些时候甚至会比较激化，比如一方看重长远利益，另一方看重短期利益，等等。

因此，在选择合适的风投的时候，创业者一定要考虑是否能够承受投资者的压力。投资者的工作是给出资人创造回报，要实现这个目标，他们就要去发掘能成为羚羊的企业。所以，对于一些有出色技术和稳定团队的公司，不要轻易接受投资者的钱。假如公司只需要很少的资金就可以起步、成长，或者由于产品的特性、面临的竞争、商业模式的限制、市场容量的限制，被并购是一个更可行的出路的话，那么远离投资者，找周围的朋友筹一点钱是更好的选择。

公司的未来通常是维系在创始人团队身上的，投资者一旦投资，一定要给创始人带上3付"手铐"和1个"紧箍"：

（1）业绩对赌：达不到既定经营目标，股权要被投资者稀释。

（2）股份锁定：通常投资者会要求创始人把股份锁定，需要3~4年，才能逐步兑现（Vesting），如果创始人提前离开公司，尚未兑现的股份就被公司收回了。

（3）竞业竞争：如果创始人跟投资者合不来，执意要走人，股份也不要了，但是竞业禁止协议也不允许创始人去做类似的、竞争性的业务。

（4）董事会席位及保护性条款：投资者对公司经营上的监督和决策。

带上"手铐"和"紧箍"的创始人，只有华山一条路了。所以，找投资者融资是一件"请神困难，送神更难"的事，创业者在决定找投资者之前，要先了解投资者的需求，还要对着镜子审视一下自己，掂量掂量公司能不能做到万里挑一，满足投资者的胃口。

另外，对于投资者投资后，对公司和创业者的控制是否能够承受。绝大多数公司，从商业模式、发展阶段、行业、团队等方面就先天决定了它们是无法满足投资者的回报要求的，也有一些创业者是不愿意接受投资者的控制模式的，这些企业就不应该浪费时间和精力找投资者。但这绝对不代表这些企业不好，或者不能挣钱，是他们应该寻找其他资金渠道，比如政府资助、朋友、天使投资人、做战略投资的企业、银行等其他渠道。

向投资者融资多少最合适

"投资商能给我融多少钱？"这个问题可能是所有创业者在找投资者融资前最为关注的问题。事实上，投资者通常反问创业者："你想要多少钱？"

可是他们的回答却往往不令对方满意。有的创业者情急之下不是说"不知道",就是口不择言随便说出一个数字。

创业公司融资,等于是在向投资人兜售亏钱公司的股票,这是一件非常狼狈和尴尬的事情,别以为你找一份投资者名单挨家挨户忽悠就可能引起热销现象。因为投资者们投资创业公司,并不是向创业公司表示人道主义的关怀,如果投资者砸了大把大把的银子,绝对不愿见到一堆烂尾楼的惨状。

1999年秋,日本软银总裁孙正义约见马云。孙正义当时是亚洲首富,孙正义直截了当地问马云想要多少钱,而马云的回答却是他不需要钱。孙正义反问道:"不缺钱,你来找我干什么?"马云的回答却是:"又不是我要找你,是人家叫我来见你的。"

这个经典的回答并没有触怒孙正义。第一次见面之后,马云和蔡崇信很快就在东京又见到了孙正义。孙正义表示将给阿里巴巴投资3000万美元,占30%的股份。但是马云认为,钱还是太多了,经过6分钟的思考,马云最终确定了2000万美元的软银投资,阿里巴巴管理团队仍绝对控股。

2004年2月17日,马云在北京宣布,阿里巴巴再获8200万美元的巨额战略投资。这笔投资是当时国内互联网金额最大的一笔私募投资。2005年8月,雅虎、软银再向阿里巴巴投资数亿美元。之后。阿里巴巴创办淘宝网,创办支付宝,收购雅虎中国,创办阿里软件,一直到阿里巴巴上市。

通常来说,在创业企业的发展过程中,存在很多的风险和不确定性。于是,投资者在决定投资前,对创业公司的情况了解犹如剥洋葱一样,其目的就是要把创业者乔装打扮的美丽外表一层层剥去,让本质暴露无遗。

对于投资者来说,在什么情况下投资,他们所面临的风险和期望的回报是对应的。因此,公司所处的不同阶段,投资者的报价也不一样。如果公司没有发展到下一个重要里程碑,公司的风险水平就没有太大变化,投资者给公司的估值也不会有太大提高。

而对于创业者来说,向投资者融资一次,要花费大量的时间、精力和资金。另外,融资的时机不是什么时候都有的,一旦能够抓住一次融资机会,企业还是要把估值尽量抬高些。因为几乎所有的创业者都会对前景非常乐观,直接的后果就是对困难认识不足,对资金需求认识不足,通常的预算会比实际小很多。

即便你的预算差不多,但还要给下一轮融资预留时间,目前投资者融资的一般周期是6个月左右,最快也要3个月,不要在下一轮融资过程中公司的资金链就断了。所以,通常你需要把上面计算出来的融资额度乘以1.5~2,这才是你要的答案。

创业者可以减少本轮融资的额度,在公司达到里程碑并且估值大幅提高后再进行后续融资,这样可以少稀释自己的股份。但是如果刻意降低这个融资数额,导致公司达不到里程碑,下一轮融资会有很大的问题。所以,创业者要尽可能找到合适的里程碑。

向投资者融资的一般流程

投资者融资即创业融资,尤其是指投资于那些初创型企业、风险很大的创业公司。很多创业公司之所以融资失败,不是因为这些公司没有吸引力,而是创业者不了解投资者,不知道投资者是怎样运作、怎样判断项目等。他们甚至不了解向投资者融资的流程。

一般来说,创业公司向投资者融资的流程包括以下几个步骤:

1. 确定目标投资者

投资者并不是什么行业都投,或者只要好项目就投。每一个投资者都有它们自己的投资领域,比如互联网、媒体、新能源、生物工程、现代服务业……

确定目标投资者的目的是挑选出那些可能会投资你的投资者。因此,你可以通过网络,搜索出过去两年内在国内有过投资项目的投资者清单。从投资者清单中,挑出有计划在你所从事的行业进行投资的投资者。依次访问这些投资者的网站,或者收集相关的介绍材料,你可以看到每家投资者对哪些行业有投资兴趣,把那些不打算投资你正在从事的行业的投资者从你的清单中删除,他们跟你没什么关系,从而找出有能力投资你的投资者。

2. 准备融资文件

一份翔实的"商业计划书"是创业者为向投资者融资必备的文件,当然融资文件不是一次性的,通常随着融资的进程,你需要准备不同的文件。初次面谈之前:一两页篇幅的"执行摘要",用来吸引投资者的目光,引发他们的兴趣。

当然还要准备PPT演示文件,法律文件(公司章程、销售合同)等文件,另外,你应按照次序及时提交投资者所需要的文件,这样也能给投资者留下好印象。其中"执行摘要"和融资演示文件是最重要的两个文件,他们决定投资者跟你是"一面之缘"还是"深入交往"。

3. 与投资者联系

跟投资者联系的关键在于3个方面:与谁联系,怎么联系,什么时候联系。

投资者公司的合伙人各自找项目、看项目、评估项目,但真正要投资的话,需要投资者公司内部集体决定。所以,创业者要想获得投资者的投资,就得先说服投资者公司里的某个恰当的合伙人,由他来负责推进你的项目,并说服其他合伙人。如果你是一家与通信相关的公司,你需要说服那个负责通信行业的合伙人。

找到相应的投资者联系人(合伙人或投资经理)之后,跟他们联系的最好方法是找人推荐。看看你的朋友圈,有没有可以做推荐的人,如果你找了融资顾问帮你的话,这项工作就简单多了。

确定了有意向的投资者后,联系要尽可能在一个较短的周期内集中2~3个批次完成。集中联系的好处是,投资者的投资意向书也会集中到来,这样你就可以比较哪家的条款好,哪家的报价高,也可以在投资者之中形成竞争。

4. 给投资者作融资演示

对于任何投资者,决定他们对项目判断的是两样东西:对公司管理团队的信任度和公司能成功的客观证据。投资者越信任你,并且公司运营良好的信息获得越多，你就很有可能从投资者桌上的一大堆项目中脱颖而出。

投资者比创业者更擅长从演示中找出问题。决定你跟投资者第一次亲密接触的结果不在于你的演示有多么好，而在于你给投资者演示了什么内容。如何通过演示向投资者展示你是一个值得信赖的人，你的公司将会走向成功。投资者并不是目光短浅、不愿意承担风险，他们只不过是投资给他们能看到的最好的项目而已。

因此，要知道演示内容是否能成功，那你首先要知道投资者想通过你的演示了解什么。当然，无非就是规模巨大的市场及行业、完美的产品、独特有效的商业模式、诱人的财务状况及预测、梦幻的团队，等等。演示内容：PPT的结构、PPT的页数、每页的主题、每页的内容量、演示者的演式方式、演示文件的重点内容等。如果你不太熟练的话，最好抓紧时间练习。

5. 后续会谈及尽职调查

一旦创业者给投资者作了一个成功的融资演示，博得了投资者的兴趣，后面就是更多的会谈和投资者对你公司的尽职调查。尽职调查工作通常由投资者的一个合伙人及投资经理来实施，详细的尽职调查就会请第三方的会计师和律师介入。

在尽职调查期间，你跟投资者的接触会非常频繁，也许每周2~3次，会跟投资者公司不同的人谈公司方方面面的事。但目的只有一个，就是验证投资者对你的判断。

投资者在对你作调查的时候，你也最好能抽时间调查投资者的情况。最好的方式就是跟这家投资者投资过的公司的CEO谈谈，把很多你关心的问题搞清楚之后，你也可以决定是不是接受这家投资者。

6. 合伙人演示及出具 Term Sheet

给投资者的全体合伙人作的融资演示，决定你能否拿到投资者的 Term Sheet。合伙制的投资者，内部决策通常要一致通过，一票否决。只要有一个合伙人对你的项目有异议，无论其他合伙人怎么看，这个项目投资者通常是不会做的。

因此，在尽职调查时，你要让那个负责你的项目的合伙人认可，并有信心，他才会积极推进你给全体合伙人作演示。为了促成投资，他在某种程度上甚至跟你是一伙的。另外，投资者内部的其他合伙人对你所从事的行业不一定熟悉，他们不会轻易提出异议，除非从你的演示中，真的发现了什么重大问题。如果合伙人演示成功了，投资者会给你一份 Term Sheet。这证明你初战告捷，离胜利不远了。

7. Term Sheet 谈判

Term Sheet 的谈判对创业者来说是比较困难的，主要是缺少这方面的经验。比如，公司价值、投资者要求的各种优先权利、Term Sheet 谈判机制、公司治理方面的要求等。这些东西创业者可能是第一次遇到，而投资者整天琢磨这些内容，你怎么能跟投资者公平谈判。

解决的方法只有一个，就是同时拿到不同投资者的几份 Term Sheet，这样你就知道什么条款好，什么条款不好，哪家估值合适，哪家估值太低。一旦你有了选择的余地，谈判的天平就向你倾斜了。

8. 法律文件

创业者终于跟投资者把 Term Sheet 签了，但投资者还要作详细的尽职调查，通常是财务和法律两部分。投资者通常有一套所谓"标准的"投资文件，但基本上都是从投资者的利益角度出发，创业者要自己与投资者谈判 Term Sheet，落实具体条款的用途和目的，然后由律师将你的真实意思转换成法律文件。

如果你手上能够拿到好几家投资者的 Term Sheet 会让事情更为简单，相互对比一下，你就能够在谈判桌上有更多的底气。如果在项目足够好的前提下，同时又有其他投资者的竞争，这个时候，沉不住气的投资者会主动松口，而且很多苛刻的条款会被放松。

9. 资金到账

虽然此时你已经完成了融资程序，资金现在到了公司账户，但可能是分期到账，所以你在兴奋之余，还要切记不能乱花钱。按照你给投资者的资金使用计划，在未来一年左右的时间内按照需求使用，逐步实现公司设定的里程碑，兑现给投资者的承诺，这样投资者的后续资金才会及时到账。

总之，创业者要做好思想准备，融资是很艰苦的过程，向投资者融资最快也要3个月，慢的要1年以上，通常6个月是比较常见的。因此，对于创业者来说：至少要留好6个月的现金余量，不要融资过程刚进行一半，公司就没钱了。投资者知道你现金流有问题的话，会拼命压低价格的。

在投资者公司里，你应该跟谁谈

从事投资者的人通常有不同的头衔，主要包括分析师、投资经理、投资总监和合伙人，这些都是每家投资者公司的固定成员。除此之外，投资者公司还有短暂任职的入驻企业家（EIR），以及创业合伙人或者运营合伙人等。

对于创业公司来说，找投资者融资的过程也是一个销售的过程，潜在客户是推销员的上帝，找对人并与之进行高效的沟通，生意很可能就成交了。同样，找投资者融资首先要明白应该找谁谈，跟谁沟通才能取得良好的效果。

找对人才能做对事，在这里，先为创业者介绍一些在找投资者融资过程中经常会接触到的一些人：

1. 有权力的人

有权力的人通常是公司的决策者。在投资者公司里，有权力的人当然就是合伙人，当然有些公司的投资总监也有权力。如果你希望能被有效引荐给其最高层人员，寻找其中之一的合伙人就是最为明智的选择。

在每家公司，无论是投资者公司还是其他公司，有些人是要做项目的，他们汇集各种信息，并且压上自己的声誉。有些人推动项目进展，有些人需要很多人同意了才敢做出决定。

投资者合伙人也是这样的，但是任何一个有权力的人，你都必须认真对待。你必须了解每一个有权力的人的兴趣、问题、关注点，他们有权做出你想要的决定。每个有权力的人都可以投一票。

2. 有影响力的人

与有影响力的人谈,其实就是所谓的"走高层路线",这一招固然巧妙。但在实际操作中,创业者往往并不是在一开始就能接触到高层。

如果你跟"非合伙人"的投资者们建立了良好的关系,那你可能从他们那里得到一些关于项目如何才能得到合伙人批准的线索。比如说,他们可以帮你找出哪个合伙人可能会对你的企业所在领域最感兴趣,你也可以从他们那里得到如何把控审批流程的建议。很重要的一点是,让他们帮你安排与合伙人面谈。

也许创业者是通过做律师的同学或者朋友推荐给投资者的合伙人,但是投资者合伙人可能会让一个资历较浅的人先来审核你的项目。不要小看这一点,因为投资者合伙人总是需要信得过的人来帮忙评估你的公司,解脱自己。

因此,当你和分析师、投资经理、投资总监或者入驻创业者交流时,你要明白他们很多人是有"影响力"的。不要以为某个人头衔高就有影响力,某个人头衔低就没有影响力,每个分析师或投资经理对不同的合伙人都会有不同程度的影响力。

3. 有权力又有影响力的人

那些既有权力又有影响力的人才是会克服困难做成事情的人。显然这类人也是创业者最想接触的人,他们不仅有一票的投票权,还有技巧和意愿去促成决议,有时候他们甚至会拍案而起说:"我们必须做这个项目,原因如下……"

很少有投资决议是"不经思考"一致通过的。创业公司要想获取风险投资者的信任,首先想办法接触那些既有权力又有影响力的人,只要得到这类人的支持,融资概率将得到很大的提高。因为他们的权威性与影响力在投资者公司里占有较多的比重,也是创业者可以巧妙借力的关键点。因此,在任何融资过程中,创业者的目标就是寻找有影响力和权力的人。

4. 既无影响力又无权力的人

当然,你最应该注意的就是花太多时间在那种既无影响力又无权力的人,也被称为"双无人员"。这类人容易接触到，并让你感觉良好，但也会花费你较多时间。"双无人员"会跟你说你的产品一级棒，你的竞争对手非常垃圾。

所以很多人自然而然地被这些"双无人员"吸引过去了，花很多时间在这些"双无人员"身上，但他们不仅不能做出决定，而且根本没有影响力。

那么，创业者怎么才能避免与"双无人员"接触既浪费了时间，又无法得到帮助的情况发生呢？最关键就是要学会辨别"双无人员"。比如，当你请求他们帮你安排下一步该怎么走时，他们要么是没法办到，要么就是找各种借口来拖延你。

当然，"双无人员"还有另外一种形式，就是"无新资金+无新投资"。他们也不停地跟创业者见面，但从不进行任何投资（因为他们没钱投）。对这类人，只要做点调研就很容易将其挑出来，如看看他们近3年来投资了多少项目。一句话，在企业销售过程中，对付"双无人员"的唯一方法就是直接去找这家公司里有影响力或者有权力的人，在小企业融资中，也是如此，或者换一家投资者谈谈。

创业者一定要找到合适的对象，把自己的项目阐释清楚，才能成功引资。否则的话，你所做的工作其收益就会微乎其微。

跟投资者沟通时，应该注意的问题

创业者在与投资人沟通时要把心态弄清楚，依靠新颖的创意和出色的能力准备去创造一份事业。而投资是拿钱去赚钱的事情。他拿这个钱存进去，目标是赚更多的钱回来。因此，投资者通常会订一些协议，做各式各样的限制，保护他们的条款。

只要这个事情合理，不会影响到公司的组织结构，创业者就要调整心态并愉快地接受。如果创业者的心态没摆正，将会影响接下来的沟通效果。要想达到高效的沟通，创业者必须表现出诚恳的态度，如果对方提出问题，尽可能告诉他解决办法。回避问题是不可取的，更不能忽悠对方。

如果在董事会上面提出一个问题，你没有解决的办法，那么会议就将可能变成一个为你解决问题的讨论会，势必会影响投资人对创业公司的决策。因此，创业者要做好充足的准备，比如，事先要考虑到将要被问到的问题，并给出解决问题的方法，这样做的目的就是不让投资人的精力分散到一些无关紧要的问题上。

有的创业者害怕自身存在的问题被暴露，尽早披露麻烦的问题但这并不是说你在融资时应该全盘托出。创业者完全可以技巧性的给予答复，尤其是创业者面对投资者提出的3个问题时绝对要小心：

1. 你的账上还有多少现金，这些现金可以维持多长时间

对这种问题，一定不能这样回答："我们两个月后就会用完所有钱，企业陷入困境了。"如果你说即将破产或者告诉投资人你什么时候会破产，这样不会给你带来好的结果。

不管实际上公司的现金状况多么糟糕，一定要按照这样的思路回答："我们现在资金充足，投资人对我们很支持。"或者"我们每个月的消耗很低，可以自给自足。"

当然，创业者应该清楚地介绍公司的财务情况、每个月的开支，但是告诉投资者公司现金能够支撑的具体时间是不明智的，这样，你就丧失了谈判的砝码，即使投资者压低报价你也只好接受了。

2. 你同时还在跟哪些投资人谈

这个问题经常会被投资者问到，创业者往往会过于自信地说："是的，某某公司跟我们开过两次会，某个投资者公司快要给 Term Sheet 了。"这样的回答并不会让投资者感到紧张的，除非是他没有自己独立的判断能力，或者特别看好这个项目。

3. 详细的股权结构和上轮融资的估值

这两个问题可能会告诉投资者两点：他会让哪些投资人从这个项目中赚钱，以及会让这些投资人赚到多少，而这些可能不利于你的最大利益。管理团队的股权比例很重要，但是要含蓄一点，不要披露太多不需要披露的东西。

创业者要牢记的一点是：这个信息对投资者评估是否投资有没有用，对

投资者确定价格有没有用？如果答案是否定的，同时这个信息可以作为其他人的谈判筹码的话，你就没有义务回答。

因此，你要把自己的底牌盖好，保持信息的不对称。创业者在这么做的时候，注意不要让投资者感觉你是在装腔作势，而要保持自信："我们正在有选择地跟一些投资人谈，目前也取得了不错的进展。"

如果创业者认为某些信息很有价值，很重要，要有选择地披露。比如，投资者应该可以在不了解你的股权结构的情况下，给你一个投资框架。但是，在知道详细股权结构之前，他是不会给你一份详细的 Term Sheet 的，并不是什么时候都应该 100% 地把信息告诉投资者。

创业者融资的注意事项

做一个周全的融资计划

公司的初创阶段，往往都需要一笔不小的创办经费和资本，这笔资本越充分越好，以便于创业者创业时游刃有余，也可以避免在创办早期因各种不可预测的缘故造成周转不够，落得中途而废。因此，这就需要创业者制定一个周全的资金筹集计划，为日后的发展作准备。

创业者在融资之前，一定要做好融资计划。融资计划的制作是一个复杂的过程，千万不要在融资前草草地拟作一个。

小赵大学毕业之后，针对学校地处中原，学生爱吃面的习惯，想创办一家面馆。经调研发现，用新鲜的菠菜、南瓜、番茄、白菜、胡萝卜等蔬菜汁，和着面粉做成的五颜六色"蔬菜面"深受食客喜爱，于是决定加盟一家蔬菜面店。

由于刚毕业，资金成为小赵面临的首要瓶颈，但被创业的兴奋刺激着的小赵，大概估算了一下未来小店发展的状况，就开始热火朝天地大干起来。

先联系加盟店，然后想店名、选址，忙着去工商局登记……等忙活了一阵子之后，小赵发现加盟费、设备、店面，等等，都需要资金，而自己的资金却寥寥无几。小赵失落了，他不知道自己该怎么做？

其实，资金是制约创业的重要一环。任何创业者在创业之前，都应该有一个周全的融资计划。一个周全的资金融资计划，应该包含以下几个方面的内容：

1. 计算投资回收期

投资回收期就是使累计的经济效益等于最初的投资费用所需的时间，可分为静态投资期和动态投资期。投资回收期的计算方法是将初始投资成本除以因投资产生的预计年均节省数或由此增加的年收入。

2. 计算现值和终值

现值就是开始的资金，终值就是最终的资金。

3. 计算融资成本

企业因获取和使用资金而付出的代价或费用就是企业的计算融资成本，它包括融资费用和资金使用费用两部分。企业融资总成本＝企业融资费用＋资金使用费用

4. 融资渠道

融资渠道主要有：国家财政资金、专业银行信贷资金、非银行金融机构资金、其他企业单位资金、企业留存收益、民间资金、境外资金。

5. 融资方式

融资方式主要有：吸收直接投资、发行股票、利用留存收益、向银行借款、利用商业信用、发行公司债券和融资租赁。

6. 融资数量

（1）融资数量预测依据：法律依据、规模依据、其他因数。

（2）融资数量预测方法：因素分析法、销售百分比法、线性回归分析法。

7. 融资可行性分析

（1）融资合理性：合理确定资金需要量，努力提高融资效果。

（2）融资及时性：适时取得所融资金，保证资金投放需要。

（3）融资节约性：认真选择融资来源，力求降低融资成本。

（4）融资比例性：合理安排资本结构，保持适当偿债能力。

（5）融资合法性：遵守国家有关法规，维护各方合法权益。

（6）融资效益性：周密研究投资方向，大力提高融资效果。

（7）融资风险性：企业的融资风险是指企业财务风险，即由于借入资金进行，

负债经营所产生的风险，其影响因素有经营风险的存在、借入资金利息率水平、负债与资本比率。

总之，创业要精打细算，这是再明了不过的事。而制订详尽的融资计划对于创业者而言，不仅可以节省许多不必要的开支，还可以减少创业之初遇到的各种麻烦。若创业者制订融资计划时将以上各方面的内容考虑在内，会是一个很好的开端。

另外，在做筹集计划时，创业者需要着重关注以下事项：

1. 选择风险较低的融资方式

不同的融资方式风险大小往往不同，有的融资采取可变利率计算，当市场利率上升时，创业者就需要支付更多的利息。利用外资方式融资，汇率的波动也可能使创业者偿付更多的资金；或者是出资人发生违约，不按合同出资或者提前抽回资金，都会给创业者造成重大的损失。

商业融资，必须选择那些风险较小的方式，努力降低融资的风险。如目前利率较高，而预测不远的将来利率将要下落，这时融资，应要求按照浮动利率计息；如果情况相反，则应按固定利率计息；再比如利用外资，应避免以硬货币来偿还本息，而应该争取以软货币偿付，避免由于汇率上升、软币贬值而带来的损失。同时，在融资过程中，创业者还应选择那些信誉良好、实力较大的出资人，以减少违约现象的发生。

2. 增强融资渠道的可转换性

由于各种融资方式的风险大小不同，因此在筹集资金时，创业者应注意各种融资方式之间的转换，即从这一种方式转换为另一种方式的能力，以避免或减轻风险。通常情况下，短期融资方式的转换能力强，由于期限短，如果风险太大，可以及时采用其他方式融资。而长期融资方式变换较为困难，长期融资中，如果合同中规定可以通过一定手续进行转换，如利用外资的币种转换，则风险也相对小些。除此之外，创业者融资应广开渠道，不能过分地依赖一个或几个资金渠道，进行多元化和分散化融资，亦可增强转换能力，降低风险，提高创业成功的概率。

融资计划的周全与否，往往可以看出创业者思维的缜密、工作的周全与否等，投资者只会把钱交给他放心的人手中，所以计划的周全是相当重要的。

创业融资的省钱之道

许多人在创业初期往往求"资"若渴，为了筹集创业启动资金，根本不考虑融资成本和自己实际的资金需求情况。但是，如今市场竞争使经营利润率越来越低，除了非法经营以外很难取得超常暴利。因此，广大创业者在融资时一定要考虑成本，掌握创业融资省钱的窍门。

刘念原来在一家服装公司做行政人员，后来在亲友的鼓励下他想创业。有了亲友的鼎力相助，他便辞去了工作，自己注册了一家电脑公司。在亲戚的帮助下，他顺利从当地信用社取得了50万元贷款。

信用社的服务非常完善，可就是贷款利率比法定贷款利率上浮了很多，另外还要从贷款中扣除两笔莫名其妙的"咨询费"和"理财顾问费"，这样，他实际贷款的年利率非常高。当时，刘念没有过多考虑贷款成本，可由于电脑业竞争激烈，他只能微利经营，到年底一算账，偿还贷款本息后正好不挣不赔，用他的话说，等于白白给信用社打了一年工。

下面介绍一些创业融资的小窍门：

1. 巧选银行，贷款也要货比三家

按照金融监管部门的规定，各家银行发放商业贷款时可以在一定范围内上浮或下浮贷款利率。其实到银行贷款和去市场买东西一样，挑挑拣拣，货比三家才能选到物美价廉的商品。相对来说，国有商业银行的贷款利率要低一些，但手续要求比较严格，如果你的贷款手续完备，为了节省融资成本，可以采用个人"询价招标"的方式，对各银行的贷款利率以及其他额外收费情况进行比较，从中选择一家成本低的银行办理抵押、质押或担保贷款。

2. 合理挪用，住房贷款也能创业

如果你有购房意向并且手中有一笔足够的购房款，这时你可以将这笔购房款"挪用"于创业，然后向银行申请办理住房按揭贷款。住房贷款是商业贷款中利率最低的品种，办理住房贷款曲线用于创业成本更低。如果创业者已经购买有住房，也可以用现房做抵押办理普通商业贷款，这种贷款不限用途，可以当作创业启动资金。

3. 精打细算，合理选择贷款期限

银行贷款一般分为短期贷款和中长期贷款，贷款期限越长利率越高，如果创业者资金使用需求的时间不是太长，应尽量选择短期贷款，比如原打算办理两年期贷款可以一年一贷，这样可以节省利息支出。另外，创业融资也要关注利率的走势情况，如果利率趋势走高，应抢在加息之前办理贷款；如果利率走势趋降，在资金需求不急的情况下则应暂缓办理贷款，等降息后再适时办理。

4. 亲情借款，成本最低的创业"贷款"

创业初期最需要的是低成本资金支持，如果比较亲近的亲朋好友在银行存有定期存款或国债，这时你可以和他们协商借款，按照存款利率支付利息，并可以适当上浮，让你非常方便快捷地筹集到创业资金，亲朋好友也可以得到比银行略高的利息，可以说两全其美。不过，这需要借款人有良好的信誉，必要时可以找担保人或用房产证、股票、金银饰品等做抵押，以解除亲朋好友的后顾之忧。

5. 提前还贷，提高资金使用效率

创业过程中，如果因效益提高、货款回笼以及淡季经营、压缩投入等原因致使经营资金出现闲置，这时可以向贷款银行提出变更贷款方式和年限的申请，直至部分或全部提前偿还贷款。贷款变更或偿还后，银行会根据贷款时间和贷款金额据实收取利息，从而降低贷款人的利息负担，提高资金使用效率。

6. 用好政策，享受银行和政府的低息待遇

创业贷款是近年来银行推出的一项新业务，凡是具有一定生产经营能力或已经从事生产经营活动的个人，因创业或再创业需要，均可以向开办此项业务的银行申请专项创业贷款。

创业者在融资的时候，不妨仔细考量各种融资途径，综合利用多种政策，尽量减少不必要的资金浪费，从而为创业积累更多可利用的资金。

融资的五大要求和四大方针

融资是创业者活动的起点，是一项重要而复杂的工作。许多创业者并不是一步登天步入辉煌的，而是走过艰难而曲折的创业融资过程，在这一过程中积累了经营管理经验，才进入企业经营与发展的佳境的。这一过程，就如同要产生氢弹爆炸的核聚变反应，首先是普通炸弹的一级爆炸产生的压力，使核裂变原料达到临界体积，发生核裂变链式反应，从而超出了普通炸弹爆炸当量的1亿倍。

联想公司在创办之初，柳传志等创业者们先是卖了一个月的电子手表和旱冰鞋，赚了些钱，但他们觉得不对劲，公司的优势在于自己是科技专家，所以要靠自身比较优势——技术能力，才是正道。于是又开始给人讲课、装修机器，来积累原始资金。当有了一些本钱之后，公司就开始开发科技产品，由倪光南做总工程师，研制出了计算机汉卡。正是这个汉卡，使公司由一个

做贸易的小公司上了台阶，变成了拥有自主高科技产品的高科技企业。为了更快积累资本，加速公司发展，他们又开始做国外计算机等厂商的代理，并以此为基础，1990年组装生产出自己的微机。在此过程中，联想创业者们形成了"贸工技"的经营理念。

创业者融资要研究影响融资的各种要素，讲求综合经济效益，并按照一定的要求进行。

1. 融资必须有效、及时

融资的目的是为了保证创业伊始所必需的资金。无论通过什么渠道、采取什么方式来筹集资金，创业者都应预先确定合理的资金需求量，并制定融资计划，使资金的筹集量与需求量达到平衡。这样，既能避免因为资金筹集不足而影响创业工作的正常进行，又可以防止资金筹集过多而降低资金的利用率。同时，创业者融资应根据资金的投放时间来合理安排，使资金的筹集和使用在时间上互相衔接，避免超前融资造成使用前的闲置和浪费，或滞后融资而坐失良机。

2. 融资要讲效益

融资是为了满足公司创建以及经营初期资金运作的需要。创业者只有明确了这一点，安排了资金的用途以后，才能根据需要选择适当的融资渠道、融资方式以及融资数量，避免漫无目的的融资。

3. 选择融资方式，降低资金成本

资金成本是资金使用者支付给资金所有者的报酬及有关的筹措费用，是对企业融资效益的一种预先扣除。不同渠道和方式的融资其难易程度和资金成本是不一样的。创业者在融资时要综合考虑各种融资渠道和方式，研究各种资金来源的构成情况，选择最优的融资方式，以降低资金成本，使资金的使用效率最大化。

4. 适度负债经营

公司的资本结构一般由自有资本和借入资本构成。自有资本是指公司依

法筹集并长期拥有、自由调配使用的资金，包括资本金、资本公积金、盈余公积金和留存利润等；借入资本是指创业者依法筹集并依约使用、按期偿还的资金，通常指短期负债和长期负债。自有资本的多少反映了公司的资金实力。

但大多数创业者不会以自有资本作为唯一的资金来源，而是通过借债来筹集部分资金，即负债经营。负债经营在投资利润率高于借入资金的利息率的情况下，可以使公司的自有资本获得杠杆利益，负债比例越大，企业可获得的利益也越大，但同时，财务风险也越大。因此，创业者在筹集资金时，要科学合理地确定借入资本与自有资本的比例，优化自身的资本结构，适度地负债经营。这样既利用了负债经营的财务杠杆作用高自有资本的收益率，又降低了自身的财务风险，偿债能力也得到了保障。

5. 规划融资方案，认真执行融资合同

在融资过程中，首先必须进行融资成本和投资效益可行性的研究，拟定融资方案。对融资时间应选择有利的时机，既要与用资时间相衔接，又要看资金市场的供应能力。在具体操作时，融资者与出资者应按照法定手续认真签订合同、协议或制定章程，明确各方的责任和权利。此后，必须按照融资章程、融资方案和合同规定执行，恰当支付投资者报酬，按期偿还借款，这也是维护自身信誉的必要保障。

在公司创业者筹集启动资金时，必须遵循一定的财务管理方针和规律。就目前而言，所融资金的来源及其途径多种多样，融资方式也机动灵活，从而为保障融资的低成本、低风险提供了良好的条件。但是，由于市场竞争的激烈和融资环境以及融资条件的差异性，又给融资带来了诸多困难。因此，创业者在融资时必须坚持一定的方针，具体有以下 4 项：

1. 准确预测需用资金数量及其形态方针

公司资金有短期资金与长期资金、流动资金与固定资金、自有资金与借入资金，以及其他更多的形态。不同形态的资金往往满足不同的创业和经营需要。融资需要和财务目标决定着融资数量。相关人员应周密地分析创业初期的各个环节，采取科学、合理的方法准确预测资金需要数量，确定相应的资金形态。这是融资的首要方针。

2. 追求最佳成本收益比方针

创业者不论从何种渠道以何种方式筹集资金，都要付出一定的代价，也就是要支付与其相关的各种筹集费用，如支付股息、利息等使用费用。即使动用自有资金，也是以损失存入银行的利息为代价的。资金成本是指为筹集和使用资金所支付的各种费用之和，也是公司创建初期的最低收益率。只有收益率大于资金成本，融资活动才能具体实施。资金成本与收益的比较，在若干融资渠道和各种融资方式条件下，应以综合平均资金成本为依据。简言之，创业者筹集资金必须要准确地计算、分析资金成本。这是提高融资效率的基础。

3. 风险最小化方针

融资过程中的风险是公司融资不可避免的一个财务问题。实际上，创业过程中的任何一项财务活动都客观地面临着一个风险与收益的权衡问题。资金可以从多种渠道利用多种方式来筹集，不同来源的资金，其使用时间的长短、附加条款的限制和资金成本的大小都不相同。这就要求创业者在筹集资金时，不仅需要从数量上满足创建和经营的需要，还要考虑到各种融资方式所带来的财务风险的大小和资金成本的高低，做出权衡，从而选择最佳融资方式。

4. 争取最有利条件方针

筹集资金要做到时间及时、地域合理、渠道多样、方式机动。这是由于同等数额的资金，在不同时期和环境状况下，其时间价值和风险价值大不相同。

所以，创业者要把握融资时机，以较少费用筹集到足额资金。因此，必须研究融资渠道及其地域，战术灵活，及时调剂，相互补充，把融资与创建、开拓市场相结合，实现最佳经济效益。具体地说，融资要采用尽可能多的融资方式，尽可能低的资金成本，尽可能长的偿还期限，尽可能减小风险。

小本创业者融资的注意事项

在创业企业融资的过程中，为了保证融资的成功率更高，小本企业创业者应当注意以下一些方面的问题：

1. 只有创意还不行，还要有竞争优势

单有好的创意还不够，你还需要有独特的"竞争优势"，这个优势保证即使整个世界都知道你有这样一个创意你也一定会赢。也许除了有好的创意或者某种竞争优势还不够，公司人人能建，但你会经营吗？如果你能用不多的几句话说明上面这些问题，并提起投资商的兴趣，那么接着你就可以告诉他你计划需要多少资金，希望达到什么目标。

2. 不要空泛地描述市场规模

有些小本创业者一个常见的错误是对于市场规模的描述太过空泛，或者没有依据地说自己将占有百分之好几十的市场份额，这样并不能让人家相信你的企业可以做到很大规模。

3. 先吸引投资者的注意力

也许你会在公共场合偶然遇到一位投资者，也许投资者根本不想看长长的商业计划书，你只有几十秒钟的时间吸引投资者的注意力。当他的兴趣被你激发起来，问起你公司的经营队伍、技术、市场份额、竞争对手、金融情况等问题时，你已经准备好了简洁的答案。

4. 与投资者讲价钱

投资者对创业企业的报价往往类似于升价拍卖，如果投资者真的很看好这家企业，他会提高对企业的作价，到双方达成一致意见为止。另一方面，创业企业在融资时的报价行为类似于降价拍卖，刚开始时自视甚高，期望不切实际的高价，随着时间的推移，企业资金越来越吃紧，投资意向一直确定不下来，锐气逐渐磨钝，结果最后接受现实的价格。

5. 强调竞争对手

有些小本创业者为了强调企业的独特性和独占优势，故意不提著名的竞

争对手，或者强调竞争对手很少或者很弱。事实上，有成功的竞争对手存在正说明产品的市场潜力，而且对于创业投资公司来说，有强势同行正好是将来被收购套现的潜在机会。

6. 合理预测

预测的一个常见错误是先估算整个市场容量，然后说自己的企业将获得多少份额，据此算出期望的销售额。另一个值得怀疑的方法是先预计每年销售额的增长幅度，据此算出今后若干年的销售额。

过于乐观的估计会令人感到可笑。例如，有人这样估计营业额：我发明了一种新鞋垫，假设全国人民每人每年买两双，那么市场容量有26亿双，我们只要获得这个市场的一半就不得了了。

比较实在可信的方法是计划投入多少资源，调查面向的市场有多少潜在客户，有哪些竞争产品，然后根据潜在客户成为真正用户的可能性和单位资源投入量所能够产生的销售额，最后算出企业的销售预测。

7. 关于先入优势

需要注意的是，先入者并不能保证长久的优势，如果你强调先入优势，你必须能够讲清楚为什么先入是一种优势，是不是先入者能够有效地阻碍新进入者，或者用户并不轻易更换供应商。

8. 注重市场而不是技术水平

许多新兴企业，尤其是高科技企业的企业家都是工程师或科学家出身。由于其专业背景和工作经历，他们对技术的高、精、尖十分感兴趣，但是投资人关注的是你的技术或产品的赢利能力，你的产品必须是市场所需要的。

技术的先进性当然是重要的，但只有你能向投资者说明你的技术有极大的市场或极大的市场潜力时他才会投资。很多很有创意的产品没能获得推广是因为发明人没有充分考察客户真正需要什么，没有选准目标市场或者做好市场推广。投资者是商人，他们向你投资不是因为你的产品很先进，而是因为你的企业能赚钱。

第五篇

日常经营：完善的管理策略

企业的产品策略

保证质量是首要战略目标

当今的世界，发展浪潮波涛汹涌，创业意识势不可当，一个企业要在竞争中乘风破浪，立于不败之地，靠的是什么呢？靠的就是优良的产品质量。

任何企业，若想在星罗棋布的同行中立足，若不讲求质量，注重信誉，那么后果不堪设想。千里之堤，溃于蚁穴，试想如果厂里质量把关不严格，那么就会生产出不合格的产品，投入到市场中，损害了消费者的利益，从而企业的形象将会一落千丈，产品滞销在所难免。海尔的发展是靠质量起家的，从原来一个资不抵债的小厂到现在一个国际化的大公司。

在海尔的企业文化展示厅里，有一把锤子十分醒目，让看过的人忘不了。每一位刚刚进入海尔的新员工，都会聆听老员工讲20多年前张瑞敏砸冰箱的故事。

1985年，张瑞敏刚到海尔不久，当时叫青岛电冰箱总厂。一天，厂里接到用户的来信，反映他们的冰箱存在质量问题。张瑞敏马上派人把冰箱库房里的400多台冰箱全部检查了一遍，结果发现有76台冰箱都存在缺陷。

张瑞敏把全体职工叫到一起，问大伙怎么处置这些有缺陷的产品。多数员工表示，这些问题不大，并不影响使用，冰箱就便宜点儿处理给员工算了。当时一台冰箱的价格800多元，相当于一名职工两年的收入。

张瑞敏说："我要是允许把这76台冰箱卖了，就等于允许你们明天再生产760台这样的冰箱。"他立即宣布，把这些冰箱全部砸掉，谁生产的谁来砸，并抢起大锤亲手砸了第一锤！很多职工流下了眼泪。然后，张瑞敏告诉大家——有缺陷的产品就是废品。3年以后，海尔人捧回了我国冰箱行业的第一个国家质量金奖。

砸冰箱的时候，张瑞敏还是一个30多岁的新厂长，他敢于把如此多数量的冰箱砸成废铁，如果没有一种改革的勇气，没有一种置之死地而后生的魄力，在当时的情况下，谈何容易。但这一锤砸出了员工的质量意识，砸出了"有缺陷的产品就是废品"的质量理念，砸出了客户心中的一个世界品牌——海尔。

在谈到海尔的发展历程时，张瑞敏说，海尔的真正创业史开始于1984年，当时的海尔是一个800多名员工、资不抵债的街道小工厂。他刚到企业的时候，还发不出工资，需要借钱来发工资，过了差不多有半年的时间，企业慢慢好转，开始生产一些电器产品。

当时的市场很好，有人形容"用纸糊个冰箱都能卖出去"。而且当时还规定了一等品、二等品、三等品、等外品，甚至还有内部处理品。换句话说，当时有政策，所有的产品都有出路。因此，对质量就无所谓了，反正生产出来都能卖出去。所以，大家都没有什么责任意识，对产品质量无所谓，所以树立质量意识势在必行。

之所以当年为什么非要砸这一锤，张瑞敏讲了一个故事：

20世纪80年代初期，张瑞敏赴德国寻求技术合作。在西德的工厂考察的时候，德国人精湛的产品生产工艺，给了他极大的刺激。他反问自己："我们中国人并不比德国人笨，难道我们就不能做得和他们一样好吗？"

后来，张瑞敏想在德国超市买一些用品，却发现货架上没有一种中国制造的商品。适逢当地一个盛大的节日，陪同他的那个德国人手指腾空而起的焰火告诉我："这焰火是从你们国家进口的。"张瑞敏再次受到刺激，他暗暗在心里发誓，一定要建立中国的品牌，中国人必须有中国自己的国际名牌。

张瑞敏抡起大锤这一砸，让海尔的质量开始出现大的飞跃。"敬业报国，追求卓越"成为海尔精神，并列在首位。

1991年，海尔第一次向"师父"德国出口冰箱。当时，德国海关和商品检验局都不信任中国产品，8000台海尔冰箱硬是进不了德国。没办法，海尔请检验官把德国市场上所有品牌的冰箱和海尔冰箱都揭去商标，放在一起检验。检验结果表明，海尔冰箱获得的"+"号最多，甚至比海尔的老师利勃海尔还多几个"+"号。这下，德国人服气了，纷纷订货。不久，又碰上德国检测机构对市场上的冰箱进行质量检测，海尔5个项目共拿了8个加号，排在第一位。事实证明，"中国造"完全可以和"德国造""日本造""美国造"一比高下。

目前海尔产品遍及世界100多个国家和地区，其中，大部分产品在欧美地区销售。"把每一件简单的事做好就是不简单，把每一件平凡的事做好就是不平凡。"这是张瑞敏的名言。

他是一个众人皆知的成功者，也是一个精益求精的执行者。当初他痛下决心让员工将不合格的冰箱砸烂，以这一壮举赢得质量，赢得信誉，赢得了市场，更赢得了效益。

创业者对质量负责就是对顾客负责；对顾客负责就是对企业负责。这里面的道理很容易理解：只有赢得顾客，企业才有发展的空间。如果企业不能把好质量关，就必将遭到顾客的抛弃。

质量是企业生存的奠基石，质量是企业发展的"金钥匙"，换句话说质量就是企业的生命。质量所受到的高度重视使得质量管理现已成为一种运动，并涉及对如何经营的全面再思考。全面质量管理是一种思想，其透露的核心信念是，要想获得长期的财务成就，那么质量提高是必不可少的。

质量是维护顾客忠诚的最好保证

华硕总经理徐世明认为，全世界没有一个质量差、光靠价格便宜的产品能够长久地存活下来。通用电气总裁杰克·韦尔奇更是鲜明地指出："质量是维护客户满意和忠诚的最好保证，是企业对付竞争的有力武器。"质量对营销的影响力是无法预计的。

相信看过电视剧《大宅门》的读者都会知道北京同仁堂，这是一个难得的百年老店，也是中国医药界的一块"金字招牌"。

同仁堂创建于清康熙八年，自1723年开始供奉御药，历经八代皇帝188年。在近300年的风雨历程中，历代同仁堂人始终恪守"炮制虽繁必不敢省人工，品味虽贵必不敢减物力"的古训，树立"修合无人见，存心有天知"的自律意识，造就了制药过程中兢兢业业、精益求精的严细精神，其产品以"配方独特、选料上乘、工艺精湛、疗效显著"而享誉海内外。

1702年，创始人乐显扬的三子乐凤鸣在同仁堂药室的基础上开设了同仁堂药店。开业之初，同仁堂就十分重视药品质量，并且以严格的管理作为保证。乐凤鸣不惜五易寒暑之功，苦钻医术，刻意精求丸散膏丹及各类型配方，分门汇集成书。在该书的序言中，他提出"遵时后，辨地产，炮制虽繁，必不敢省人工；品味虽贵，必不敢减物力"，为同仁堂制作药品建立起严格的选方、用药、配比及工艺规范，代代相传，培育了同仁堂良好的商誉。

300多年来，同仁堂为了保证药品质量，坚持严把选料关。起初，北京同仁堂为了供奉御药，也为了取信于顾客，建立了严格选料用药的制作传统，保持了良好的药效和信誉。新中国成立后，同仁堂除严格按照国家明确规定的上乘质量用药标准外，对特殊药材还采用特殊办法以保证其上乘的品质。例如，制作乌鸡白凤丸的纯种乌鸡由北京市药材公司在无污染的北京郊区专门饲养，饲料、饮水都严格把关，一旦发现乌鸡的羽毛、骨肉稍有变种即予以淘汰。这种精心喂养的纯种乌鸡质地纯正、气味醇鲜，其所含多种氨基酸的质量始终如一，保证了乌鸡白凤丸的质量标准。

中成药是同仁堂的主要产品，为保证质量，除处方独特、选料上乘之外，严格精湛的工艺规程是十分必要的。如果炮制不依工艺规程，不能体现减毒或增效作用，或者由于人为的多种不良因素影响质量，不但会影响药效，甚至会危害患者的健康和生命安全。同仁堂生产的中成药，从购进原料到包装出厂都有上百道工序，加工每种药物的每道工序都有严格的工艺要求，投料的数量必须精确，各种珍贵细料药物的投料误差控制在微克以下。如犀角、天然牛黄、珍珠等要研为最细粉，除灭菌外，要符合规定的罗孔数，保证粉剂的细度，此外还要颜色均匀、无花线、无花斑、无杂质。

从最初的同仁堂药室、同仁堂药店到现在的北京同仁堂集团，其所有制形式、企业性质、管理方式也都发生了根本性的变化，但同仁堂经历数代而不衰，在海内外信誉卓著，树起了一块金字招牌，真可谓药业史上的一个奇迹。

美国盖洛普商业调查公司曾做过一项民意测验，题目是："你愿意为质量额外支付多少钱？"其结果甚至使那些委托进行调查的人都感到吃惊："大多数用户表示只要产品质量满意，就愿意多花钱。"

美国营销专家瑞查得和赛斯也在研究中发现，顾客的满意与忠诚已经成为决定企业利润的主要因素，有的企业在市场份额扩张的同时利润反而萎缩，而有着高忠诚度的企业往往获得了大量利润。据调查，多次光顾的顾客比新顾客可以多为企业带来20%~85%的利润。因此，顾客的满意与忠诚已经成为决定企业利润的主要因素。特别是在我国现在的市场环境下，市场份额和利润的相关度已经大大降低，甚至有不少企业在市场份额扩张的同时利润反而萎缩，顾客的忠诚度更是成了影响企业利润高低的决定性因素。

较高的质量直接带来了顾客的忠诚度，同时也支撑了较高的价格和较低的成本，并能减少顾客的流失和吸引到更多的新顾客。如果说20世纪是生产率的世纪，那么21世纪就是质量的世纪，质量是和平占领市场最有效的武器。所以，创业者一定要保证自己产品的高质量，以高质量的产品赢得消费者的青睐。

以踏踏实实的心态做产品

"踏实"一词，有两种解义。其一是指工作和学习态度认真、细致、切实，如工作很踏实；其二是说心态的安稳、平和、放心，如心里很踏实。对产品质量工作而言，"踏实"的两种解义既有因果关系之巧，又有异曲同工之妙。

即只有用踏实的工作作风和态度，才能得到消费者心中对产品质量的放心踏实。创业者在做产品的时候，一定要保持踏踏实实的心态，把产品做好，做的让消费者放心。

李嘉诚在资本市场很多次近乎完美的减持套现，让人感觉他是一个资本高手，但是李嘉诚在多个场合声称，自己是做实业的。在2007年，面对全民皆股的热情，李嘉诚在接受香港媒体采访时不无感慨地说："我们要问香港凭什么跟别人竞争，是否光靠炒股票等投机行为？这是绝对不对的，我们要实实在在去做事。"

如果把投资比喻成一场豪赌，那么实业就是勤劳朴实的小青年。创业的路上充满了心酸，唯有踏实和认真、稳扎稳打，走好每一步，才能为创业的成功打下基础。而踏实的心态，伴随而来的也是产品的高质量和消费者的信赖。

劳斯莱斯是一个全球知名的汽车品牌，更代表了一种汽车文化。在汽车市场竞争激烈的今天，劳斯莱斯面临诸多强大的对手，如通用、福特和宝马等。但是劳斯莱斯一直保持着领先的汽车文化和品牌文化。

1904年劳斯莱斯汽车正式问世，它的制造者是英国的一位名叫亨利·劳斯的男子。当时，有很多人都说，劳斯是个技术狂，这一点也不假。因为，他在制作每一部车时，都如同是在创作一件美术品，用非常认真和踏实的态度对待。即使是小到一颗螺丝，他一般也不采用全自动化生产的方式，而是亲自精雕细刻。对于车身底盘、引擎，他还可以根据订货人的爱好，选择制造方式。

这种踏实的态度和精益求精的结果是，每一部劳斯莱斯汽车都具有坚固、耐用、无故障，几乎听不到噪音，觉不出晃动的特点。无论哪一型号的劳斯莱斯，以每小时100千米的速度行驶时，放在水箱上的银币可以长时间不被颤动下来。当你坐在车子里时,你听不到马达声,只听到车内钟表上的分针、秒针的轻微移动声。因此,这种车被公认为是世界上最优良的汽车,拥有它的人都会感到一种自豪和荣耀。

在英国皇家汽车俱乐部监督下的苏格兰汽车性能评审会上,经过伦敦到格拉斯哥之间1万~5万英里的路程测试以后,劳斯莱斯以领先3天的时间获胜。经过评审,它的零件损耗费仅为3.70英镑,轮胎磨损及汽油的消耗平均1英里大约4便士。劳斯莱斯的名声早在一战之前就响彻世界各国。第一次世界大战后,劳斯莱斯更是获得了"世界第一"的光荣称号。

即使是今天,为了能在竞争中脱颖而出,劳斯莱斯仍然坚持自己踏实认真的态度和精益求精的品质。劳斯莱斯培训员工不是以制造冷冰冰的机器的观点进行工作,而是以人类高尚的道德情操和艺术家的热情去雕琢劳斯莱斯轿车的每一个零件,每一道工序制作出来的东西都是有血有肉的艺术极品。所以,劳斯莱斯公司出售的不仅是品牌汽车,而且代表更高的艺术品位。

劳斯莱斯的品牌标志——"飞翔的女神"也很独特,它集中体现了劳斯莱斯个性化的品牌文化意蕴:她是一位优雅的飞翔女神,她代表人类的崇高理想,她代表人类生活的快乐之魂,她代表高贵与财富,她将道路旅行视为卓尔不凡的享受。因此,她降临在劳斯莱斯车的车首上,整个世界都能听到她振翅的动听声音。劳斯莱斯历经百年不变的"飞翔的女神"和汽车徽标的文化品位,完整地体现了劳斯莱斯公司和劳斯莱斯轿车的独特品牌文化内涵和精髓,因此更吸引人,更具有激情,更能打动人心。

劳斯莱斯就是踏踏实实的心态和精益求精的品质,致力于制造高品质的汽车和品牌文化。至今,人们只要看见那"飞翔的女神",就会马上联想到雍容华贵的车中极品——劳斯莱斯轿车的形象。同样,当人们驾驶劳斯莱斯轿车行驶在道路上时,更相信这飞翔的女天使一定会增加他们的荣誉感,给他们带来好运道、好福气。劳斯莱斯已经不仅仅是代步工具了,对渴望成功的有志之士,劳斯莱斯轿车更能激发他们追求理想的动力。

创业者要想获得成功，不是干过多少事，而是干成多少事，尤其是在产品上，一定要保障质量和服务。只有极端出色，企业才具有竞争力，才能在市场大潮中获得胜利。踏踏实实的心态和精益求精的产品追求成就企业核心竞争力。

而在现实生活中，创业者对工作作风的不踏实也绝不能等闲视之。应当大张旗鼓地在团队中努力宣传和发扬实事求是、求实、务实的精神，提倡脚踏实地、干实事、求实效的作风，树立眼见为实，从实际出发的方法。如果创业者团队真正能够围绕着"实"字做足、做够了文章，产品的质量自然也就有了保障。

低成本战略不能牺牲产品的品质

如今，创业很热。不管是刚毕业的大学生，还是正在为别人打工的企业员工，都在摩拳擦掌地想自己试一试，大干一番。

可如果仔细询问他们这个创业到底该怎么开始，有何方向时，大多的回答都是"还不清楚""还不知道"。创业就需要资金，刚毕业的手头没有多少资金，工作一段时间的更是不敢轻易拿自己的血汗钱去打水漂，那些需要大投资的项目当然也只能是望洋兴叹，望梅止渴了，还得转战适合自己实际情况的项目。

因此，很多创业者将低成本优势作为其企业在市场上竞争乃至制胜的关键武器。这里需要提醒企业创业者注意的是，低成本创业不等于低品质。创业者必须不断提升自己企业的核心技能和竞争力，这样才能应对市场竞争环境的不断变化。

1962年，山姆·沃尔顿创建了第一家沃尔玛商店。作为一家商业零售企业，沃尔玛能与微软、通用电器、辉瑞制药等巨型公司相匹敌，实在让人惊叹。而沃尔玛之所以取得成功，关键就在于商品"物美价廉"，对顾客的服务优质上乘。

沃尔玛的低成本体现在方方面面。沃尔玛在压低进货价格和降低经营成本方面下工夫，直接从生产厂家进货，想尽一切办法把价格压低到极限成交，始终保持自己的商品售价比其他商店便宜。与此同时，沃尔玛也把货物的运费和保管费用降到最低。

同时在高效的商品进、销、存管理下，公司迅速掌握了商品进、销、存情况和市场需求趋势，既不积压存货，销售又不断货，资金周转加速，降低了资金成本和仓储成本。沃尔玛为全世界的消费者提供了最为便宜的产品，但是这种低价策略并没有牺牲任何产品和服务，正是这种低成本、高品质的竞争战略，才使得沃尔玛在激烈的市场竞争中持续取胜。

尽管成本与品质向来被认为是密切关联的，但是，成功的企业创业者总是能够最大化地将二者之间的关联区分开来：低成本并不以牺牲品质为代价，高品质不是高成本的借口和理由。

低成本不等于低品质，金钱堆砌出来的也不一定就是高品质，在富丽堂皇的背后也许只是金玉其外败絮其中，项目的本质到底是什么才最重要。对于企业创业者而言，提升企业产品的竞争优势只有一条路可走：在提升产品品质的同时降低产品成本，从而降低产品价格。只有这样，才能保证企业在市场上永远处于主动和领先的地位。

越来越多的企业在实行低成本战略的同时，开展了全面质量管理，并将其作为达到顾客满意的重要途径之一。全面质量管理就是指围绕着整个组织的、从供应商到顾客对质量的重视。它所强调的是在全公司范围内进行全面化的质量管理活动，持续追求顾客所重视的在产品与服务的各方面的卓越品质的承诺。

美国凯特皮勒公司的目标就是生产出最好的、全世界最高效的拖拉机。一位《商业周刊》的分析家深表赞同地说："凯特皮勒公司上下员工都把'质量至上'当作教义来奉行。"《财富》杂志的一篇文章简明扼要地指出："该公司营运的原则，就像童子军法则一样，主要有质量过硬，可靠耐用，以及经销商之间诚恳的内部关系。"当人们在两位高级农艺师面前谈及有关凯特皮勒公司的事情时，他俩眼中都会出现尊敬的神情。

凯特皮勒公司的前任董事长威廉·瑙曼描述了该公司从成立至今始终坚持的一项基本政策，即"不论内外，凡是凯特皮勒制造出的产品或零件，都必须保证相同的质量和性能"。这样，不论在哪儿，顾客都不必担心换不到该公司的零件。

瑙曼同时指出，凯特皮勒公司这种对产品的质量、可靠性和标准化的决策已经成为公司发展过程中一股强大的动力。"一个厂家生产出的机器应是另一厂家生产出的同类机器的替代产品，并且有些部分应是全世界通用的。"

低成本创业，是把钱花在该花的地方，在项目的本质上下工夫，严格控制产品的品质，而不是在外表上下工夫迷惑人。换句话说，创业者一方面可以最大程度的规避市场风险，充分整合起各种有利于自身的社会资源，以求得自身最大的生存机会；另一方面通过对产品和服务的精耕细作在某些局部区域市场建立自身的宣传网络和资源优势，为以后的市场拓展提供样板示范效应，并进而延伸品牌带来的影响，实现成功赢利。

也就是说，只要你方向明确，方法清晰、模式清楚，那就可以实现低成本创业，而不是像无头苍蝇一样，把钱都花在了没有用的地方，当然不会看见品质，更不会看见成功。

低成本并不是低品质，这要看项目本身的品质，创业者睁大眼睛，找好合作伙伴，实现低成本高品质创业便不是梦。

企业的广告宣传

让观众记得住

广告是为了某种特定的需要，通过一定形式的媒体，公开而广泛地向公众传递信息的宣传手段。广告宣传会对创业者产品和服务的推广起到非常重要的作用。

广告在日常生活中常常可以见到。打开电视机，铺天盖地的电视广告；翻开报纸，迎面而来的是平面广告；走在大街上，充斥视野的是各种立体广告……广告已经和我们的日常生活形影不离。广告之所以有这么大的威力，主要是它能把消息、资料传递给可能购买的顾客，激起人们购买的欲望。

史玉柱曾说过一句比较经典的话："中央电视台的很多广告，漂亮得让人记不住，我做广告的一个原则就是要让观众记得住。"

"今年过节不收礼，收礼只收脑白金！""孝敬爸妈，脑白金！"在如今高密度的信息轰炸时代，很多人讨厌这个广告却对其印象深刻。并且脑白金广告刚问世就"得罪"了广告界，更引来无数叫骂。人们骂脑白金的广告恶俗，连年把它评为"十差广告之首"，即使如此，这个产品依然是保健品市场上的常青树，畅销多年仍不能遏止其销售额的增长。2007年上半年，脑白金的销售额比2006年同期又增长了160%！

"不管观众喜不喜欢这个广告，广告首先要做到的是要给人留下印象。广告要让人记住，能记住好的广告最好，但是如果没有这个能力，也要让观众记住坏的广告。观众看电视时虽然很讨厌这个广告，但买的时候却不见得，消费者站在柜台前面对着那么多的保健品，他们的选择基本上是下意识的，就是那些他们印象深刻的。"史玉柱如是说。

脑白金的广告中以两个卡通人物为主角，这样，一方面节省了聘请明星的高额费用，另一方面，使自己的广告形象新颖独特，让人印象深刻。

事实上，我们往往记住了一个广告很漂亮，但常常忽略了这个广告是卖什么的，脑白金广告虽庸俗，却深入人心。沉浸在艺术美感中扬扬自得的广告艺术家们，他们是否忽略了基本的商业法则呢？

1999年农夫山泉的广告开始出现在各类电视台，而且来势汹涌，随之市场也出现了越来越热烈的反应，再通过跟进的一系列营销大手笔，农夫山泉一举成为中国饮用水行业的后起之秀，到2000年便顺理成章地进入了三甲之列，实现了强势崛起。历来中国的饮用水市场上就是竞争激烈、强手如云，农夫山泉能有如此卓越表现，堪称中国商业史上的经典。而这个经典的成就首先启动于"农夫山泉有点甜"这个经典中的经典。

农夫山泉仅仅用了"有点甜"3个字，3个再平常、简单不过的字，而真正的点更只是一个"甜"字，这个字十分的感性，那是描述一种味觉，每个人接触这个字都会有直接的感觉，这个感觉无疑具有极大的强化记忆的功效，而记住了"有点甜"就很难忘记"农夫山泉"，而记住了"农夫山泉"就很难对农夫山泉的产品不动心。农夫山泉就是以简单取胜，简单，使自己能够轻松地表述；简单，也使消费者能够轻松地记忆。

在农夫山泉的案例中，我们可以发现一种能让消费者快速、深刻记住企业对产品诉求的好方法：记忆点创造法。它的核心内容是：创造能让消费者记忆深刻的点，有了这个点才有了你的产品在消费者心中的位置。

同样的还有英特尔，其微处理器最初只是被冠以x86，并没有自己的品牌，为了突出自己的品牌，从586后，电脑的运行速度就以奔腾多少来界定了。据说英特尔公司为了推出自己的奔腾品牌，曾给各大电脑公司5%的返利，就是为了在他们的产品和包装上贴上"Intel Inside"的字样。其广告词"给电脑一颗奔腾的芯"一语双关，既突出了品牌又贴切地体现了奔腾微处理器功能和澎湃的驱动力。

消费者对哪个广告印象深刻，他才能记住哪个产品，印象深刻是好广告的一个衡量指标。现在电视的广告可说是数不胜数，而且大多的电视广告给观众的印象不是很好，其中有很多的广告收视率都很低，造成这种现象的原因据调查有以下3大原因：

其一，现在的电视广告太多，人们都无兴趣去看。

其二，现在所播的电视广告创意不够新颖，让人看了印象不够深刻。

其三，这些广告都没有抓住消费者的消费心理，没有抓住消费者对产品的兴趣。

所以，创业者在采用广告宣传自己的产品或服务时，要高度重视这几个方面的原因，特别是企业广告的形式和内容。

好的广告要让观众记得住，在广告方面，创业者要做的就是如何用有创意的广告吸引观众的注意，借助创意的广告，让消费者看了就能够深刻记住产品。

真正的广告要与公众沟通

广告通俗来讲是解决"说什么，怎么说，对谁说"的问题。无论是传播工具也好，广而告之也罢，都是"为了设定的目标，把信息、思想和情感在个人或群体间的传递，并达成共同协议的过程"，这种过程叫作沟通。在某种意义上，广告就是一种沟通，一种策略性的沟通。

20世纪80年代，耐克产品开始从田径场和体育馆进入寻常百姓家（特别是十几岁的少年）。于是耐克公司必须在不失去正规体育市场传统的情况下，尽力扩大耐克广告的吸引力，为此耐克必须像Levi's品牌（牛仔服的创业者品牌）一样，成为青年文化的组成部分和身份象征。

耐克公司在两个完全不同的市场作战，它面对的难题是在适应流行意识和宣传体育成就上如何获得平衡与一致，耐克公司开始重新思考其广告策略了。

突破始于1986年的一则耐克充气鞋垫的广告，在广告片中采用一个崭新的创意：由代表和象征嬉皮士的著名甲壳虫乐队演奏的著名歌曲《革命》，在反叛图新的节奏、旋律中，一群穿戴耐克产品的美国人正如痴如醉地进行健身锻炼……

这则广告准确地迎合了刚刚出现的健身运动的变革之风和时代新潮，给人以耳目一新的感觉。耐克公司原先一直采用杂志作为主要广告媒体，但自此以后，电视广告成为耐克的主要"发言人"，这一举措使得耐克广告更能适应其产品市场的新发展。

耐克公司的广告变法是相当成功的，公司市场份额迅速增长，一举超过锐步公司成为运动鞋市场的新霸主。

耐克公司拓展市场的首要突破口是青少年市场，这一市场上的消费者有一些共同的特征，热爱运动，崇敬英雄人物，追星意识强，希望受人重视，思维活跃，想象力丰富并充满梦想。

针对青少年消费者的这一特征，耐克公司拿起"明星攻势"的法宝，相继与一些大名鼎鼎、受人喜爱的体育明星签约，如乔丹、巴克利、阿加西、坎通纳，等等，他们成了耐克广告片中光彩照人的沟通"主角"。

不少人仍记得电视广告片的画面上，几乎没有出现耐克产品的"身影"，没有像其他广告那样宣扬产品，陈述"卖点"，而只是用受人注目的飞人乔丹和兔子本尼上演了一场游戏或者说是一段故事。此外，20世纪90年代耐克公司还专门设计推广了一种电脑游戏，让参与者可以在游戏中与球王乔丹一起打篮球。

耐克掌握了十几岁少年厌恶说教、独立性强的特点，充分发挥和迎合他们的想象力与自我意识，从"乔丹"意识到热爱运动的"我"，从"穿着耐克鞋的乔丹"联想到"穿耐克鞋的我"……在一连串的消费者自我想象对比中，耐克公司与其目标市场的沟通，就自然而然地形成，耐克品牌形象在潜移默化中深植在顾客的心里。

广告最主要的目的就是沟通，我们称耐克广告是真正的广告，就是因为它是真正的沟通。毫无疑问，耐克公司针对青少年市场的一系列广告达到了目的，受到青少年的认同，而正是他们才是这一市场争夺战中最有权威的裁判员。

耐克公司在青少年市场上的成功广告还不足以反映其广告的沟通真谛，许多人认为耐克广告沟通术就是"明星攻势"加上与众不同的广告画面、情节。但事实并非如此，起决定作用的不是沟通的形式而是内容，是在广告中与消费者进行心与心的对话，耐克广告的沟通也因此获得能让消费者产生强烈共鸣的优良效果。

耐克公司在针对体育爱好消费者群体时，其沟通内容着意于向视听大众传递这样的信息：耐克和你一样是体育世界的"行家"，我们都知道体育界所发生的一切，所以耐克公司在广告片中向你展示的是一个真实客观的体育世界。耐克与消费者之间的良好沟通，一次又一次地加强了与消费者产生的共鸣，以致最终耐克公司和其品牌成为顾客们忠实的"伙伴"和"知己"。

耐克公司在女性市场上的广告更是匠心独运、魅力无穷。当耐克公司在男性市场上牢牢站稳脚跟后，转而集中火力进攻女性市场。广告创意方案的策划者Janet和Charlotte两位女士采用自我审视的方法了解女性的内心世界，以女人与女人的"对话"作为主要沟通手段，广告登载在妇女喜爱的生活时尚杂志上。

广告文字似乎不像是一个体育用品商的销售诉求，而更像一则呼之欲出的女性内心告白，但广告体现出耐克广告的真实特征：沟通，而非刺激。如同其他耐克广告一样，这则广告获得巨大成功，从此耐克女性市场的销售增长率快于其男性市场。20世纪80年代后期，女性市场上耐克逊色于锐步的状况发生了根本改变。研究表明，在这个市场上耐克品牌的提高率及美誉度已超过锐步。

耐克公司在短短的二三十年时间里，由一家简陋的小鞋业公司成为行业霸主，由鲜为人知到今天名满天下（在美国的知名度几乎为100%），耐克行销传播居功至伟，在某种意义上，是耐克传播创造了耐克神话。

耐克公司成功神话的真谛在于它刻意于广告沟通效果，使耐克品牌深入人心。它的广告策略与大多数美国公司完全不同，那就是致力于沟通，而不是销售诉求。这一独特的策略和做法，使耐克公司在市场拓展中不断成功，迅速成长。

广告与客户的沟通就是企业把产品的信息或企业的信息等融入在广告里，通过广而告之的形式向客户传递信息，使客户对企业本身、企业产品、企业品牌等了解并理解，最终选择该企业的产品或服务的过程。广告其实就是企业与客户沟通的形象大使，广告的好坏优劣直接影响到企业与客户沟通的效果。

巧做软文宣传

所谓软文，其实是一种具有伪装性的软性广告。正是因为软文具有灵活多变的伪装性，常以新闻、测评、资讯等形式出现在读者面前，才能让人在不知不觉中受到文章引导，进而帮助商家提升知名度、美誉度，甚至直接促成交易达成。

软文广告，是相对于硬性广告而言的广告形式，由企业的市场策划人员或广告公司的文案人员来负责撰写的"文字广告"。与硬性广告的直白相比，软文广告追求的是一种"随风潜入夜，润物细无声"的传播效果。

广义的软文是指企业通过策划，在报纸、杂志或网络等宣传载体上刊登的，可以提升企业品牌形象和知名度，或可以促进企业销售的一种宣传性、阐释性的文章，包括特定的新闻报道、深度文章、付费短文广告、案例分析等。

史玉柱把软文炒作的要点，总结成了妙趣横生的80字诀：

软硬勿相碰，版面读者多，价格四五折扣（扣是商业上常说的"扣率"，是一种市场销售价为基准价的计算方式，类似于"折扣"的意思），标题要醒目，篇篇有插图，党报应为主，宣字要不得，字形应统一，周围无广告，不能加黑框，形状不规则，热线不要加，启事要巧妙，结尾加报花，执行不走样,效果顶呱呱。

例如在介绍脑白金的时候,史玉柱就用了许多带有夸张的说法,将新概念融入权威杂志中,甚至将脑白金搬到了国外,在报纸上出现了脑白金这样的新闻性软文报道:

"人脑占人体的重量不足3%,却消耗人体40%的养分,其消耗的能量可使60瓦电灯泡连续不断地发光。大脑是人体的司令部,大脑最中央的脑白金体是司令部里的总司令,它分泌的物质为脑白金。通过分泌脑白金的多少主宰着人体的衰老程度。随着年龄的增长,分泌量日益下降,于是衰老加深。30岁时脑白金的分泌量快速下降,人体开始老化;45岁时分泌量以更快的速度下降,于是更年期来临;60~70岁时脑白金体已被钙化成了脑沙,于是就老态龙钟了。美国三大畅销书之一的科学专著《脑白金的奇迹》根据实验证明:成年人每天补充脑白金,可使妇女拥有年轻时的外表,皮肤细嫩而且有光泽,消除皱纹和色斑;可使老人充满活力,反映免疫力强弱的T细胞数量达到18岁时的水平;使肠道的微生态达到年轻时的平衡状态,从而增加每天摄入的营养,减少侵入人体的毒素。

"美国《新闻周刊》断言,'饮用脑白金,可享受婴儿般的睡眠'。于是这让许多人产生了误解,以为脑白金主要用于帮助睡眠。其实脑白金不能直接帮助睡眠,夜晚饮用脑白金,约半小时后,人体各系统就进入维修状态,修复白天损坏的细胞,将白天加深一步的衰老'拉'回来。这个过程必须在睡眠状态下进行,于是中枢神经接到人体各系统要求睡眠的'呼吁',从而进入深睡眠。

"脑白金可能是人类保健史上最神奇的东西,它见效最快,饮用1~2天,均会感到睡得沉、精神好、肠胃舒畅。但又必须长期服用,补充几十年还要每天补充。"

以上这篇文章,是经过史玉柱精心策划的,在读者眼里,这些文章的权威性、真实性不容置疑，又没有直接的商品宣传，脑白金的悬念和神秘色彩被制造出来了，人们禁不住要问：脑白金究竟是什么？消费者的猜测和彼此之间的交流使"脑白金"的概念在大街小巷迅速流传起来，人们对脑白金形成了一种企盼心理，都想一探究竟，弄清真相。

脑白金的软文广告在南京刊登时，没钱在大报上刊登，就先登在一家小报上，结果南京的某大报竟然将脑白金的软文全部转载。脑白金软文的质量，由此可见一斑。正是史玉柱这种登峰造极的新闻手法，让消费者在毫无戒备的情况下，接受了脑白金的"高科技""革命性产品"等概念。当这些软文广告实施一段时间，多数消费者已经在心理上认同脑白金之后，史玉柱就通过电视、广播等多种硬性广告渠道展开宣传。

史玉柱非常重视软文广告，他对软文广告的投放都有严格的要求：选择当地两三种主要报纸作为软文的刊登对象，每种媒体每周刊登1~3次，每篇文章占用的版面，对开报纸为1/4版，四开报纸为1/2版，要求在两周内把新闻性软文全部炒作一遍。

另外，在软文的刊登方法上，他也做出十分细致的规定。例如，要求软文周围不能有其他公司的新闻稿，最好刊登在阅读率高的健康、体育、国际新闻、社会新闻版，一定不能刊登在广告版，最好这个版全是正文，没有广告。软文标题不能改，要大而醒目，文中的字体、字号与报纸正文要一致，不能登"食宣"字样，不加黑框，必须配上如"专题报道""环球知识""热点透视""焦点透视""焦点新闻"等类似的报花，每篇软文都要配上相应的插图，而且每篇软文都要单独刊登，不能与其他文章混合在一起刊登。

每炒作完一轮之后，史玉柱还要以报社名义刊登一则敬告读者的启事："近段时间，自本报刊登脑白金的科学知识以来，收到大量读者来电，咨询有关脑白金方面的知识，为了能更直接、更全面地回答消费者所提的问题，特增设一部热线……希望以后读者咨询脑白金知识拨打此热线。谢谢！"而这部热线，自然是脑白金内部的电话。

相比直接的硬广告而言，软文具有更有效的宣传效果，这也是为什么众多企业纷纷把对硬广告的投入转移到软文广告中来的原因。

软文宣传的目的是用较少的投入，吸引潜在消费者的眼球，增强产品的销售力，提高产品的美誉度，在软文的潜移默化下，达到产品的策略性战术目的，引导消费群的购买。

广告要抓住真正具备消费能力的人

我们生活在一个广告爆炸的时代，电视、报纸、杂志、网络、公交车站牌、公交车上、墙上……总之，抬头低头看到的都是广告，我们的生活被广告包围。然而，在这个信息泛滥的世界里，绝大部分人的大脑已经是一块满得滴水的海绵，吸纳了太多的东西。

更令人失望的是，真正有消费能力的人，基本上没有太多的时间去看电视，看报纸杂志也是走马观花，上网更是没有时间细看。上网的大部分是高中生，看电视的大都是爸爸妈妈、儿子女儿，老婆可能也有时间看，但在外面天天忙的老公是没有时间看的。在这个时候，只有抓住真正具备消费能力的广告才能成功。

韩寒和王珞丹的形象，铺天盖地出现在北京的地铁、公交和路边的广告牌上，在他们身后，是一个叫作"凡客诚品（VANCL）"的品牌。这个并不为大众熟知的公司，其实早已在年轻人里流传开来。而凡客诚品的定位就是抓住年轻人。

凡客诚品从最初模仿PPG起步，同样经营在网上售卖男士衬衣的业务。直到2010年，凡客诚品祭出29元的T恤和59元的帆布鞋这两类杀手级产品，才开始走出属于自己的时尚先锋之路。铺天盖地的广告，也是因为H&M做了，而且做得很漂亮，所以才做的。

凡客诚品面对的主要消费者就是追求时尚的"80后"年轻人，这些年轻人一般都具有一定的消费能力。在创始人陈年看来，"正确地表达自己"就是时尚，凡客诚品并没有固定的风格和设计师，而是选择开放全球设计人才，提供多元化的商品，以满足年轻人多种多样的偏好。同时借助互联网的平台，可以省去不菲的店面租金，把服装的价格降低，对于年轻人来说，更易于接受。

选择韩寒和王珞丹做代言人，也是因为看重了两人青春、清新、健康、自我的个性，以及两人在年轻人中的影响力。

广告不在于多，关键在于你有没有抓住有消费能力的人群。中国移动的"动感地带"广告就是一个典型的成功的例子。

"我的地盘，我做主"，如此个性飞扬的品牌宣传词由一向稳健的中国移动喊出来颇让年轻一族神往。中国移动当年为了打开大学生市场，推出了一种新的套餐业务——动感地带，这个业务从一开始就瞄准了"80后"，为了以最快的速度打开学生市场，中国移动看重了被"80后"广受欢迎的明星周杰伦代言。

借助周杰伦对年轻人的超强号召力以及其所代表的年轻、时尚、个性、活力的形象，"动感地带"的品牌形象在用户心目中也逐渐清晰和明确起来，短短两年就轻松拥有用户数量数千万。

当然在广告宣传之外，细分的资费和服务设定也是"动感地带"迅速打开市场的关键。为了迎合大学生发短信的习惯，"动感地带"在推出之初就将重点放在了短信业务的推广上。短信优惠套餐，以及网内低廉的话费，使得"动感地带"一出现就很快获得了年轻人的追捧。此后，为迎合年轻人爱玩的心态，"动感地带"又提供了大量新的数据业务，如游戏、聊天、天气预报等，更具吸引力。

同时，"动感地带"在这个阶段还大量举办短信征文比赛、动漫展、街舞比赛、电影推广等年轻人的流行文化活动，试图将自身的品牌形象直接和流行文化画上等号。而这种直接和年轻人生活接轨的方法显然是非常有效的，移动品牌的忠诚度也在"动感地带"用户中迅速提升，这无疑为将来"动感地带"用户向移动"全球通"高端品牌转换埋下了伏笔。

中国移动在"动感地带"上的成功，无疑是国内电信运营商在从垄断经营到面向市场竞争这一历史变革中积极转化思路的一次成功演绎。"动感地带"的最大成就在于敏锐地发现并培养了一个新生市场——喜爱数据业务但是整体消费偏低的时尚、年轻用户。"动感地带"牢牢抓住了年轻人的个性特点和消费取向，成功也就理所当然。

广告要抓住有消费能力的人，不管消费能力大小，只要满足了用户的需求，企业的品牌和信誉自然就拥有了。对于创业者，也是如此。初创企业在做广告宣传的时候，也要结合目标客户的消费能力，如果没有抓住有消费能力的客户群，做再多的广告也没用。

挖掘广告蕴含的内在精神

创业者在利用广告宣传自己的产品时，一方面起到广而告之的目的，让观众知道自己的产品，另一方面，通过广告的舆论宣传，将企业的价值和精神传达给消费者，让消费者产生购买的欲望和冲动。

2008年春节期间，恒源祥播出了一则非常雷人的广告，听完之后，很多观众都有种撞墙砸电视的崩溃冲动。这则名为"十二生肖"的广告制作其实很简单，也可以算是该品牌"羊羊羊"系列的延伸。在长达1分钟的时间内，由北京奥运会会徽和恒源祥商标组成的画面一直静止不动，广告语则由原来的"恒源祥，羊羊羊"，变成了由童声念出的"恒源祥，北京奥运会赞助商，鼠鼠鼠；恒源祥，北京奥运会赞助商，牛牛牛；恒源祥，北京奥运会赞助商，虎虎虎；恒源祥，北京奥运会赞助商，兔兔兔；恒源祥，北京奥运会赞助商，龙龙龙；恒源祥，北京奥运会赞助商，蛇蛇蛇；恒源祥，北京奥运会赞助商，马马马；恒源祥，北京奥运会赞助商，羊羊羊；恒源祥，北京奥运会赞助商，猴猴猴；恒源祥，北京奥运会赞助商，鸡鸡鸡；恒源祥，北京奥运会赞助商，狗狗狗；恒源祥，北京奥运会赞助商，猪猪猪。"

有些读者在看完这串文字之后，还以为自家的电视机坏了。很多网友认为这则新版的广告就是简单而机械的重复，而且时间长达1分钟，令人无法忍受。但是恒源祥却认为，他们这是在尽力压缩成本，创造令人记住的传播效果。重复持续，宁愿被骂，也不会被忘记，这是恒源祥多年来的营销方针。

品牌专家李光斗认为，虽然反反复复的几句广告语冲破了人们心理的底线，但恒源祥这则广告做法很聪明，并没有违规。观众却认为："广告的主要目的不仅仅是让消费者记住，而是让消费者看到广告后，就能产生购买产品的欲望！"

一名新浪网友说："如果不考虑消费者的感受还想建立品牌形象，太可笑了。"甚至有网友还扬言要抵制恒源祥的所有产品，这是恒源祥始料未及的。

其实，做企业是一个艰难的过程。不管企业有钱没钱，做广告的分寸都很难拿捏。如果广告没有好的创意，很难被人记住，花钱做广告就等于打水漂。而如果广告太有"创意"，消费者不能接受，亦是广告的失败。

应该说，恒源祥作为一个老字号企业能赞助奥运会很不容易。但是如果打广告只是打产品或者企业的知名度，而不考虑受众的心理感受，将原本一个名牌产品沦为低俗化的炒作，只会破坏品牌的美誉度和顾客的忠诚度。

这说明恒源祥还没有了解广告的本质，打广告的目的不仅仅是打产品的知名度，更重要的是要打出产品的精神。

在整个宝洁的广告战略里，越往化妆品靠近，越需要感觉；越往洗发水方向靠近，越需要功能跟价钱的配合。比如宝洁的海飞丝、潘婷、飘柔等产品广告都做得非常的好。海飞丝的去屑功能早已经深入人心，于是它又开始强调感觉，它的代言人几乎是一年换一次，从来不给海飞丝的洗发水用上固定的代言人。为什么？因为怕一个代言人做了几年之后，大家会给这个产品定义一个固定的形象,这是最不好的局面。

另外,宝洁多品牌的发展策略,虽营运成本高、风险大,但灵活,也利于市场细分。宝洁公司没有成为任何一种产品和商标,而根据市场细分洗发、护肤、口腔等几大类,各以品牌为中心运作。在中国市场上,香皂用的是"舒肤佳"、牙膏用的是"佳洁士",洗发精就有"飘柔""潘婷""海飞丝""力士"等多种品牌。洗衣粉有"汰渍""洗好""欧喜朵""波特""世纪"等品牌。要问世界上哪个公司的牌子最多,恐怕非宝洁公司莫属。多品牌的频频出击,使公司在顾客心目中树立起实力雄厚的形象。

随着我国生活水平和文化水平的不断提升,人们的审美和品味也必然会上升到某种高度。如果广告不能进入人的心灵,与人的灵魂发生美妙的触碰,而是一些噪音,那它必然是一则非常失败的广告。高层次的广告打的是产品的精神。

广告的9种途径:

1. 黄页广告

如果你不在当地的黄页上进行广告宣传,就错过了难得的资源。

2. 电视广告

不论你想吸引哪个消费群体,都能在电视网络上找到许多机会。

3. 车体广告

在车体外部或车厢内登载广告。

4. 广播广告

通过电波进行广告宣传的关键是选择合适的时间段,加上适当的重复播放。

5. 户外广告

想增加消费群体的基数吗?使用广告牌宣传是增加销量的关键。

6. 网络广告

你还没有上网吗?立刻行动吧!越来越多的人都在使用网络。

7. 报刊、期刊、资讯广告

这种最古老的广告形式还没有过时，仍然有许多人关注，合适的话不妨一试。你提供市场上空缺的产品或服务吗？期刊、杂志可能是个不错的选择。

8. 直接邮寄广告

这种广告形式无处不在，如果不加以利用绝对是个失误。

9. 优惠券

没有人能抵挡优惠券的诱惑！好好利用这种诱人的广告形式。

企业的品牌经营

选用易听易记的品牌名字

市场上各类品牌竞争纷纭，如何使自己的品牌在竞争之中脱颖而出呢？一个不同凡响、创意独到的品牌名称经常能带来十分突出的效果，而一个用字生涩、名不副实的品牌名字往往会招致消费者反感，给企业形象带来不良影响。

古人说"名不正则言不顺"。一个好的名字不光是便于称呼，且还能通过其音、形、义来昭示事物的不同内涵。就以人的名字为例，在通常情况下，见人时必然会联想到名，换言之，看到名如其人似的，感觉是出双入对且息息相关。因此，好名字的重要性是不言而喻的。

品牌的名称也同样会对创业成功与否产生较大的影响，尤其是因其音、形、义给消费者的第一印象更显得重要，优美的名称很容易带给人良好的印象。

一个好的企业及其品牌命名通常音韵和谐、字义文雅、取词恰当，光听其名就能使人产生亲切、祥和的感受。如"美食轩"这个名字。作为一家经营餐饮的店铺，往往会由于其名称的精致、文雅而令消费者产生一个良好的印象。

品牌名只有易读易记才能高效地发挥它的识别功能和传播功能，因此这就要求企业在为品牌命名时做到：简洁、新颖、响亮、独特、气魄等。

1. 简洁

名字单纯、简洁明快，字数不能太多，要易于传播。如当年IBM在品牌运作很长时间消费者也记不住它是谁，后来发现是因为名字问题。它原来使用的名称是International Business Machines（国际商用机器公司），这样的名称不但难记忆，而且不易读写，在传播上存在很大的障碍。后来把国际商用机器公司缩简为"IBM"3个字母，这样简洁易记好传播，终于造就了其高科技领域的"蓝色巨人"的领导者形象。

2. 新颖

品牌名要有新鲜感，要与时俱进，有时尚感，创造新概念。如中国移动给自己推出针对青年人一款通信产品命名为"动感地带"，就比较新颖、时尚，所以也赢得了年轻人的欢迎。还有一些餐馆名也是比较有新鲜感和时代感的，如"麻辣诱惑"等。

3. 响亮

指品牌名称要琅琅上口，发音响亮，避免出现难发音或音韵不好的字，如娃哈哈、上好佳等。健伍（KENWOOD）音响原名为特丽欧（TRIO），改名的原因是TRIO音感的节奏性不强，前面"特丽（TR）"的发音还不错，到"O"时，读起来便头重脚轻，将先前的气势削弱了好多。改为KENWOOD后，效果就非常好。因为KEN与英文中的CAN(能够)有谐音之妙，而且琅琅上口，读音响亮。WOOD（茂盛森林）又有短促音的和谐感，节奏感非常强，二者组合起来，确实是一个非常响亮的名字。

4. 独特

品牌名要彰显出独特的个性，并与其他品牌名有明显的区分或表达独特的品牌内涵。日本索尼公司（SONY），原名为"东京通信工业公司"，本想取原来名称的3个字的第一个拼音字母组成的TTK作名称。但产品将来要打入美国，而美国的这类名称多如牛毛，如ABC、NBC、RCA、AT&T等。

公司经理盛田昭夫想,为了企业的发展,产品的名称一定要风格独特、醒目、简洁,并能用罗马字母拼写。再有,这个名称无论在哪个国家,都必须保持相同的发音。SONY 这个品牌带有浓郁的日本特色又不失国际特色,一下子就将公司的形象打响了。

5. 气魄

这是指品牌名要有气魄,起点高、具备冲击力及浓厚的感情色彩,给人以震撼感。如珠海的海蓉贸易公司为了使其生产的服装打入国际市场、参与世界竞争,公司决定改名。通过对几个方案的比较,最后决定用"卓夫"为产品和公司的名称。"卓夫"是英语"CHIEF"的音译,英文含义为首领、最高级的;中文含义为"卓越的大丈夫"。中英文合二为一,演绎出一种高雅、俊逸,不同凡响的风格。还如设计者所言:"作为产品,它是高级、高档、质量的象征;作为企业,它是卓越、领先、超众的代表。"

企业要对品牌准确而有力的定位,以及由定位而塑造的鲜明的品牌个性,能够传达给消费者"产品为什么好"以及"产品与竞争对手的不同点"的主要购买理由。并且这种理由必须直观,易为消费群所理解和接受。打造一个鲜明突出的品牌名称,是塑造强势品牌、树立企业形象的基础。

消费者是品牌唯一的老师

品牌不仅仅是一个名称,一个商标,而是一个含有深刻内涵的内容集合,它含有丰富的内容和含义。只有使消费者形成高度的认同感的品牌才是成功的品牌。但怎么才能抓住消费者?为这个问题绞尽脑汁的企业家数不胜数,但恐怕极少有人能像史玉柱那样,每做一行都先把自己置于消费者的地位来考虑每个细节:消费者究竟需要什么?

史玉柱说:"营销是没有专家的,唯一的专家是消费者。你要搞好的策划方案,你就要去了解消费者。"无论什么样的品牌,以及什么样的品牌内涵,只有获得消费者的认可才具有市场价值。可以说,品牌的唯一老师就是消费者。

1. 品牌应该深入人心

在市场竞争中产生的、具有杰出表现、得到顾客忠诚与认可的、能产生持久的巨大效应的品牌才能深入人心，立于不败之地。

1886年，和美国的自由女神像一样，由潘博顿调制成的可口可乐已经成为美国的象征，可口可乐公司非常清楚地认识到了这一点。有位可口可乐的官员曾说过："如果公司在天灾中损失了所有的产品和资产，公司将易如反掌地筹集到足够的资金来重建工厂。相反，如果所有的消费者突然丧失记忆，忘记和可口可乐有关的一切东西，那么公司就要停业。"可见，品牌内涵如果能够深深植根于消费者心目中，那么它毫无疑问地增加了商品的含金量。

比如提到迪士尼，人们会想到欢乐、刺激；提到海尔，消费者心目中的形象是人性化、具有亲和力；提到兰蔻的品牌，人们会感觉到奢华、高贵；力士一直坚持用国际影星作形象代言人，其"美丽承诺"达80年之久；万宝路香烟纵使再狂野再奔放，也还是坚持一贯的乡村牛仔形象；可口可乐用过的上百条口号，都是围绕"美味的、欢乐的"的品牌内涵不变。产品的品牌内涵是品牌形象之源，是品牌精神的孕育之地，是保持品牌活力的原动力。

品牌不仅仅是一个名称，一个商标，而是一个含有深刻内涵的内容集合，它含有丰富的内容和含义。当一个品牌的内涵，或者说核心理念被人们接受和认同的时候，品牌也就真正深入人心了。

2. 品牌要得到消费者的认同

森马品牌之所以能够享誉国内外，也是因为它的内涵得到了消费者的喜爱。森马的寓意是："森立天地，马至千里"，"森"代表众多，取"众木成林立于天地"之意，其延伸意义是"十年树木，百年树人"，给员工提供良好的成长环境和发展空间，使之长成栋梁之才。"马"则代表着"热情奔放，勇于进取"。其标准色为草绿色，表示和谐环境，崇尚自然，追求快乐和希望。

"森马"与"什么"谐音,它的广告语是:"穿什么就是什么!"谐音为"穿森马就是森马"——森马服饰将伴随你的一身,也伴随你的一生。这更像是一句充满"80后""90后"气质的口头禅,有一点无厘头,外加一点自由不羁,折射出崇尚个性、追赶时尚的新一代人的心态。穿什么就是什么,就是与众不同穿出个性,穿森马就是森马,就是新兴人类真我本性。

对于服饰,森马没有先入为主的束缚,拒绝跟风,只有强烈的自我表现意识,它主张在穿着和搭配上以百变的形象示人,在潮流中凸显个人风格。更重要的是,他们认为缺乏个性的装扮,即使有再好的时尚品位,也都平淡如白水。这些都使消费者感到自己与森马同在,森马带给自己的是卓越的品质、温暖的服务;穿森马服饰,会使自己更显时尚活力,更具价值享受。

3. 品牌与消费者的互动

品牌与消费者之间是一个互动过程:企业通过宣传手段,使消费者了解品牌内涵;消费者通过自己的理解,从而建立对品牌的形象感知,在消费者的心里,他认为是什么就是什么。从实质来说,消费者的品牌消费就是一种文化消费。文化消费就是文化生活,它是指人们为了满足精神生活的需要,采取不同的方式消耗劳务和文化的过程。通过赋予品牌附加的、心理的、社会的或更高层次的需求内涵,从而使这种内涵满足消费者高层次的需求,品牌就具有了更高的价值。

那么,品牌是什么呢?是顾客的印象和感觉,当然消费者最有发言权了。

你的品牌好不好,不是你的广告好不好,你广告做得再响,经不起使用者的一试,消费者用了好,嗯,果然不错,反之,顾客会说:宣传得那么好,其实是"金玉其外,败絮其中",你的宣传会带来反作用。你的品牌好不好,还是消费者说了算。

这就要求这个产品一切要为顾客、为消费者着想,越周到、越方便顾客越好。所以产品的设计人员一定要从顾客的角度去思考,不要只从自己的角度或只从美观的角度,而忘了实用的价值。

有些知名企业,为了使自己的产品上市畅销,就让消费者指导设计人员按照他们自己的需求进行设计，产品出来后，又先让消费者试用，再提改进意见，直到消费者很满意为止。你说，这样的设计过程，消费者能不满意吗？称消费者为老师一点也不为过。

同时，品牌会带来无形的价值，或品质，或品位，或服务，或特殊性能，品牌总会让你觉得物超所值，所以现在消费者的购买也越来越个性化，不但是使用的价值，而是一个享受的价值了。所以，企业要创一个品牌，并成为一个知名品牌、老品牌，就越来越难了，你一定真正地做到客户第一，敢于承诺，并能勇于兑现对消费者的承诺。

口碑的杀伤力最大

任何一个国际品牌，美誉度远比知名度重要。典型的如苹果，它很少在中国大陆做广告，但是其品牌美誉度吸引了大量忠实用户，即便没有宣传，单靠口碑效益和病毒式传播，就能快速建立知名度。如果评估优先级，美誉度远在知名度之上。另外一个反面的例子是NEC手机，虽然它在中国消费者中知名度颇高，但是由于美誉度差强人意，最终溃退中国，黯然收场。

史玉柱在点评创业中国时曾说："树立口碑是个比较好的方式手段。因为消费者最迷信的人是他所认识的人，口碑的杀伤力最大，成本也最低。"

1. 优良服务的口碑

企业要通过优良的服务来赢取消费者的口碑，不但要让使用过产品的顾客在消费人群中产生口碑效应，还要尽可能长期缔造顾客的忠诚度。我们不但要为顾客提供最周到的全程式服务来赢得消费者的认可，还要用增值服务、差异化服务、创新式服务等特别服务成为消费者向他人炫耀的资本。

要赢得顾客的好口碑以及顾客长期的忠诚度，就必须踏踏实实、真正为顾客着想，提供无微不至的、高质量的服务以获得消费者的认可。市场经济属买方的市场，消费者不是白痴，任何投机取巧或欺瞒的行为都会丧失掉顾客的信任，从而导致品牌的坍塌。

迪士尼乐园在全世界都有着良好的口碑，而且视口碑如生命，这种好口碑是在迪士尼完善周到的服务中体现出来的，比如迪士尼的员工就是偌大的乐园的活地图，顾客要是迷路，他可以毫不犹豫地为你指路。迪士尼的员工还要培训怎么抱婴儿、怎么换尿片、如何对客人微笑、如何倒酒、如何上菜等。迪士尼忠实自然地体现内心感受的服务让客人满意乃至感动。只要游客需要的，迪士尼的员工都能从容应对，使游客有上帝般的享受。因为迪士尼知道一个人不会经常性地去迪士尼，但怎么能让游客介绍自己的亲朋去迪士尼，怎么能让孩子长大后，再和自己的朋友或爱人去光顾，是迪士尼服务策略的根本，这种良好的口碑效应为迪士尼带来了广泛的集客效果。

2. 增值服务的口碑

增值服务的一种概念是为消费者提供高质量、一劳永逸的服务，让消费者在使用过程中永远无后顾之忧，获得消费者更高的满意度；另一种概念是在常规服务的基础上增加部分服务，消费者在获得更多的服务后会觉得购买该产品物超所值，从而形成对品牌的忠诚度。高满意度即可获得良好的口碑效应。

北京蓝岛大厦除了为消费者开展友情服务使其得到尽量满意外，还为消费者提供众多的增值业务。如遇到下雨天气，总服务台为那些来蓝岛购物而未带雨具的顾客准备了雨披，没有借据，没有押金，服务台的同志客气地说一声"你下次顺路把雨披带回来就可以了"。尽管雨披的回收率不足30%，但他们仍然坚持这一方便顾客的措施。顾客在便捷、周到的服务中感受到了蓝岛的一片真情。从此，凡在蓝岛得到过真情服务的顾客，平均每人至少向10人以上进行过口碑传播，而自己对蓝岛的忠诚度也几乎是永恒的。

人得到实惠以后，总有一种向他人炫耀的意愿。同样，消费者花同样多的钱，却能获得更多、质量更高的服务，这也算是一种实惠。在传统的服务项目上，如果再提供给消费者以增值服务，消费者在心理上会产生更高的满意度。

特别是对于中小企业或弱势品牌，在资金有限的情况下，要特别注重服务质量和服务内容，尽可能为消费者提供更多的增值服务。但增值服务不是无限的，现实生活中，消费者是贪婪的，提供尽可能多的增值服务是相对竞争对手的服务而言的。在服务项目和质量同质化后，要遵循需求的层次，从消费者最适宜的需求出发，提供最需要的服务。

3. 诚实服务的口碑

某些零售大卖场之所以"大起"又"大落"，原因就是他们在欺骗消费者，有些方面连顾客应有的基本权利都被侵占了。他们隐瞒事实的真相吸引了大量的人流（如虚假广告），运用了巧妙的手段使顾客消费（如返券打折）。当人们主动挤进人流钻进商家的"圈套"时，方知上当；当人们拿着大把用钞票换来的返券而又用不出去时，才知自己再一次"受骗"。于是，教训式的口碑开始在消费人群中蔓延，辉煌一时的大卖场在屈指可数的几个月就关起了大门。

与此相反，纽约梅瑞公司充分为顾客着想，也创造了一个良好口碑的奇迹。在梅瑞公司的购物大厅，设有一个很大的咨询台。这个咨询台的主要职能是为来公司没购到想要货物的顾客服务的。如果哪位顾客到梅瑞公司没有买到自己想要买的商品，咨询台的服务员就会指引你去另一家有这种商品的商店去购买。梅瑞公司的做法本不足道，却是看得见、摸得着的"细节"，被人们津津乐道，对它的记忆也极为深刻。不仅赢得竞争对手的信任和敬佩，而且使顾客对梅瑞公司产生了亲近感，每当购物时总是往梅瑞公司跑，慕名而来的顾客也不断增多，梅瑞公司因此而生意兴隆。

只有让顾客满意到想要跟周围人分享的品牌才是好的品牌。顾客对某一品牌的满意经验将导致对这一品牌购买的常规化。对于这样的购买，消费者几乎不用做任何的品牌评估。只要产生需求，就会直接做出购买决定。因此，提高品牌质量让顾客能够口口相传，是一种确保客户满意和提高客户忠诚度的方式，也是一种通过减少信息搜寻和品牌评估活动，大大简化客户消费决策的方式。

准确的定位是品牌的切入点

一个准确的定位可以改变一个人的一生，同样，也可以改变一个企业的兴衰。因此，准确的定位是创业者创建品牌的入口。

著名营销专家里斯和特劳斯提出：定位要从一个产品开始。那产品可能是一种商品、一项服务、一个机构，甚至是一个人。而初创企业，面临的一个重要问题就是，公司的产品或服务定位在哪里，也就是说，创业者要在预期客户的头脑里给产品定位。

世界营销大师科特勒给产品定位下了一个定义，即产品定位是消费者根据产品的重要属性定义产品的方法，或者说是相对于其他竞争产品而言，产品在消费者心目中占有的位置。

科特勒认为消费者一般会选择最能够给自己带来价值的产品和服务，企业应根据自己产品或服务的关键利益进行定位。而准确的定位也会给创业者带来意想不到的收获。

美国西南航空公司就定位在短程，不为顾客提供不必要的服务、廉价的航空公司。

在西南航空公司，所有的飞机上都没有头等舱，只有三人座。西南航空公司的航班上不提供预订座位，旅客拿到排序的登机卡，先来先得，每30个人一起登机。

虽然西南航空公司的飞机旅行不那么舒适，但仍有很多旅客热衷于它，这要归功于西南航空公司在把旅客按时送到目的地这方面胜过其他航空公司。其飞机的飞行时间只有一小时，单程平均费用也只花费顾客76美元，而且能够准时到达。在1992年,因其最佳的准时服务、最佳的行李托运和最佳的顾客服务,西南航空公司获得美国交通部首届三角皇冠奖,并且又连续5年获此殊荣。

然而,除了以上这些方面外,西南航空公司的稳固地位主要还是因为它准确的定位:"不舒适……但廉价而有趣。"西南航空公司是高效低成本经营的典型。事实上,由于价格低廉,西南航空公司进入了一个新的市场:它吸引了本来要开车或者坐公共汽车的旅客,从而实际上增加了航空的总运输量。

当然,不提供不必要的服务和低价位并不意味着单调乏味。为了使气氛活跃起来,西南航空公司还引入了另一定位要素,即将大量好玩的、健康的娱乐项目带到飞机里。西南航空公司的雇员会把自己装扮成爱尔兰守护神节的精灵和复活节的兔子,空姐会用演唱的方式告诉顾客飞机的安全事项,飞机上还可以用乡村音乐、布鲁斯和说唱音乐,让旅客互相做自我介绍,然后再拥抱、亲吻并向对方求婚。他们用这些方法给旅客带来惊喜和娱乐,就连公司首席执行官凯莱赫也曾经化妆成猫王和顾客打招呼。

这个稳固定位的结果是,西南航空公司成为美国第四大航空公司。

西南航空公司作为后来者,并没有同其他公司展开全面竞争,凭借着其低成本的定位和高质量的服务,使顾客得到了更多的实惠,也得到了广大消费者的认同。

企业在刚创立之初,也要找到自己最佳的市场定位,并牢牢地抓住自己的客户群体,尽快树立自己的品牌和服务优势。

品牌要有长期规划

品牌也是一个管理的问题,既与企业的短期赢利行为有关,比如说与企业具体产品的营销,营销策略的制定、营销的执行,产品的定位,产品的定价相关。同时也与企业长远的发展,与企业的战略、企业产品的战略有关。

提到TCL，没有人不知道，但是TCL是什么意思，代表什么，很多消费者都无法表达清楚。李东生坦言："TCL的品牌定位长期以来不是太清晰，比如TCL是什么意思，最有优势的东西是什么，尽管在不同的阶段我们有不同的产品，实际上我们一直缺乏一个始终如一的主题，品牌的形象不是特别鲜明。"

TCL集团旗下拥有几十个产业的几十家公司，如果将它们统一归纳到TCL的品牌大旗下，又不至于对TCL的品牌形象产生影响，这的确是一个问题。要改变事业部对TCL品牌释义二次创造的局面，这需要强势人物的强力介入，打破诸侯文化和山头文化。但问题是事业部老总和品牌中心总经理产生冲突时，谁该听谁的？

经过不断收购与整合，TCL的业务越来越复杂，这更需要TCL在品牌管理上实施强力管制，以避免不良业务对品牌产生伤害。

在TCL集团的组织架构中常设了一个品牌管理中心，从2004年至今，该中心的总经理走马观花似地换了又换，先是戴刚，后是赵志成，如今又换成了美国安可顾问北京公司副总裁、资深公关经理人梁启春。

TCL品牌概念不清晰在于企业的业务繁杂、自身定位等一系列问题，而一连串的问题可以用一句话来概括，缺少规划。品牌是需要规划的，比如公司计划推出若干新产品，是否用现在的品牌还是用新的品牌，新的品牌和现有的品牌是什么关系是需要规划的，如果消费者的偏好、消费者环境发生了变化，产品的品牌是否需要调整，公司的品牌是否调整，这都需要规划。

品牌规划要基于将来的趋势要着眼于未来，要具有前瞻性，品牌战略的决策主要是由高层做出并且向下传递，品牌战略的规划要结合现在的情况，结合现有的情况、企业的实力做出系统分析，根据这种情况做出品牌战略规划，为组织提供清晰、完整的发展方向，保证品牌的培育和使用效益的最大化。

在这儿需要强调品牌战略与公司战略、业务战略、职能战略的有机集合。

产品战略、品牌战略、职能战略之间要高度相关，他们之间要经常进行相互协调。做好品牌的长远规划，要做到以下3点：

1. 耐心

有人问松下幸之助："你觉得松下要多少年才能够真正成为世界品牌？"松下回答："100年。"事实证明，松下没有花那么长时间。此人又问："打造一个品牌最重要的是什么？"松下说了两个字："耐心。"

中国的老字号恒源祥多年来一直禁止为恒源祥的某个产品做广告，它做的都是品牌广告，只为"恒源祥"3个字做广告。经销商总希望恒源祥的广告一打出去，马上就有大量的人去购买，而这样做的短期效果是让恒源祥的经销商十分焦急，因为他们想象的广告一上，销售成果就立竿见影的局面没有出现。但是，恒源祥集团董事长刘瑞旗却顶住压力，坚持这么做。

他曾说："做品牌是需要耐心的，必须让用于做广告的钱全部用于打造恒源祥品牌上。"于是，坚持只为"恒源祥"3个字做广告成为他一贯的品牌策略，恒源祥坚持拒绝为旗下的各类产品做广告——做到这一点相当困难，因为恒源祥必须不断地说服经销商，同时还要对很多大牌的广告公司的建议视而不见。而刘瑞旗多年坚持的结果是，恒源祥品牌的知晓率在中国市场上达到93.9%。

在一项对世界100个最著名的品牌所进行的研究中，研究者发现其中有84个是花了超过50年的时间打造成功的。仅有16个品牌花了不到50年时间就成为世界品牌，而这些品牌中的一种是由于产生了全新的技术变革，另外一种是连锁经营模式的发展造就了世界品牌。除此之外，其他品牌都花了50年以上的时间，这是需要耐心的。

2. 信誉

在20世纪90年代之前，海尔品牌在世界市场上名气并不是太响。但是，海尔掌门人张瑞敏一直孜孜不倦地追求将海尔创建为世界性名牌。为此，海尔从1990年开始，采取了"先难后易"的出口战略：首先把目标瞄准用户需求水平最高，也最为挑剔的欧美市场；然后居高临下进军东南亚国家，跻身美、日等国垄断的东南亚市场。

海尔坚信中国人一定能够创造中国的世界名牌,在国际市场上坚持打"海尔"牌,以产品的高质量在国际市场上树立了信誉。海尔在发展中不断对国际市场布局进行多元化的战略调整,既取得国内市场的稳步发展,又不断开拓国际市场。经过多年的国际市场布局,海尔终于获得了成功。

多年的付出,终于有了回报。由于海尔坚持创国际名牌、树立国际信誉,因此在国际客商中建立了良好信誉,在国际市场上逐步塑造出良好的品牌形象和企业形象。1998年11月27日,著名的《金融时报》报道:亚太地区最具信用的公司里,中国海尔(Haier)排名第七,在电器、信息技术、电信行业中,海尔的信用名列第三。这前10名中,日本就占了8家,另一家是韩国企业。从此,海尔品牌在国际市场上稳稳占住了领先地位,成为最具市场竞争力的国际大品牌之一。

3. 推广

做品牌是一个长期的过程。做品牌像开发市场一样,是一个市场渗透过程,你要把别人头脑当中对你品牌的很小印象,不断在脑海里加深扩大,然后打上深深地烙印,这个过程就是树立品牌的形象。

建立品牌形象不是仅仅通过某个具体的赛事,通过某个具体的活动来做的,特别是初创企业,由于是年轻化的品牌形象,创业者必须通过战略规划,进行长期的品牌推广。

比如青岛啤酒的品牌推广就是一个长期的过程。2005年青岛取得奥运赞助商之后,他们的计划是奥运激情,2006年他们是传递激情,2008年是释放激情,2009年是演绎激情。都是通过"激情",就是青岛啤酒的品牌主张,就是"激情成就梦想",把百年品牌树立年轻化的形象,以"激情成就梦想"和奥运主题"更高更快更强"完全吻合起来,都是充满激情,争取取得成功的激情。

初创企业要想建立自己的品牌,除了做好产品和服务外,一定要沉下心,对品牌有长远的规划。在战略规划的指引下,将自己的品牌树立起来,让消费者产生信任感，从而带动企业的进一步发展。

企业的财务管理

管好企业的现金流

现金流对初创企业的重要性就像血液是人体不可或缺的元素一样，人体靠血液输送养分与氧气，只有血液充足且流动顺畅，人体才会健康，人才能维持生命与活力。如果动脉硬化、血管阻塞，人便有休克性死亡的危险。

企业若没有充足的现金就无法运转，更可能危及企业生存。可以说，现金流决定着企业的生存和运作的"血脉"。

因此，创业者要高度重视现金流的管理。大多数创业者的原始资本都是自己的血汗钱，或是找亲戚朋友借来的。如不重视现金流的管理，最终会造成账面有利润，账下无资金的困境，陷入无以维持、无法周转的境地。

企业是以赢利为目的的，但当前不乏有一些企业刻意的追求高收益、高利润。因此往往会有这样一种错误的思想，认为企业利润显示的数值高就是经营有成效的表现，从而一定程度上忽略了利润中所应该体现出来的流动性。作为企业的资金管理者应当要能够充分、正确地界定现金与利润之间的差异，利润并不代表企业自身有充裕的流动资金。

正如戴尔公司董事长面对公司亏损时的反省之言："我们和许多公司一样，一直把注意力放在利润表的数字上，却很少讨论现金周转的问题。这就好像开着一辆车，只晓得盯着仪表板上的时速表，却没注意到油箱已经没油了。戴尔新的营运顺序不再是'增长、增长、再增长'，取而代之的是'现金流、获利性、增长'，依次发展。"

现金状况的好坏对一个企业来说作用很大，特别是初创期的中小企业，经营者更应该做好公司的"血脉"——现金流的管理。

1. 注重流动性与收益性的权衡

现金对企业来说非常重要，那是否意味着账面上现金越多越好，答案是否定的，创业者更要注意流动性与收益性的权衡。要根据企业的经营状况、商品市场状况、金融市场状况，在流动性与收益性之间进行权衡，做出抉择。

现金的持有固然可以使公司具有一定的流动性即支付能力，但库存现金的收益率为零，银行存款的利率也极低，因此，持有现金资产数量越多，机会成本越高。

如果减少现金的持有量，将暂时不用的现金投资于债券、股票或一个短期项目，固然可以增加收入，降低现金持有成本，但也会由此产生交易成本以及产生流动性是否充足的问题。因此，创业者要在保证流动性的基础上，尽可能降低现金机会成本，提高收益性。

2. 合理规划、控制企业现金流

企业现金管理主要可以从规划现金流、控制现金流出发。规划现金流主要是通过运用现金预算的手段，并结合企业以往的经验，来确定一个合理的现金预算额度和最佳现金持有量。如果企业能够精确的预测现金流，就可以保证充足的流动性。同时企业的现金流预测还可从现金的流入和流出两方面出发，来推断一个合理的现金存量。

控制现金流量是对企业现金流的内部控制。控制企业的现金流是在正确规划的基础上展开的，主要包括企业现金流的集中控制、收付款的控制等。现金的集中管理将更有利于企业资金管理者了解企业资金的整体情况，在更广的范围内迅速而有效地控制好这部分现金流，从而使这些现金的保存和运用达到最佳状态。

3. 用好现金预算工具，做好现金管理工作

对于刚刚起步、处于创业初期的企业来说，现金流量估计（或现金预算）是一个强有力的计划工具，它有助于你做出重要的决策。首先要注意确定现金最低需要量，起步企业的初期阶段现金流出量会远大于现金流入量。

待初创企业达到一定规模时，可以逐步扩展到规范的现金流管理，它包

括现金结算管理、现金的流入与流出的管理等内容。在任何情况下，合理、科学地估计现金需求都是融资的重要依据。

绝不能让资金链出问题

资金链出现问题对于每个企业来说都是一个关乎生死存亡的大问题。资金链短缺曾经让许多中国知名企业，或轰然倒下，或受重创放缓脚步，令人叹息。如曾经名噪一时的地产黑马顺驰地产，鼎盛的时候其老总孙宏斌甚至叫板王石的万科地产，后来因为大面积购地，遭遇地产"寒冬"，无资金支撑新开发的楼盘而土崩瓦解；赵新先的"三九胃泰"曾经传遍大江南北，却因盲目多元化导致资金危机，连引以为傲的立在纽约曼哈顿广场的巨幅广告牌都被悄然拆除；巨人集团的史玉柱因为高估当时企业和市场的大好形势盖巨人大厦，结果因资金不足，不仅让大厦没有树立起来，还拖垮了其他业务。当然他通过后来的经营和奋斗，又回到商海的潮头。

事实上，任何一个经济组织的生存和发展都需要一条健康、有效的资金链来维系和支撑。迅速成为中国最大印染企业又迅速陨落的浙江江龙控股集团有限公司就是死在资金链断裂的典型。

江龙印染由陶寿龙夫妇创办于2003年，是一家集研发、生产、加工和销售于一体的大型印染企业。2006年4月，新加坡淡马锡投资控股与日本软银合资设立的新宏远创基金签约江龙印染，以700万美元现金换取其20%的股份。同年9月7日，江龙印染（上市名为"中国印染"）正式在新加坡主板挂牌交易，陶寿龙因此一夜成名，迅速成为绍兴印染行业的龙头老大。

大好形势之下，陶氏夫妇的"印染王国"迅速膨胀——在短短几年间，江龙控股总资产达22亿元，旗下拥有江龙印染、浙江南方科技有限公司、浙江方圆纺织超市有限公司、浙江红岩科技有限公司、浙江方圆织造有限公司、浙江百福服饰有限公司、浙江百福进出口有限公司、浙江春源针织有限公司等多家经济实体及贸易公司，业务范围极广。

2007年，江龙控股的销售额达到20亿元，陶氏夫妇达到了事业的巅峰，并成为各地政府招商部门眼中的红人。不过，受国家宏观调控的影响，2007年年底，绍兴某银行收回了江龙控股1个多亿的贷款，并缩减了新的贷款额度。银行的意外抽贷更是让陶寿龙大伤脑筋。江龙控股的现金流和正常运营随即受到重大影响，百般无奈之下，陶氏夫妇开始转向求助于高利贷，公司经营也每况愈下。

"只要沾染上了高利贷，有几个企业能够全身而退的？"江龙控股的另外一个供货商陈先生说。在江龙控股出现资金危机后，除了借高利贷维持公司正常的周转外，陶寿龙夫妇还展开了一系列的自救行动，以维持公司的运行。据《第一财经日报》报道，该公司资金链断裂或将涉及高额的民间借贷，其中拖欠供货商的货款就达2亿元左右。加上一些对外担保和其他债务，总数额已远远超过20亿元。

2008年10月初，董事长陶寿龙及其妻子失踪。随后不久，陶寿龙被绍兴县人民检察院批准逮捕，该公司总经理、陶寿龙的妻子严琪也因涉嫌故意销毁会计凭证罪被批捕。江龙控股被重组。

江龙控股的陨落，资金链断裂是主要原因。现金流就是一个企业的命脉，中国有句古语叫"一文钱憋死英雄汉"，其实讲的就是现金流对企业的重要性。但是在现金流这个问题上，中国企业的很多创业者缺乏充分的认识。将企业做得更好，关键是强化企业的赢利能力，尤其是要管控好现金流。

如何避免资金链出问题呢？我们可以从以下几个方面着手：保证主链的资金充分宽裕，必须有相当的融资能力，包括政府、银行等非常手段，资金链必须畅通。

在我国，由于种种原因，存货和应收账款上的阻力是特别的大，容易降低企业的资金周转率，也会大量出现腐败现象。所以企业要以资金管理为中心，提高资金使用率；做好应收账款管理，防止坏账发生，加强对原始单据的审核，保证会计资料的真实性、完整性及合法性；坚持稳健原则，防范财务风险，建立财务风险防范与财务预警体系，及时化解财务危机；开展财务分析活动，为企业营运提供决策依据；建立财务监控体系，防止财务失控，建立内部稽核制度，保证会计业务的及时、完整、准确、合法。

当一个企业核心业务趋于成熟，或者转向其他领域的时候，以资金链为主的财务风险会陡然增大，创业者必须谨慎对待。那么中小企业该如何掌控现金流呢？

第一，对于下游原料企业先货后款。除了第一次合作，为了表示诚意，需要提前支付货款外，要尽量先货后款。当然，一定要按章办事，不要压款，以免影响付款信用。

第二，对于客户先款后货。尤其是新客户一定要求对方先款后货。要随时记录各个客户的付款情况，制定相应的付款条款。一旦客户拖欠，其信用水平就要立即降低，马上提升预付款的比例。这样，给客户以警示，并能把风险降到最低。

第三，尽量租用大型生产设备。购买必然会占用大量的现金，如果采用租用的方式，虽然短期内支付的租金相应多些，但能保留下足够的现金流，支撑企业良性运转。

第四，不要接超过公司生产能力15%以上的大单。如果接受到超越自身生产能力的订单，一定要学会分包的策略。通过与别人的联合来完成订单，避免使自己力不从心。

作为企业的创业者，必须懂得现金流的重要性，根据企业在不同阶段经营情况的特征，企业创业者应该采取相应措施，这样才能够保证企业的生存和正常的运营。

控制企业的成本

在微利时代，控制成本成了企业面临的一种必然选择，很多世界顶级公司的管理者都深刻了解成本的降低对于企业的意义，他们说：节俭是一种永不过时的品质。在市场竞争日益激烈的今天，节俭所代表的不仅仅是一种美德,更是一种成功的资本,一种企业的竞争力。

创业之初,最重要的是生存下来。每个创业者,都会衡量兜里的钱究竟能存活多少天。所以,对创业者而言,首要一条是要学会平衡现金流,否则将是死路一条。大多数成功创业的公司,都走过了一个严格的成本控制过程。采用各种方法,在日常费用、设备采购、人员工资、营销推广等各个环节节约一切成本。

成本控制就是利用会计所提供的各种信息资料,计算实际或预计脱离目标的差异,找出产生差异的原因,并采取措施,消除不利差异,保证目标实现的过程。小本创业也是一样的道理,成本控制对于摆脱创业初期财务窘迫、中期经营浪费最终实现创业成功意义十分重大。

不断地追求低成本,做到物美价廉,是王永庆的经营信念。他曾说过:"经营管理,成本分析,要追根究底,分析到最后一点,我们台塑就靠这一点吃饭。"

有一次,公司开会讨论南亚做的一个塑胶椅子。做报告的人把接合管多少钱、椅垫多少钱、尼龙布和贴纸多少钱、工资多少钱,都算得很清楚,合计550元(新台币)。而且,把每个项目的花费在成本分析上统统列出来了。

但王永庆看过之后又马上追问:"椅垫用的P投资者泡棉1公斤56元,品质和其他的比较起来怎么样?价格如何?有没有竞争的条件?"

对此种问题,报告人显然没有研究过,因此他答不出来。

王永庆再问:"这P投资者泡棉用什么做原材料?""用废料,1公斤40元。""那么大量做的话,废料来源有没有问题呢?"报告人又不知道。

"南亚卖给别人裁剪组合,在裁剪后收回来的塑胶废料1公斤多少钱?"

"20元。"

"那么成本1公斤只能算20元,不能算40元。使塑胶发泡的发泡机用什么样的?什么技术?原料多少?工资多少?消耗能不能控制?能不能使工资合理化?生产效率能不能再提高?"结果报告人也不知道,他根本没有分析。这么一大堆工作没有做，在王永庆看来，是绝对不行的。

所以，王永庆一再强调，要谋求成本的有效降低，无论如何必须分析在影响成本的各种因素中最本质的东西，也就是说要做到单元成本的分析，只有这样彻底地将有关问题一一列举出来检讨改善，才能建立一个确定的标准成本。

王永庆不仅要求员工在公司产品上降低成本，即便是对待日常的办公用品，他也要求员工要尽量降低成本。一次，他发现本公司生产的公文夹的成本是1~2元，而美国产的同样的产品成本只有0.5元，便要求南亚公司研发中心就这一问题进行研究，务必将成本降至美国同等水平，甚至更低。为此，研发中心以近两年的研究，将公文夹的成本降至0.5元的水准，为整个集团每年减少了许多支出。

王永庆就是这样从一点一滴做起，力争最大限度地节约成本，不多花1分钱，达到降低成本的理想目标，实现企业的合理化经营。

每个善于经营的企业家都会认识到，经营创收和降低成本是企业腾飞的两个翅膀，缺了哪一个都飞不起来。创业公司在赢利不明显的情况下，最关键一点就是在降低成本上狠下工夫。

成本控制是一个复杂的系统学科，对于众多创业者来说，有成本控制的想法是很重要的。"心动不如行动"，要想控制企业的成本，减少不必要的开支，创业者要从以下几个方面重点把握费用支出：

1.降低物资成本

加强物资成本的控制和节约显得尤为重要。有些企业为了赶时髦，不计工本，搞了一些华而不实的物资设备，使用性不大，产生的效益不明显，甚至得不偿失。管理者必须抓好物资设备的采购，尽量集中购买，通过形成规模来降低成本。

另外，还要加强对物资设备的管理，完善物资进出登记、统计、验收手续，定期不定期地进行清点，确保账物相对；要严格各种物资领取的报批和发放手续；要教育和督促员工自觉养成节约用料的良好习惯，防止大手大脚，铺张浪费。

2. 控制人员成本

控制企业成本只靠在费用上和设备上节省，远远不够，最大的难题是人员成本。很多网站人员工资五险一金就占了公司每月总成本的60%以上，而且这些成本都是刚性的，只能随行就市的上涨。创业初期的企业，是没有足够的资金获得最适合的人才的。目前社会上各大学毕业生就业有难度，新创业公司不妨使用这批人才来降低初创成本。

3. 减少行政费用

行政费用包括办公、接待、交通、差旅等方面费用，如何把这些费用控制好，对降低企业经营成本至关重要。创业者要严格控制接待费用，接待应严格根据经营和业务需要，既要热情，又要防止铺张浪费；要严格控制办公费用，尽量做到少开会、开短会；办工用具的领取和使用要实行登记统计制度，打印、复印各种文件材料要注意纸张的节约，提高纸张的重复使用率；要严格控制交通、差旅费用，出差人员应按规定乘坐交通工具，给予出差补贴，报账时应严格把关。

4. 在降低财务费用上下工夫

严格控制财务费用是企业经营中应重视解决的一个重要问题。创业者要科学合理的筹措、调度、使用资金，既不能囤积，又不能流失，要把好钢用在刀刃上；要严格控制资金外借，重大资金的使用和超出营业范围使用资金应报集团审批，对企业部门之间的资金调剂也应按经济规律办事；要加快还本付息步伐，负债经营是创业公司的一个普遍情况，负债经营的公司，一定要在千方百计增加创收的基础上，尽可能加快还本付息，逐步减少利息支出，使企业轻装前进。

创业初期，现金流决定着企业的生存，学会控制企业的成本，减少不必要的开支，也等于为企业节约下来了"利润"，而利润决定着企业的发展，所以，控制成本对于创业公司来说非常重要。

选择合适的结算方式

创业之初的企业合理选择银行结算方式，对加速资金周转、抑制货款拖欠、促进企业发展具有重要意义。企业结算方式选择失当，会导致正常交易活动无法实现；反之，则会使难以实现的交易变为现实。所以，结算方式的选择对企业持续经营意义重大。

根据《票据法》《支付结算办法》规定，企业主要采用的银行结算办法包括：支票、银行汇票、银行本票、商业汇票、支票、汇兑、委托收款、托收承付、信用卡和信用证等。各种方式概述如下：

1. 支票

支票是出票人签发的，委托办理支票存款业务的银行在见票时无条件支付确定的金额给收款人或持票人的票据，支票的提示付款期限为10天，超过提示付款期限提示付款的，持票人开户银行不予受理，付款人不予付款。

支票结算手续简便，在同城范围内使用，已被企业单位广泛接受，主要包括现金支票、转账支票、普通支票。

2. 银行汇票

银行汇票是汇款人将款项交存当地银行，由出票银行签发，又其在见票时按照实际结算金额无条件支付给收款人或者持票人的款项的票据。银行汇票是先收款后发货或钱货两清的商品交易，企业和个人均可以适用。

3. 银行本票

银行本票是申请人将款项交存银行，由银行签发凭证以办理转账或提取现金的一种票据。银行本票见票即付，如同现金，出票银行作为付款人，付款保证性很高。银行本票既有定额本票，又有不定额本票，可以灵活使用。其缺点是由银行签发，与支票相比手续相对繁杂而且只能在同城范围内使用，按照金额是否固定可以分为不定额和定额两种。

4. 商业汇票

商业汇票是出票人签发的，委托付款人在指定日期无条件支付确定金额给收款人或者持票人的票据。使用商业汇票必须要有真实的交易关系或债权债务关系。商业汇票的付款期限由交易双方商定，最长不超过6个月。商业汇票的提示付款期限自商业汇票到期日起10日内。商业汇票按承兑人划分，可以分为商业承兑汇票和银行承兑汇票。

5. 汇兑

汇兑是汇款人委托银行将款项汇往异地收款单位的一种结算方式。汇兑通用性强，适用于异地结算，早已被广大企业、单位所接受。但该结算方式只具有给付功能，无融资功能，只适用于付款人主动付款的结算。汇兑根据划转款项的不同方法以及传递方式的不同，可以分为信汇和电汇两种。

6. 托收承付

托收承付是根据购销合同由收款人发货后，委托银行向异地付款人收取款项，由付款单位向银行承认付款的结算方式。采用这种方式结算，购销双方必须签订购销合同，并在合同上约定采用托收承付结算。

7. 委托收款

委托收款是收款人委托银行向付款人收取款项的结算方式。委托收款结算方式适用于清偿债务、收取公用事业费。办理委托收款业务必须具有可靠、有力的收款依据，或者双方事先约定。委托收款在同城和异地结算不受金额起点限制。

8. 信用卡

信用卡属于电子支付工具的范畴，方便、灵活、快捷。信用卡同城、异地均可使用，有存款可以消费，无存款在授权限度内也可以进行消费。信用卡按使用对象分为单位卡和个人卡。单位卡账户的资金一律从其基本存款账户转账存入，不得交存现金，不得将销货收入的款项存入其账户。

9. 信用证

信用证结算方式是国际结算的一种主要方式。信用证是进口方银行向出口方开立的以出口方按规定提供单据和汇票为前提的支付一定金额的书面承诺，是一种有条件的付款凭证。

国内信用证结算适用于国内企业间的商品交易款项的结算，不能用于劳务供应款项的结算，付款保证性强，申请开证时交纳一定比例的保证金，只要受益人遵守了信用证条款，开证行就必须无条件付款，具有融资功能。

信用证在有效期内，随着购销活动的变化，经开证申请人与受益人协商一致，可以修改已确定的信用证条款。开证行作为付款中介，负责单据与已订立信用证条款的核对工作，很好地保护了收付款双方的利益。但采用这种结算方式，对货运单据的合法性、规范性要求高，手续相对繁杂，手续费也比较高。

以上各种结算方式各具特点，各有针对性、局限性、使用范围也存在差异。企业结算方式选择得当，不仅可以增加不少无息的、低息的可用资金，降低银行贷款的依赖程度，减少资金使用费用，而且可以降低直接与间接结算成本，减少费用开支。

企业合理选择银行结算方式对加速资金周转，抑制货款拖欠，加强财务管理，促进企业发展具有重要意义。企业只有合理选择结算方式才能使难以实现的交易变为现实。选择适宜的银行结算方式，可以降低、甚至避免结算风险的发生。

总之，选择适宜的银行结算方式是企业财务决策的一项重要内容，必须引起企业的高度重视，在进行综合、权衡利弊后，才能选择出某个时点、某笔交易最适宜使用的银行结算方式，为企业效益的提高发挥积极作用。

分析企业的运营状况

企业运营就是对运作过程的计划、组织、实施和控制，是与产品生产和服务创造密切相关的各项管理工作的总称。从另一个角度来讲，把人员、设备、资金、材料、信息、时间等有限资源，合理地组织起来，最大地发挥它们的作用，以求达到某些经营性目标，这便是企业的运营管理。

一个企业的运营能力是通过生产经营资金周转速度的有关指标所体现出来的。企业管理人员经营管理、运用资金的能力、企业生产经营资金周转的速度越快，表明企业资金利用的效果越好，效率越高，企业管理人员的经营能力越强。因此，分析企业的运营状况有助于针对企业的不同情况采取不同措施加以治理整顿。

一般来说，企业在对运营状况进行分析时，通常通过以下几种途径进行实现：

1. 分析企业经营情况

（1）提供分析资料。

要进行运营状况分析首先要为分析提供内部资料和外部资料。内部资料最主要的是企业财务会计报告，财务报告是反映企业财务状况和经营成果的书面文件，包括会计主表（资产负债表、利润表、现金流量表）、附表、会计报表附注等；外部资料是从企业外部获得的资料，包括行业数据、其他竞争对手的数据等。

（2）分析财务报告。

企业的运营状况还可以通过分析财务状况来掌握情况，按照分析的目的内容分为：财务效益分析、资产运营状况分析、偿债能力状况分析和发展能力分析；按照分析的对象不同分为：资产负债表分析、利润表分析、现金流量表分析。

2. 按照分析的目的内容分析

（1）财务效益状况。

所谓财务效益状况是指企业资产的收益能力。资产收益能力是会计信息使用者关心的重要问题，通过对它的分析为投资者、债权人、企业经营管理者提供决策的依据。分析指标主要有：净资产收益率、资本保值增值率、主营业务利润率、盈余现金保障倍数、成本费用利润率等。

（2）偿债能力状况分析。企业偿还短期债务和长期债务的能力强弱，是企业经济实力和财务状况的重要体现，也是衡量企业是否稳健经营、财务风险大小的重要尺度。分析主要指标有：资产负债率、已获利息倍数、现金流动负债比率、速动比率等。

（3）分析资产营运状况。

资产营运状况是指企业资产的周转情况，反映企业占用经济资源的利用效率。分析主要指标有：总资产周转率、流动资产周转率、存货周转率、应收账款周转率、不良资产比率等。

（4）分析发展能力状况。

发展能力是关系到企业的持续生存问题，也关系到投资者未来收益和债权人长期债权的风险程度。分析企业发展能力状况的指标有：销售增长率、资本积累率、三年资本平均增长率、三年销售平均增长率、技术投入比率等。

3. 按照分析的对象不同分析

（1）资产负债表分析。

资产负债表分析主要从资产项目、负债结构、所有者权益结构方面进行分析。

资产主要分析项目有：现金比重、应收账款比重、存货比重、无形资产比重等。

负债结构分析有：短期偿债能力分析、长期偿债能力分析等。

所有者权益结构分析：各项权益占所有者权益总额的比重，说明投资者投入资本的保值增值情况及所有者的权益构成。

（2）利润表分析。

利润表分析主要从赢利能力、经营业绩等方面分析。主要分析指标：净资产收益率、总资产报酬率、主营业务利润率、成本费用利润率、销售增长率等。

（3）现金流量表分析。

现金流量表分析主要从现金支付能力、资本支出与投资比率、现金流量收益比率等方面进行分析。分析指标主要有：现金比率、流动负债现金比率、债务现金比率、股利现金比率、资本购置率、销售现金率等。

企业运营状况分析是一个复杂的多方面的工作，既要致力于提高产品和服务质量，又要致力于提高资本运营质量，降低质量成本，提高质量效益，提高资本增值赢利等多重目标。